# 播种人

## 平成时代编辑实录

【日】马场公彦 著

赵斌玮 幸丹丹 译

上海交通大学出版社
SHANGHAI JIAO TONG UNIVERSITY PRESS

## 内容提要

历经百余年依旧是日本出版界标杆企业的岩波书店创办于 1913 年，是日本著名的综合性出版社，常年致力于普及经典作品与学术研究成果。书中，笔者以岩波书店编辑这一身份揭示岩波书店在平成整整 30 年间的真实奋战轨迹。全书共分为三部分，第一部分介绍日本出版业概况，第二部分讲述岩波的一些重点出版项目的出版故事，第三部分谈中日出版交流。

## 图书在版编目（CIP）数据

播种人：平成时代编辑实录 /（日）马场公彦著；
赵斌玮，幸丹丹译. —上海：上海交通大学出版社，
2019
ISBN 978-7-313-21800-1

Ⅰ.①播…　Ⅱ.①马…　②赵…　③幸…　Ⅲ.①出版工作-编辑工作-经验-日本　Ⅳ.①G239.313.2

中国版本图书馆 CIP 数据核字（2019）第 176607 号

## 播种人：平成时代编辑实录

著　　者：［日］马场公彦　　　　　　　　译　　者：赵斌玮　幸丹丹
出版发行：上海交通大学出版社　　　　　　地　　址：上海市番禺路951号
邮政编码：200030　　　　　　　　　　　　电　　话：021-64071208
印　　制：苏州市越洋印刷有限公司　　　　经　　销：全国新华书店
开　　本：880mm×1230mm　1/32　　　　　印　　张：9.75
字　　数：214千字
版　　次：2019年9月第1版　　　　　　　　印　　次：2019年9月第1次印刷
书　　号：ISBN 978-7-313-21800-1/G
定　　价：68.00元

# 前　言

　　一本书是如何构思、策划、执笔、编辑并出版的？又是怎样成为一种文化潮流的？岩波书店是一家拥有百余年历史的出版社，它以学术图书的出版为中心，为日本的出版文化创造了文库本和新书本两大类图书，并得以在日本沿用至今，使日本的出版文化更加丰富多彩。作为岩波书店的编辑，我将从自身的编辑经验出发，以所负责的8大系列图书为中心，毫无保留地为读者描述日本的出版现状。此外，针对日本独特的漫画文化，我也将以自己独特的视角为大家分析其魅力所在。

　　日本出版行业的不景气持续了20多年，为了振兴出版事业，岩波书店开辟了以数字化和版权为中心的新事业，本书对此新事业的发起和步入正轨的过程也进行了详细记录。希望以此为今后的出版行业提供参考方向。

　　中国和日本在出版历史、出版行业的构造、阅读倾向等方面有着巨大的差异。但是，自近代以来，翻译的传播加深了两国间的出版交流，以文学和评论作品为中心的内容领域的交流越来越频繁，加深了中日两国人士间的理解。近代以来，两国间的共通的汉字非常多，其佐证就是至今仍有许多汉字在两国间通用。因此，在本书中也提到了我所负责的有关中日关系的系列书和单行本。除此之外，针对中国改革开放 40 年来的出版事业和中日出版交流，我也根据自身的经验对其进行了追溯，希望能够明了其历史。

岩波书店的标志取自法国画家米勒的名作《播种者》，寓意"思想文化的传播者"，而这一文化之种具体又是如何播撒下去并最终取得收获的呢？本书记录了这一播撒的过程，也见证了收获的丰盛时刻。希望你也能体会这份激情和喜悦，并将其播撒到新的土壤中。

本书内容纯属我个人观点，不代表公司和其他员工的意见。

# 目 录

## 中日出版交流

日本出版业

概况

第一章

# 日本出版物的结构变化

## 一、图书产业消亡了吗?

到处都能听到"书卖不出去"的叹息。作为多年从事出版的人,

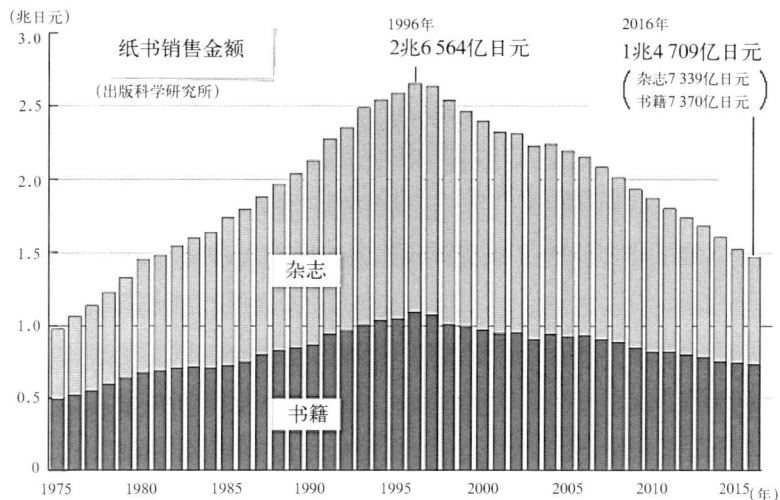

数据来自日本出版科学研究所

我自然不想听到这样的话题，但这是不可否认的事实。整个日本出版业的销售额一路下滑，且下滑势头完全没有消减的样子，甚至有把底跌穿的感觉。根据日本出版科学研究所历年的数据显示，2018年日本图书、杂志等纸质出版物的总销售额是 12 921 亿日元，与前一年相比下降了 3.2%，已是连续 14 年呈下降趋势；与最高峰 1996年的 26 564 亿日元相比，可以说萎缩了一半。书店陆续关门停业，而同时，将近 20% 的地方自治体仍没有书店。根据《每日新闻》的读者舆论调查，有超过 50% 的人一个月完全不读书，每 4 个人中就有一人基本不买图书或者杂志。

整个出版界陷入了向下的旋涡。

针对销售额低下这个问题，出版社的应对策略则是仍然依靠发行初始销路不错的新书。新书出版品类的高峰是在 2013 年，达82 589 种。当年的销售总额和 1985 年的销售总额相当，但 1985 年的新书品种数只不过是 3 万多种。也就是说平均每种书的销售额跌至一半以下，出版的图书品种倒是增加到了 2 倍以上。出版社的工作现状就是加班加点操劳身心的陀螺式经营（一旦停止就会倒下），然后大量退货，退货率超过 35%，居高不下。

图书的流转是从经销商手里送到书店，书店把未销售出去的图书退回到经销商，经销商再把图书退还到出版社。以往，图书销售模式是以书店及零零散散的便利店为中心，使得发货地数量大增，但发货量并不大。原本就因为严苛的劳动和低廉的人工费而很难留住人才的运输业更是叫苦不迭。他们向经销商要求减少送货业务，提高送货费用，之前自己承担送货费的经销商也转而要求出版社承担相应的费用。追加的送货费导致图书定价上涨。这样一来，图书更加难卖。书店靠这种薄利"少"销的状态，难以维持经营，于是向出版社要求降低图书批发折扣。如此一来，图书的定价越发上涨。也有一些书店绕过经销商，直接和出版社交易。时至今日，图书越来越难卖，去书店的人越来越少了。

对于出版社，迫在眉睫的是仓库的运营问题——仓库里仅不动销图书的库存就是一个大问题。如何减少仓库管理费的负担和膨胀的库存资产呢？答案就是控制出版物的品种数和单品种的印量。最近几年杂志品种不断减少，新刊品种呈下降趋势。流转率不高的图书要出版，这本身就越来越难。尤为典型的就是撰写和编辑都颇费工夫的学术图书。如今在书店所看到的净是新书、文库本、"这样做就好"的个人发展类图书，或者是科学依据存疑的健康类图书。顺便一提，日本具有代表性的小型出版物有 A6 大小的文库本（105 mm×148 mm）和新书（105 mm×173 mm）。

学术图书的销售也因为在全世界越来越普及的"知识共享（creative commons）"而越发艰难。在大学图书馆实施研究成果电子化、在网页上免费公开（开放访问），已不仅仅是来自大学或学会的奖励，而是作为研究者道德上的义务。以大学图书馆为中心，学术机构数据库（repository）的设置和普及正在推进。数据库的使用者虽然有资格限制，比如要求必须拥有大学或者学会的学籍，但使用时是免费的。对于研究者来说，自己的研究不是作为纸质印刷物，而是通过网络作为电子数据扩散，让众多的研究者看到，自己的研究成果在众多的论文中被引用，这也直接关系到学界对自己研究的评价。因此，研究者对学术成果的开放访问表示欢迎，并从中受益。当然，使用者也是如此。那么花费了高成本和员工的人力来生产编辑学术图书的出版社会怎样呢？如果企业（出版社）支付了成本的有偿劳动，被无原则地免费公开，又要如何确保劳动成果和制作成本的回报呢？社会对资料内容免费公开的宽容甚至提倡，也直接导致纸质图书的滞销。

教育界也身处巨大变化之中。在高等教育中，由教学大纲（syllabus）所指定的教材之前都是已经出版的纸质图书，但现在，电子图书被指定为教材的情况也越来越多。此外，为配合各个学科，实现为每个任课老师定制教材的目标，京瓷（KYOCERA）、丸善雄松堂株式会社、日本全国大学生活协同组合联合会等开发了自有平台，用于发布电子教材，这一服务系统也正被运用于现场教学。2018 年 4 月日本《著作权法》的修改，是迄今为止最优先保护著作权人权益并且被严格规定下来的理念和实际操作，而就是这部法案也开始对于资料的公益性使用问题逐渐转为宽容态度，法案在今后会淡化为"软法"以灵活运用。尤其是在教育系统内，不征得出版社同意即复制大量拥有著作权的图书，并以之为基础材料进行网络授课，是修改后的著作权法许可的。

变革的大浪也不断波及初等教育，根据 2020 年开始的日本教育改革方案，初等教育的教学现场引入了电子教材。无疑，今后面向中小学校或者面向学校图书馆的电子图书打包销售服务将得到开发并实施下去。

以前，我经常能看到这样的景象，满员电车里的乘客，有的在读折叠得小小的日报，有的在读对折的杂志，有的缩着肩膀在读文库本或者新书，现在上述场景几乎都看不到了。乘客千篇一律地盯着小小的智能手机屏幕。家里、上下班的电车里、学校里，纸质图书霸占眼球的日子已经远去。

书，真的没人读了吗？

根据日本著者销售促进中心在网上的介绍，书店的图书销售册数呈现一条下降的曲线，而图书馆出借图书的册数在不断增加，2009 年两者的数量逆转。两者的累计总册数没有大的变化。现在图书正在变成"借而不买"的东西。

一方面纸质图书的销售持续低落，另一方面电子图书却在不断扩大份额。根据出版科学研究所的统计，2018 年图书和杂志合计电子出版市场为 2 479 亿日元，比前一年增加 11.9%。其中漫画书为 1 965 亿日元，增幅 14.8%，占总体的 80%。图书为 321 亿日元，增幅 10.7%。杂志为 193 亿日元，增幅 9.8%。2017 年，漫画的电子版销售额超过纸质版本。整个出版物市场中电子出版物的占有率甚至

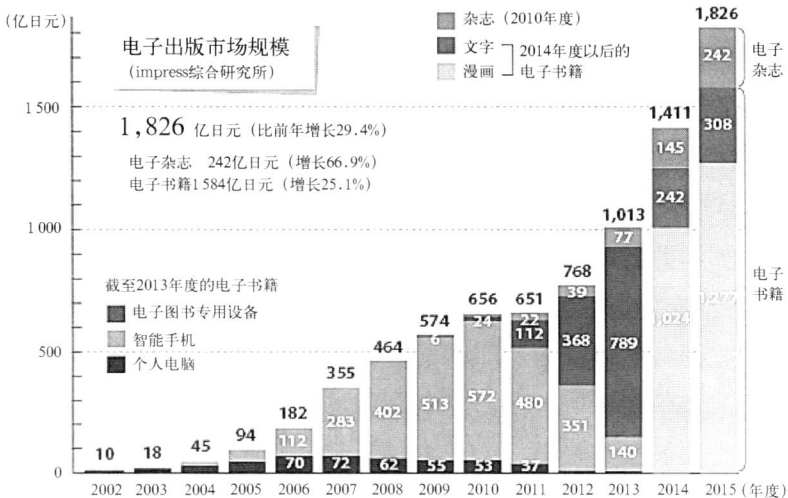

电子出版市场规模（impress综合研究所）

1,826 亿日元（比前年增长29.4%）
电子杂志 242亿日元（增长66.9%）
电子书籍1 584亿日元（增长25.1%）

截至2013年度的电子书籍
■ 电子图书专用设备
■ 智能手机
■ 个人电脑

杂志（2010年度）
文字 ┐2014年度以后的
漫画 ┘电子书籍

达到了 16%。

　　阅读电子图书的设备九成是智能手机和平板电脑，个人电脑和电子图书专用设备尚未普及。在电车上以及车站站台专心看手机屏幕的人中，也许有很多聊天和打游戏的人，但肯定有阅读电子书的人。虽然纸质图书正从我们的视野里消失，但"读书"这个行为本身并没有消失。

　　大学和研究机构等的图书馆也在积极地导入电子版学术图书，其理由和前文所述的机构的知识共享并不一样。具体说来，对于用户也就是研究者来说，比起纸书，电子媒体的索引功能更加完备，更适合那些重视通过挖掘文本（text mining）进行数据处理的研究。丸善雄松堂（丸善 e-Book Library）、纪伊国屋书店（Net Library，2018 年 4 月后改为 KinoDen）、EBSCO 等也开发了便于进行关键词搜索、适用于大学图书馆和高等研究所等学术机构的电子书籍发布系统，并投入使用。

　　此外，有声图书的销售额虽然不高，但也在迅速增加。日本

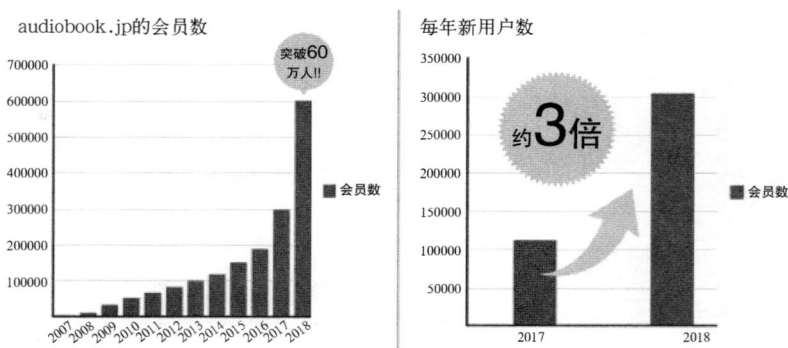

出自 OTOBANK 社的首页

最大的有声图书制作、发行企业 OTOBANK 运营着有声书网站 audiobook.jp。2018 年，这一网站会员数增加到前一年的 3 倍，超过 60 万人。据日本出版科学研究所推测，有声读物的日本国内市场达 60 亿日元，连纸质图书总销售金额的 1% 都不到，规模尚小，但非常有潜力。在美国，有声读物正在不断渗透，规模持续扩大，2018 年的有声书市场，比前一年增加了 23%。因为美国人上下班使用私家车，会一边开车一边听有声读物。而日本人一般使用公共交通工具上下班，就在电车和公交车内收听，或是在家里边做饭边听。像我这样的跑步爱好者则是跑步时戴着耳机听，并选择在跑步时间里能听完的作品，有时也会为了缩短播放时间而快速播放。

在日本，亚马逊、谷歌、苹果等的 AI 音箱，正逐步成为家庭必备的热门商品。如果大家养成了通过 AI 音箱收听儿童图书或有声轻小说的习惯，有声读物的市场会愈发扩大。不只是 AI 音箱，东京燃气公司还在开发一种在家庭浴室里设置音箱并收听有声读物的产品和服务。

虽然纸质图书正逐步离开我们的视线，但读者还在。没有纸质书，也可以通过其他媒体，根据读者的生活方式和生活条件来读书。越来越多的读者认为，与纸质书相比，电子书籍可以放大、缩小文字，在暗处也可以阅读，所以更方便。也有人因为全集或者丛书体积太大，所以不买，而是从图书馆借来阅读。2016 年 4 月，残疾人平权法实施后，将电子图书和有声读物导入公共图书馆、大学图书馆，用以向残疾人提供服务，将成为图书馆的义务。有视力障碍或弱视的人，不再需要寻找为数不多的盲文书或者大字图书，就可以轻松地使用有声读物或者电子图书进行阅读，或者将电子图书的电子数据转换为声音，自动朗读以完成内容的获取，这样的功能也正在逐步实现。

　　尤其在电子图书的使用上，令人瞩目的对象是幼儿和儿童。习惯了从小就"摆弄"手机的孩子们，是完全不抗拒通过智能手机或平板电脑的屏幕读书的。他们也没有成人那种对于纸书的执着。对于童书的电子化，日本出版社当初的举措非常消极且落后。他们一厢情愿地认为，儿童没有信用卡，不能在网上通过信用卡结算，所以电子童书没有销路。直到 2015 年，通信教育巨头贝尼斯（Benesse）公司面向自家的"进修研讨"会员开发并启用了 1 000 种童书随时无限量阅读的服务——学习图书馆，结果使用人数大增，如今进修研讨会员 178 万人中有逾 80 万人登录使用。岩波书店也作为参与该项目的 8 家出版社之一，提供电子书籍内容。"学习图书馆"的成功，证明了以中小学生为对象的电子图书是有生命力的。

## 二、图书因数字化而继续存活

　　岩波书店和电子出版因缘颇深。CD-ROM 版的《电子广辞苑》由索尼、富士通、大日本印刷共同开发，并于 1986 年作为富士通生产的文字处理机的配件上市销售。2017 年出版的社史《岩波百年书店》里就记录了这项伟业。

　　"由富士通、大日本印刷、索尼以及岩波书店进行的电子词典《广辞苑（第 3 版）》的开发始于 1986 年，该电子词典使用了大容量的电子媒体 CD-ROM。电子词典的开发结束后，作为辅助文档写作的数据库，用于富士通生产的文字处理机 OASYS 10GX-CD，巩固了真正的辞书电子出版领跑者的地位。"

岩波书店内部，也在开发 CD-ROM 之前，成立了独立于各部门的"新媒体研究室"。制定该体制的目标是"追求以印刷本形式出版物之外的媒体进行文化传播的可能性"。我当时尚未入社，所以无法得知业务是如何推进的。之后，新媒体研究室改称新媒体开发室，陆续出版了录像、CD、DVD 版图书等众多别具特色的出版物。

进入 2000 年代后，随着手机和网络的普及，出版界也逐渐将事业专注于电子书籍的制作和发行。受到美国电子图书热的影响，2011 年日本迎来了电子书籍元年，虽然声势浩大，但是当年电子书籍的销售额还不如前一年。不过，在东日本大地震之后，经济产业省（简称"经产省"，相当于中国财政部）实施了"紧数（经济产业省内容紧急数字化事业）"行动，提交申请的各家出版社也获得了高额的补助金，用于将由本社所发行书籍的内容数字化。成功与否暂且不论，数字化率一举提高。

岩波书店并不愿意像搭震灾复兴的顺风车一般参加"紧数"行动。虽然自 1913 年成立以来，社里累计品种已接近 4 万种。在选书和数字化处理的过程中，新书也陆陆续续出版，可投入数字化的内容非常丰富。但一方面，对于版面再现性不是那么靠谱的回流型电子书籍数据格式 EPUB，社里并不信任；另一方面，对于电子图书阅读设备眼花缭乱的开发、销售竞争，社里亦深受其害。加之电子图书商店的销售徘徊不前，这些都让社里颇为焦虑。因此对于已出版图书的数字化工作也推进得极其缓慢。其他出版社因为"紧数"行动的支持得以轻松地在出版新书的同时推进数字化，而原本可以是数字出版领军者的岩波书店，却被人远远地抛在身后。我每思至此，总是追悔莫及。

从社内组织上来说，我原本的个人爱好和数字图书没有什么因缘，却开始从事数字图书相关事务，起因是电子出版以外的业务。当时我在编辑部负责新书的策划编辑业务，还负责归纳选定重印书目。在重印过程中，POD（print on demand，按需印刷）原本只是用来印刷通常较难重版的学术图书。但是，我切身体会到，高价少量的销售模式适合岩波。对于岩波这种图书品种丰富（涉及各个学科各种门类）的出版社来说，只要不选错书就能保证一定量的销路。尤其在 1970 年至 2000 年的铅字排版末期（对于出版业来说是繁荣期）出版的、已售罄良久的图书，POD 的订单可谓络绎不绝。于是2013 年起，我们以"岩波应求图书"的名义，每个月定期选择 POD候选图书，以应对订单。至 2018 年年末，POD 书目上的图书已经超过了 800 种。

通过 POD 的经历，我有了这样的体会，文化出版这件事，越是毫不吝啬地大力投入时间和金钱，就越能雕琢成耐得住时间考验的知识资产。电子图书不也是一样吗？既然有读者希望以电子形式阅读岩波书店图书，而不是只专注于那些在电子书店受欢迎的、便宜的、简便的、以漫画书为主的读物，那我们就应该满足顾客要求。

POD 的目标图书主要是战后发行的图书。作为 POD 策划、制作、流通巨头的株式会社 IMPRESS 给了我一个令人欣喜的提案。他们提议在 2014 年岩波书店创立 100 周年之际，和岩波书店共同实施"梦幻名著"重印计划，这些名著皆为战前出版，现已售罄。于是我们决定在 IMPRESS 的网页上公布，将通过 POD 生产和销售芦野敬三郎的《宇宙的进化》、内田正的《儒家理想学认识论》、夏目漱石的《明暗》、西田几多郎的《意识的问题》、野吕荣太郎的《日本资本主义发展史》、矢内原忠雄的《民族与和平》等41本图书。

将同一内容用能满足读者各种不同需求的多媒体形式呈现，对于这样的项目，出版社会全力以赴到何种地步，这将事关其今后在出版界的成败。如果因为从图书馆借书是免费的，就认为图书馆是出版社的敌人，那么就过于草率。即便使用者是免费使用，但内容导入方是付费的，公共图书馆是通过税金支付，学校图书馆则是由学生学费承担。在图书馆和出版社之间如何分配这笔费用，这就需要合作构建双方均获益的商业模式。

我想要挖掘处于休眠状态的庞大资产宝库。为此，我觉得有必要构筑一个备有指挥系统的组织体，用于选书和制作的一条龙服务。于是2014年4月，我将电子出版部的制作功能和编辑部的选书功能合体，成立了新的部门——数字内容（DC）事业部。这是岩波书店成立第101年的事。高价学术书的数字化，对于面向一般读者的电子书店来说难以适应。于是我们通过同POD选书方式一样的选书系统，向"丸善e-Book Library""Net Library"提供了以学术书、参考书为主的内容，受到研究者、大学图书馆的欢迎，在美国、中国等地的海外从事日本研究的大学图书馆群体中也打开了销路。

## 三、作为知识财产的图书

不久，DC事业部就撞了南墙。

在组织结构上，仅仅是将制作系统和编辑系统合并，并不能很好地应对与出版社内容相关的业界技术开发和商业模式多样化的快速发展。如今，因把出版社作为内容提供者而在知识产业界产生的问题，仅靠出版社的数字化转换和编辑的见识已不能解决，这也迫使已持续 150 年之久的日本现代出版系统进行结构性的变化。在以往的"出版商—经销商—书店"渠道圈外，以通信、发行业者为中心的平台商所提供的服务正在吸引众多读者。读者的读书习惯也有很大变化。越是年轻的智能手机一代，对纸质书就越不执着。

只是我并不仅仅把这当成是从纸书向数字化迁移的过渡。读书的工具越来越多样化，从纸书、电子书，发展到音频，同样的内容也可以通过电子检索、通过音频来"阅读"，像这样，读者就会培养出"一个资源，多媒体分开使用"的习惯。

内容的接口也在变得多样化，可以从实体书店和网络书店购买，或者从图书馆借阅。在电子书店，既能单品种购买，也能选择无限畅读的订阅（subscription）模式。在公共图书馆，虽然借阅是免费的，但和出版商之间，订阅或者定期定额制等新销售模式正在逐步推广。

面对这种结构性的变化，作为内容持有者的出版社，与平台商之间该如何合作下去呢？

电子书的转售价格并不能固定在某一价位，出版商也没有定价权。究竟是什么样的用户会以什么样的方式阅读什么样的内容呢？销售实绩自不待言，对于顾客信息和市场动向等，平台商也能通过大数据的信息处理技术，即时、正确、详细地把握。这种信息精确度，以往的出版社和书店无法与之相比。出版社正面临着这样的事态：以往的经营系统的经验认知，无法应对这种结构性变化。

为此我大伤脑筋。正好当时作为理事受邀参加 JEPA（日本电子书籍出版协会）主办的年轻出版人聚集的茶话会，我便去凑了热闹。我向其他日本的出版社同行吐露了自己的烦恼：为了推进数字出版，现在的出版社应该具备什么样的组织体系比较合适？此时，有一个人很爽朗地说道：

"把版权放在核心的位置上就可以。"

给我这个建议的，正是 JEPA 的干部 O 氏，他当时是茶话会的主持人。

"版权？是说知识产权吗？我们社有总编办负责著作权管理……啊，稍等，给国外出版社的翻译权是不是不一样啊……"

我们尝试找出岩波书店所持有的别的权利。改编为音视频的权利、演出等的附属化权利、发给其他出版社文库或者试题等的转载许可……我原来以为所面临的困难仅仅是数字化的技术壁垒。其实是我一直囿于成见，以前仅仅把权利理解为用以保护版权的手续业务。

必须从自身意识改革开始。

于是，我带着两名负责的课长，访问了东洋经济新报社、平凡社、筑摩书房、角川书店、中央公论新社 5 家同行，向业务负责部门做了一些调研。问题包括从电子书籍的书目选择到制作、发行对象、定价、翻译权、销售的流程、处理电子书籍的组织构成等。这些同行的负责人也坦率地告诉我们相关实情。

围绕图书数字化，每家出版社都因相同的问题而烦恼并奋斗着，应对方法也各不相同，每家出版社的组织机构都反映了其自身的历史和发展情况。如何进入正在形成的新市场，开拓新的商业机会，并没有通用的正确答案。要适应业界和环境的变化而变化，这一点不可有丝毫犹豫。

就这样，2018 年 10 月，我把社里各相关部门的员工重新整合，成立了知识产权管理（RM）部。

推动成立这个新事业部，我构想的版权业务，不仅要推动迄今为止以 DC 事业部为主体的书籍数字化工作，还要活用包括岩波书店操作的著作权和版权在内的知识产权（intellectual property right, IPR）。目标非常明确，即根据读者的读书倾向和读书环境，让内容适应纸书以外的多媒体形式。不限于以往由出版商到经销商再到书店的渠道，而要开拓各种销售渠道，将和多媒体对应的版权内容纳入新的销售渠道。这样做的结果就是将岩波的书送到更多的读者手中。通过这种方式，确保以往的纸书销售额以外的收入，根据市场动向提升、发展服务内容，扩大收益，这是最高命题。

继 DC 事业部之后，岩波又成立了 RM 事业部。与 DC 部成立时相比，这时打交道的其他行业的公司、机构越来越多，大多是发行业者或者平台商。岩波和这些公司机构之前都没有交易关系，通过协商和合作，取得了扎实的业绩而构筑了双赢的关系。通过合作，建立长期的信任关系是非常重要的。他们开发、构筑的平台，是之前岩波书店从未接触过的、新的流通销售渠道。确保同样的内容有更多的销路，关系收益的飞跃上升。这些合作公司，也对岩波书店多年以来提供的内容抱有深深的敬意。以往我的主要业务还是接待作者、处理策划构思和原稿交接等相关事务，但是现在，我和其他行业的公司、机构的员工以及同行其他出版社的电子图书、版权管理负责人之间的交流接触增多了。我的业务内容和工作方式也为之改变。从休闲的服装改为西装领带的白领风格，在上班时超满员的电车里被挤得七荤八素，每天九点准时出勤。

业界的变化令人眼花缭乱。也许一年后又会有不同的风景出现。但若是因此就决定作壁上观，会错失商业机会。老字号企业常见的萧规曹随策略，关闭了通往最优解的道路。在制定应对这种变化的行动计划时，我一直铭记要注重五大工作方向，即数字化、采用新媒质、与其他行业其他公司的合作、与同行业其他公司的自愿联合、开展全球性版权业务。

扩张的中国市场尤其不可错过。以往的日本出版界都仅以懂日语的国内读者为对象，在日本国内开展业务。进入新世纪之后，海外尤其是东亚的出版市场也对日本的出版内容投来热切的目光。他们巨大的"求知之胃"渴望内容，尤其是对日本的出版内容，正在急切地摄取。

这一点，可以通过目前对外版权业务的成绩来证明。2015 年开始，与中文简体字市场出版社的翻译权销售相关的合同数、合同金额都有了醒目的增长。岩波书店在中国、韩国的知名度超群，例如为了获得岩波新书的翻译权，多家出版社都开出了报价。岩波出品的《育儿百科》居然是销售额顶尖的长销书。培育了 150 年的现代日本出版文化，正超越国界，在国际舞台大展身姿。

看一看中国的书店，PAGE ONE、西西弗书店、言儿又、新华书店、大众书局、字里行间书店、猫的天空之城、钟书阁、方所、诚品生活等，都是连代官山的茑屋书店都自愧不如的、时尚有魅力的"新业态书店"，开设在大都市的大商场里。在这里，不光陈列着图书，还提供了咖啡、时装、家具、工艺品等产品，打造出美容院、文化中心、DIY 工坊、沙龙等多元化的文化生活体验空间。这些书店的顾客以年轻人居多，热闹非凡，已成为城市白领的消费新方式。在中国的书店里经常占据销售前几名的日本图书，基本是东野圭吾、宫部美雪等日本作家的轻小说。

图书并没有消失。通过手机、平板电脑和耳机，内容还活着。今后图书还会变成声音，让人们通过 AI 音箱收听。

也许大家都认为，在不断夕阳化的出版界，最后存活下来的多是漫画、畅销书品类的出版社。的确，他们的销售额巨大，公司规模也巨大。但是他们如果不依赖新书，也生存不下去。即便是成为大热门的商业书，5 年或 10 年后还会有人读吗？一旦经济形势改变，马上就会卖不出去，出版社也不愿意持有大量库存。而岩波书店的诸如都留重人、宇泽弘文、宫本宪一等所作经济类图书虽然不会成为畅销书，但是现在也依然被人阅读，在海外出版了外文版，同时也还有电子版的需求。

读者的阅读行为以及出版产业的构造，经过了 150 年，正在逐渐改变。

即使日本经过了 150 年的现代出版历史，也有一些是不可改变的，那就是身为一个持续创造出版物并将已出版图书在内容、数据两方面进行更新的内容制造商，必须坚持不懈地经营。最终是否有强大的编辑能力可以创出以各种形态世世代代被人阅读的内容，这关系到图书能否幸存、出版社能否存活。先人们培育的文化资产无论以何种形式存在，只要是学术的、文化的精华，就会将出版产业支撑下去。

为了不丢失作为出版人的自尊自信，我常不停地问自己：你了解自己出版社的出版物吗？是不是把已出版图书只看成库存压力？
有没有把出版物看成知识财产？有没有和作者构筑起分享知识产权
的信赖关系？市场的呼声你有没有听到？

（何勇　译）

**主要参考文献及引用**

株式会社岩波書店.『岩波書店百年』.岩波書店，2017 年.

一般社団法人日本電子出版協会.『電子出版クロニクル　増補改訂版～JEPA（日本電子
　出版協会）30 年のあゆみ』一般社団法人日本電子出版協会，（電子版）2018 年.

出版年鑑編集部.『出版年鑑　2018』.株式会社出版ニュース社，2018 年.

第二章

# 日本漫画所展示的世界

## 一、少年漫画和少女漫画

如果提起我小学时的爱好，那么就是放学后和同学一起在附近的空地上打棒球、看最喜欢的漫画了。日本是一个漫画非常普及的国度，据说我父亲那一辈就经常阅读自 20 世纪 30 年代在杂志《少年俱乐部》（大日本雄辩会讲谈社，今日本讲谈社）上连载的《野良犬黑吉》《冒险弹吉》等漫画。而到了我们这一代，儿童文化则是以漫画为中心，因为我出生之后第二年日本就开始发行漫画周刊。1959 年《周刊少年 Magazine》（讲谈社）及《周刊少年 Sunday》（小学馆）创刊，1963 年《周刊少年 King》（少年画报社）、1968 年《周刊少年 Jump》（集英社）、1969 年《周刊少年 Champion》等相继创刊。1966 年《周刊少年 Magazine》发行数量突破 100 万册，之后周刊少年杂志的发行量持续高速增长，到了 1994 年达到了顶峰，《周刊少年 Jump》发行量突破 650 万册。

当时周刊少年杂志的定价基本在每本 70 日元左右，而我每天的零花钱只有 10 日元，因此我不可能每周都购买杂志，而是去朋友家借阅。后来，父母同意我每个月购买一本月刊漫画，所以我每个月都会在发行日那天手握两枚 100 日元硬币去书店，在《少年画报》（少年画报社）或《我们》（讲谈社）中挑一本。因为月刊杂志中会附带很多用绳子捆绑的赠品，所以不方便站着看。读者根据喜欢的漫画家或者赠品的内容挑选购买。通常书店会将漫画杂志平铺陈列在店头。我喜欢看棒球漫画，其中《少年 Magazine》连载的梶原一骑创作、川崎伸绘画的以巨人团棒球队为背景的《巨人之星》是我每周必看的漫画。《巨人之星》之前连载的一峰大二的《黑色秘密武器》在我开始涉猎漫画之前已然连载结束，因而我阅读的是 comic 本（将连载漫画整合为单行本，通常是新型书开本，约173 mm×106 mm）。我与少年漫画的缘分在我成年后依然没有断绝，至今我还记得大学时代阅读《少年 Champion》连载的山上龙彦的《搞怪警官》时的场景，首发日当天，我几乎是全程站着捧腹大笑看完的。

　　儿时，每天早上 7 点是我在电视上看动画片的时间，与漫画同一时期播出的动画片版《铁臂阿童木》《巨人之星》等我基本上都是废寝忘食地看完的。在小学低年级时期我们家的电视机还是黑白的。日本开始播放电视节目的时间是 1953 年，而首次播放电视动画片的时间则是在 1963 年元旦，播出的动画片是《铁臂阿童木》（手冢治虫原作）。据说在当时，制作每周 30 分钟的动画片需要 350 名动画片绘制者每周画出 1 万张动画片原图。当时的虫制作公司只有50 名动画片绘制者，只能每人每周画出 3 000 张原图以顶住困境。动画片的画面就如连环画剧般笨拙，需要重复使用原稿，因此在同一部动画片中会反复出现同一场景。

动画片将儿童带到漫画海洋，电视进一步扩大了漫画市场。与此同时，动画片还衍生出带图案的玩具、糕点、文具等周边产品。漫画作品串联了制作公司、出版社、电视台、电影公司、各种制造商等，促成了销售人物角色的版权、衍生二次版权的广告媒体等的文化产业的巨大增长。

当时的少年漫画作品主要由搞笑类漫画、宣扬体育毅力类的漫画和以机器人与超人为主角的超级英雄科幻类漫画三种主题组成。搞笑类漫画和科幻类漫画的形象往往是头、上半身、下半身几乎同等长度，还有一双大眼睛，这都是受了手冢治虫的影响。而手冢的漫画则是受到迪士尼动画及美国漫画的影响，主人公都是善良而强大的人物。

女孩子有少女漫画可以看，我经常偷看姐姐买的《Marguerite》（集英社）、《少女 friend》（讲谈社）等周刊（两本周刊都创刊于1963年），以及《好朋友》（讲谈社）、《Ribbon》（集英社）等月刊（两本月刊都创刊于1955年）。男孩不会买少女漫画，女孩不会买少年漫画，漫画市场完全按男女分为两半，至今情况未变。少女漫画的题材基本都是围绕恋爱和体育展开，人物多是大眼睛忽闪忽闪、细腰长腿，动不动眼泪汪汪，高兴的时候周围花朵纷飞。主人公基本都是纯真而美丽的，即使遭到欺负和嫉妒也能积极生活的类型。少女漫画的巅峰之作有池田理代子的《凡尔赛玫瑰》（1972—1973年连载于《Marguerite》）。晚熟的我只有通过这种虚幻的漫画世界来初窥女孩子的想法。到了高中，女孩子就不看少女漫画了，目标转移到恋爱小说，以及《JJ》（光文社）、《ANAN》（Magazine house）

等写时尚及恋爱指南的女性杂志。而少年漫画的情况则不同，哪怕到了成年以后，也有很多男性继续阅读。

漫画被指为低俗读物，父母和教师都敌视它。学校禁止带漫画，孩子基本上都是偷偷地在家避开父母的视线阅读的。学校和地方政府也常高举"坏书清除运动"的旗帜，将它当作攻击的对象。确实，漫画书中到处可见暴力场景或者过度的性描写等反社会、反道德的因素。

要创作一部好的漫画，仅仅在表现手法上，就需要考虑复杂的格子框切割，用各种拟声词说明当时的场景及状况，用汗水、尘埃、气息等符号描写情感，同时还要兼顾故事情节和人物塑造，对漫画家的要求极高。而读者也必须熟悉这些画法、了解这些记号所隐藏的含义才能投入作品世界。或许成人对漫画的敌视很大程度上是源于不熟悉这些漫画代码而引发的不理解吧。

## 二、男生看的青年漫画

如果说起 20 世纪 60 年代以来儿童漫画全盛时代的源头，那就是在第二次世界大战结束不久的 1947 年，首次在漫画界出版的手冢治虫的故事漫画单行本《新宝岛》了。这本漫画小说用纸粗糙，用的是以大阪为中心发行的"赤本[1]"。由于当时战败导致物资不足，用纸处于严格的管制之下，所以不得不使用配给制用纸之外的粗糙

---

1. 赤本漫画：印刷在劣质纸张上的漫画单行本，它不是由中央的大出版社出版的，而主要由临时成立的小出版社发行。

用纸印刷。当时日本在以美国为中心的 GHQ[1] 的占领下，媒体受到 GHQ 的管制（包括检阅、宣传等）。据说"赤本"在顶峰期的 1949 年每月发行量在 600 种左右。这种赤本漫画可溯源至战前位居儿童视觉文化中心的连环画剧中的绘图故事。

赤本的传统在 20 世纪 50 年代以后逐渐转为贷本漫画的形式。租书店以书本定价的一折价格将漫画杂志和漫画书出租，据说在 1957 年租书业务达到顶峰时，东京都内的租书店约有 3 000 家之多。租借书中包含普通书店售卖的漫画杂志，也包含为租书业务独家定制的漫画书和漫画杂志。租书店的主要商品是长篇漫画小说，作品的风格与迪士尼及手冢漫画不同，面向儿童的空想搞笑类漫画较少，冷硬派的侦探类型及剑士类型偏多，画风也偏向写实。这些作品与一般的漫画有所区别，被称为"剧画"。贷本漫画孕育了一批剧画家，代表有斋藤隆夫、白土三平、水木茂、千叶彻弥、小岛刚夕、永岛慎二等。因为我家附近没有租书店，所以我没有租过书。贷本漫画的漫画格子中空白的地方较多，图案也过于真实，反而给人一种既阴暗又拙劣的感觉，而且故事的背景是成年人的世界，如果少年借阅的话，总会有"不良""不道德"的感觉，所以怯懦而晚熟的我对其敬而远之。

这种"剧画"系统，流传到了 20 世纪 60 年代的少年漫画中，并绽放出更多色彩。录用这些贷本剧画系作家较多的是《少年 Magazine》，在这一时期问世的作品有水木茂的《墓场鬼太郎》《恶

---

1. GHQ："盟军最高司令官总司令部"的简称，是"二战"后美国对日本实施占领的指挥机构，总司令是麦克阿瑟。

魔君》和上文提到的《巨人之星》、斋藤隆夫的《无用之介》等，还有由高森朝雄（笔名：梶原一骑）原作、千叶彻弥所绘的《明日之丈》，它们都是漫画史上不朽的名作。我特别喜欢这些转战在少年漫画杂志的剧画作家。此外，我还喜欢乔治秋山的《Patman X》，虽然它属于搞笑类漫画，但是它的主人公却不落俗套，是一位善良而不强大的超人，作品整体幽默、欢乐却又交织着悲伤。

进入 20 世纪 60 年代后半期，面向青年的周刊漫画杂志也陆续创刊，有《周刊漫画 Action》（1967 年，双叶社）、《Young Comic》（1967 年，少年画报社）、《Big Comic》（1968 年，小学馆）等。齐藤隆夫的《骷髅 13》自 1969 年 1 月开始在《Big Comic》连载，并持续更新至今。

我在高中时期并不是特别迷恋青年杂志，那个时候心思大半都在《GARO》上，成了它的俘虏。《GARO》是一本创刊于 1964 年的月刊漫画杂志，由青林堂发行。《GARO》有别于我所读过的其他漫画杂志，无论是作品风格还是类别都很另类，作品新颖独到，是一本前卫到令人狂热的杂志。

青林堂是一家小型出版社，社长兼创始人长井胜一是贷本漫画发行出身。《GARO》的创刊原本是为了连载白土三平的历史漫画《卡姆依传》，创刊时杂志的大半版面都给了《卡姆依传》。为了填满空余版面，才刊载了水木茂、柘植义春、林静一、佐佐木真纪等漫画家的短篇漫画。我购买第一本《GARO》时《卡姆依传》的连载已经结束，对于这种规模宏大的历史群像剧，我会阅读由小学馆发行的 comic 本。

白土的父亲是无产阶级画家冈本唐贵，自身是擅长连环画剧及贷本漫画的剧画作家，除了以剑士和忍者为主人公的历史漫画之外，他的作品还涉及以塞顿《动物记》为题材的野生动物类漫画、以神话故事为题材的物语，以及为数不多的以现代战争为主题的作品。最初他的作品人物风格类似手冢治虫，是那种圆圆的形象。之后其人物慢慢转变为写实画风，到了《卡姆依传》时他的画风已经完全确立，人物形象体格匀称，风景描绘细腻自然，甚至连作品中出现的小道具都要经过严格的时代考证。这是因为由白土主导的赤目制作公司采取独特的作画方法，即由白土分割漫画格子并画好底稿，剩余的部分由当时贷本漫画界以擅长武术类作品而闻名的小岛刚夕，以及白土的弟弟冈本铁二完成。《卡姆依传》第二部由《Big Comic》连载，不过之后处于断更状态，至今尚未完结。如果说日本漫画界的巅峰之作是手冢治虫的《火鸟》的话，那么《卡姆依传》可以说是有别于手冢漫画体系的剧画系的里程碑。

上高中时，我每天都会经过长野县伊那市的小林书店，书店每个月都会分配到两本《GARO》。在我的记忆中，当时伊那的 6 家书店只有小林书店常备《GARO》。首发日如果不买的话店里的《GARO》就会被卖光，所以我总是在第一时间购买，因此也成了伊那市《GARO》两名读者中的固定一人。在我读高中的 20 世纪 70 年代中期，《GARO》的作者囊括描写少年幻想世界的铃木翁二，后来以插画家和设计师而闻名的安西水丸，之后创立二手书店"MANDARAKE"并取得成功的古川益三，开创了独特的作品世界的女漫画家杉浦日向子、山田紫、近藤阳子，以描写土包子男人为主题的幽默漫画而闻名的泉昌之，描写带有烧伤的流氓们的世界的柘植义春的弟弟柘植忠男、描写筑丰的粗暴矿工的安部慎一，以饱含诗意的笔触描写聚集在大城市的年轻人的梦想和挫折的才气斐然的素描大师永岛慎二等。永岛是画贷本漫画出身的漫画家，在投稿《GARO》之前，为了对抗《GARO》，曾在 1967 年手冢治虫创立的虫制作公司创刊的青年漫画杂志《COM》中连载《疯癫》。《COM》除了连载手冢的名作《火鸟》，还收录了石森章太郎、竹宫惠子、冈田史子、赤冢不二夫等人的作品。不过由于《COM》作品风格不定，许多作品难以理解，所以我对它不是很熟悉。况且伊那市的书店里根本就没有这本杂志，所以我也没有机会阅读。

　　我特别沉迷于《GARO》所营造的独特的作品世界，以至于通过青林堂直接求购了从创刊号开始的过期杂志，迫不及待地开始了阅读。这一阅读就一发不可收拾，我越发地沉醉于与以往看过的漫画和小说完全不同的作品世界。楠胜平极为抒情地描写江户时期平民人情故事，胜又进本职是老师而同时擅长书写以日本的民间传说为题材的幽默短篇漫画，泷田ゆう（本名：泷田祐作）创作了《寺岛町奇谭》等描写昭和时代下市井的恋爱故事并完美再现当时的风俗风貌，花轮和一唯美

柘植义春的《柳屋主人》

而猎奇地描写了平安时期贵族生活的梦幻世界，他们的作品都令我印象深刻。此外还有一位漫画家给了我强烈的冲击，那就是林静一，他的画每一格都给人特别深刻的印象，大胆而前卫。他的代表作有《赤色挽歌》，作品多层次描写了主人公对共产主义的憧憬及其遭遇的挫折、恋爱和破局等，该书的格子分布似是要破不故事线，给人以耳目一新的感觉。另一位令我印象深刻的是柘植义春。

## 三、柘植义春、畑中纯和安彦良和

柘植的作品都是短篇漫画，其作品高超的地方在于每部作品的风格迥异。巧妙的故事情节、传神的绘画表达，无不让人不知不觉地沉醉其中。阅读他的作品，你会情不自禁地将自己代入其中，仿佛与主人公融为一体。柘植的所有作品都强烈地反映了作者自身的实际生活或心境。在这一点上，柘植让漫画这种形式的媒介与我高中时期迷恋的自然主义系私小说产生了某种交集。在这之前，日本还未出现过“私小说漫画”。在《GARO》时期的柘植的漫画作品多以旅行为题材，通过他的作品，未出过伊那市的我在高中时代就充分地“感受”了日本全国各地带乡土气的温泉。

柘植在漫画和随笔中，时常提起自己的出身、贫穷的少年时代，包括他只上过小学因而辗转于各种职业的经历、患有赤面恐惧症的缺陷、因恋情问题和生活问题而自杀未遂的故事等。在社会的底层挣扎求生基本上是第二次世界大战之后的日本漫画家们的共同经历。而且，漫画在当时被认定为低俗文化，漫画家不仅经济条件不宽裕而且社会地位低下。但为什么还会有这么多漫画家在这一时期诞生呢？那是因为漫画家可以通过漫画将自己心中幻想的各种场景表现出来，将社会上遭遇的不如意以幽默的方式一笑付之，仅仅用纸和笔就能抒发自己的所思所想。这一时期漫画家创造力的迸发与第二次世界大战前自然主义私小说作家集团的成立非常相似。私小说也曾被视为反社会、反道德的文学类型，私小说家也曾被蔑称为"下流文人"。

从战后漫画作品的主题来看，围绕战争的作品较多，例如水木茂的一系列战争漫画（倒不如说是战场漫画）、中泽启治以广岛的原子弹爆炸为题材的《赤足GEN》等。即使不是直接描写战争，描写战后的荒凉颓废和贫困景象的作品也多是受到第二次世界大战的影响。从日本漫画史来看，第二次世界大战后漫画发展蓬勃，所以多以战争为题材也是理所当然的。仅从儿童书出版社金星社来看，光是收集战后的战争漫画的文集《漫画家们的战争》就出版了6卷。

此外，战争漫画数量多的另一个原因也许是大量漫画家出生在中国东北地区并拥有撤回日本的经验。随意一想就有赤冢不二夫、千叶彻弥、林静一、古谷三敏、上田俊子、森田拳次、北见健一等。特别是少女漫画鼻祖上田俊子的《惠庆儿》（《少女俱乐部》1957—1962年连载）以生活在哈尔滨的一家有钱人的门卫的轻浮女儿为主人公，准确而生动地再现了当时中国东北地区的风土人情。

我高中阅读《GARO》时，柘植义春已经休笔了好几次，在任何地方几乎都看不到他发表作品。此后，柘植在1979年创刊的《Custom Comic》（日本文艺社）中任职，同事夜久弘升任总编辑后于1984年创刊了《COMIC貘》，自此柘植开始在每一期的

《COMIC 貘》中发表自己的作品。该杂志似乎就是为了给柘植提供发表作品的平台而创刊的，刊载的柘植作品自传性特别强，囊括了柘植从少年期至当下的经历。虽然内容类似于柘植的自传，不过作品非常成熟。而且每部作品的画风都不同，提出的一些全新主意也很有创意。

　　柘植封笔前最后的作品《蒸发》以生活在我的故乡伊那市的幕府末期明治维新初期的流浪俳人井月的生平为题材，让我感到深有缘分。通过阅读《蒸发》，我对以前只知其名的井月产生了兴趣，购买了一本《井月全集》，其俳句作品生动有趣，令我印象深刻。"乞丐"井月居无定所，沉醉在美酒中过着乞讨的生活，他因其生活作风受到嘲笑，同时又留下了超千句动人的俳句，作品文笔清新，优雅高洁。不久后，我在岩波书店开始负责编辑有关井月的评传和岩波文库本图书，这些书也让文学界和俳句界兴起了对井月的再评价，井月也因此成为伊那市振兴观光和文化的名人。至此，只要提到长野县的俳人，北信（北部地区）首推小林一茶，南信（南部地区）则首推井月。能够有后来对井月的再评价，柘植的功劳很大。

　　但是《COMIC 貘》只出了 15 期，到 1987 年就停刊了，据说是因为发行量不乐观。夜久在停刊后不久就自日本文艺社退休，退休后热衷于马拉松，在 100 千米的超级马拉松界非常有名。爱好竞走的我曾在所属的 runners club 中与夜久一起跑步，因此也有幸与其交谈《COMIC 貘》时期所发生的事情。令人遗憾的是夜久已于 2015 年逝世。

　　《COMIC 貘》囊括了除白土三平以外的以柘植为首的《GARO》初期的作者们，在这些作者中有一位虽然不算年轻却未曾在

《GARO》中连载过作品的漫画家，他就是畑中纯。

畑中纯是福冈县小仓市人，因立志成为漫画家于18岁奔赴东京，以一张充满幻想的细致的画出道，却长时间难以出人头地。后因创作以架空的温泉街"九鬼谷温泉"为背景的长篇漫画《曼陀罗屋的良太》而名声大噪，这部漫画描写了在解放性和欲望的"理想国"发生的故事。这部作品自1979年开始的10年间在《周刊漫画Sunday》（实业之日本社）上总计连载了近500篇，comic本竟有53卷。除了《曼陀罗屋的良太》之外，畑中纯其他的长篇、短篇作品也很多。除了漫画之外，畑中纯对版画也有所涉猎，雕刻的版画除了单张的，还有将宫泽贤治的数篇作品连续创作成版画的绘本。此外，他还用水墨描过巨大的壁画，深受诗人、作家、评论家伊藤整的影响。其作品文学功底深厚，他还出过随笔集，可谓多才多艺的"鬼才"。

我喜欢《曼陀罗屋的良太》中的世界，也被他雕刻的版画中的小动物和春画中的世界所吸引。因此，1995年我邀请他在我所负责的杂志《世界》上连载他的版画新作，并有幸与他相识。畑中先生的宅子位于东京都市中心西郊的调布市，建在一片旱田的中央，我曾到那里向他请教漫画、文学及电影等知识（话题主要围绕深作欣二导演的《无仁义之战》）。他的工作室堆满了书、版木及录像带等，几乎没有地方可以立足，好不容易才留了一张坐垫容他坐下。他在这里的生活似乎除了睡觉以外全部都是工作，在几只捡回来的流浪猫的包围下，他不停地画着漫画、雕刻着版画。《世界》自1996年开始刊载他的作品，包括版画《猫日和版画馆》及其他随笔性质的作品，连载持续了两年。

畑中先生乐于社交，完全没有像一般艺术家那样难以接近。通过他我结识了因《浪花金融道》而出名的青木雄二先生，结识了永岛慎二先生、千叶彻弥先生、独自开创出无厘头漫画《传染》的吉田战车先生以及评论家吴智英先生和宫崎学先生等。我喜欢看永岛先生的《漫画家残酷物语》和《青春审判》等作品，因此邀请他接替畑中先生继续在《世界》上连载漫画，名为"疯狂的人"，是有关井月、尾崎放哉、种田山头火的漫画随笔，连载始于1998年，前后持续了两年。

我还曾与喜欢的漫画家林静一先生见过面，他的作品的表现手法和描写的场景都极其前卫，但他本人却是一位态度和蔼、服饰考究的艺术家，我与他一起聊了一些动漫界和漫画制作界不为人知的故事。林静一先生曾是动漫制作公司东映动画的员工，我认为他的漫画深受电影蒙太奇手法的影响，格子分割及人物动作总是那么出人意料。林先生曾于1996年在《世界》上发表了一张描写东京近郊景象的名为"怀念的原景"的水彩画和一篇与此相关的随笔。

出自畑中纯《猫日和版画馆》

通过畑中纯先生，我还与漫画大神柘植先生碰了面。柘植先生就住在调布市，据说畑中先生就是因为仰慕柘植先生才立志成为漫画家而奔赴东京。又据说畑中先生也曾经给

《GARO》投过稿，但是被时任总编辑的南伸坊以"您的作品更适合放在商业杂志上"为由拒绝了。之后畑中先生就将《曼陀罗屋的良太》投稿到登载有柘植先生的《义男的青春》的周刊《漫画 Sunday》上，并开始了连载。

柘植义春已经多年不画漫画了。我曾恳请他再帮我们杂志画漫画，可是他说眼睛不好，在他夫人藤原真喜因病去世后，还需要照顾儿子，已经一张画都没画过了。

畑中先生任职于东京工艺大学漫画学科，是一名教授，2012 年 6 月在前往工作单位的途中突然倒地去世，据说死因是腹部大动脉瘤破裂，不知是否因为全年无休、过度劳累导致的。创作漫画需要花费大量的时间和精力，而畑中先生是一位创作欲旺盛的作家，他甚至没有请助手，直至生命的最后一刻仍然在不停地创作漫画。大多在年轻时就是畅销漫画家的人，因为需要不停地创作，总有一天会灵感枯竭而无法从事漫画创作。我想畑中先生就是因为年轻时所吃过的苦和长时间屈居人下，之后才能一直保持创作热情，灵感不断。

虽然不再听闻柘植先生有漫画发表，但人还健在。作为漫画界的传奇，他还会时不时地出现在杂志特辑或漫画作品的副刊中。

还有一位至今仍然活跃在漫画界的巨匠——安彦良和。他作为作画监督参与制作的《机动战士 GUNDAM》可谓是动漫电影的里程碑，他也因此获得了极高的人气。我个人对他的一系列漫画更为熟悉，深受他作品的触动。他的漫画以阿伊努传说、基督教、库尔德人的英雄传说、日本神话等为题材，场面波澜壮阔，无论是从作品结构还是作画技巧，他的作品都堪称战后日本漫画界的经典。他曾作为动画片绘制者加入了虫制作公司，因此漫画作品与手冢漫画有相通的地方。我特别喜欢他于 1990—1996 年在《月刊 Comic Tom》上连载的历史漫画《虹色的托洛斯基》，该漫画以一名蒙古青年为主人公描写了当时东北地区的故事。这部作品最后形成了comic 本，而我也有幸与安彦先生相识，并于 1997 年 12 月的《世界》上刊发了对他的采访。

## 主要参考文献及引用

小学馆漫画赏事务局.『現代漫画博物館　1945—2005』.小学館，2005 年.

中野晴行.『マンガ産業論』.筑摩書房，2004 年.

おかだえみこ，鈴木伸一，高畑勲，宮崎駿.『アニメの世界』.新潮社，1988 年.

長谷川裕.『貸本屋のぼくはマンガに夢中だった』.草思社，1999 年.

つげ義春.『つげ義春集　現代漫画⑫』.解説・佐藤忠男筑摩書房，1970 年.

夏目房之介.『夏目房之介の漫画学』.ちくま文庫，1992 年.

四方田犬彦.『白土三平論』.作品社，2004 年.

夜久弘.『「COMIC ばく」とつげ義春──もうひとつのマンガ史』.福武書店，1989 年.

畑中純.『私』.交遊社，2008 年.

第三章

# 五脏俱全的文库本

## 一、通过文库本学习人生经验

无论是谁，人生中似乎都曾有过一个苦闷无比的阶段。我该如何生存下去？这个问题盘旋在脑海，人仿佛置身于前途灰暗的隧道中，只能徒手摸索着前进，抑郁无法自拔。事后，又会为自己当初的烦恼而苦恼：之前究竟因何烦恼呢？也确实是这样，因为原本问题就很模糊，那么答案也就无法清晰。仅仅是为了烦恼而烦恼，这个状况似乎每个人都或多或少遇到过。

我曾在上高中时经历了这个阶段，那个时候我经常闷闷不乐，不开心都挂在脸上。不过，我也不是整天都抑郁不堪，偶尔也会与朋友胡聊一番。在那个阶段，我还遇到了恋爱的烦恼，我是单相思，没能对喜欢的女孩子表白，现在想来真是既烦闷又甜蜜的青春。恋爱的烦恼与上面提到的烦恼一样，都无法得出答案。

在这一烦闷无比的阶段，治愈我内心的是文库本图书。

高中时，我居住在伊那市，伊那市位于日本列岛中心的长野县南部，四面环山，无海。当时伊那市的人口是 5 万人左右，和市町村合并之后伊那市的面积扩大了，但人口却几乎没有变化，为 6 万人左右。那时的我，经常会在放学后飞奔到位于伊那市中心街通町银座的小书店——小林书店。小林书店的地下一层放置了文库本书架，书架的旁边设置了教学参考书角。我的同学多数都是去教学参考书角搜寻心仪大学的历年真题或各科目的参考书，只有我会花费大部分时间站在文库本书架前阅读。当时文库本的主流有新潮文库、角川文库、岩波文库、讲谈社文库，内容各有特色。新潮文库以文学，特别是日本近代文学为主导；角川文库擅长日本的古典文学和大众文学；讲谈社以现代文学为主，而岩波文库则以东西方的古典文学为特色。由于我特别钟爱日本的近代文学，所以在新潮文库的书架前站的时间最长。说到日本近代文学，由于旺文社是发行考试参考书的主流出版社，其文库（现已停止发行）作品的解说和正文用语注释更为齐全，所以在收录作品相同的情况下，我多会选择旺文社文库。

　　文库本开本小，便于携带且价格便宜。在 20 世纪 70 年代中期，买一杯咖啡需要 300 日元左右，而同样的价钱可以买 300 页左右的文库本图书。我当时没有喝咖啡的习惯，所以会攒着配送报纸的打工费，以每两天一册书的速度购买文库本。当时岩波文库封面上不显示定价，定价由封面上印刷的星星数量决定，而星星的数量则与页数有关。一颗星星的单价并不是一成不变的，当时一颗星星等于70 日元。因此，薄的书 100 日元以内就可以买到。由于我的零花钱有限，挑书的时候我必须反反复复仔细斟酌，决不会仅凭书名就冲动买书。幸好除了个别作者外，各个出版社在文库本的装帧风格方面保持一致，所以我几乎不会因被封面设计吸引而冲动购买。夏目漱石、岛崎藤村、石川啄木、志贺直哉、椎名麟三、五木宽之等众多文豪都是我喜爱的作家。

学校教授各学科知识，只会填鸭式地给学生灌输各种有利于考上理想大学的知识。家庭教育的内容是各种规矩礼仪。而阅读文库本对于我来说，能帮助我解答课堂之外、在社会及人生中遇到的烦恼。至于我为什么会偏爱日本的近代文学作家们，现在回想起来，应该是因为贯穿在日本近代文学中的关于"家"的烦恼吧。

在明治维新以后，日本因受传统和封建因素的影响，个人需要与集体保持一致，由此势必会产生个人意愿或理想与集体背离而无法实现的矛盾。如何处理这一矛盾，成为贯穿日本近代文学的一大主题。最为突出的问题就是家与个人的纠葛，这一点困扰着众多近代作家，这种烦恼进而转化成诸多作品。

我生活在被日本阿尔卑斯山脉中部和南部包围的狭小盆地中，除了家庭和学校之外没有一点交际圈，环境很是窘迫。我时常幻想——平时仅能通过报纸和电视等媒体看到的世界究竟是怎样的呢？这使我迫切希望早点冲出家乡，进入未曾见过的世界。可是，我该如何在新的世界中生活，又该如何武装自己呢？我到底能不能在新的世界中立足呢？新的世界拥有无限的可能性，而我们的立命之本则是"家"，一个包含着籍贯、背景、风俗等各种特定条件的场所。

这个时候，小林书店为我打开了世界大门的一条缝，书店里陈列的文库本则是帮我扩张人生地图的小宇宙。与父母和老师不同，文库本小说家与我拥有同样的烦恼，与"家"和社会进行着搏斗，通过自己的小说贯彻自我，可以说是我的"师兄"。这些作家多数是日本近代文学中归类为私小说的自然主义系小说家。他们的作品大多写的是与传统家庭和社会观念相悖的反社会、反道德的故事。

## 二、文库本的诞生

文库本是可以放进衣服口袋或小型提包中的书籍，其开本为A6，长148厘米，宽105厘米，所收录的作品多数是已经作为单行本发行过的作品，即将已为人熟知的内容重新包装的作品，仅有少数例外。文库本基本上就是原封不动地收录单行本中的文章，很多时候还会加上第三者对作品的讲解。文库本虽小，但其作品精髓、完备，用中国的谚语来说就是"麻雀虽小，五脏俱全"，用日语说的话就是"一寸之虫也有五分魂"（匹夫不可夺志也）。文库本携带方便，无论在多么拥挤的电车上都可以轻松阅读，而且价格便宜。

"文库"这种图书类型实际上是日本特有的，其他国家的出版文化中没有类似产品。那么文库本是如何在日本诞生的，又是如何作为图书类型定型的呢？

纵观日本近代出版史，文库本初次发行是在1927年，由岩波文库发起，距今已有90多年了，发起文库本的是岩波书店的创始者岩波茂雄。

不过在岩波文库之前，新潮社和富山房都曾发行过文库本开本的图书，赤城丛书和立川文库也曾出版过文库开本的丛书。岩波茂雄在策划岩波文库的时候为何会选择那种开本呢？是模仿这些已有的文库吗？不是。岩波茂雄参考的是德国雷克拉姆出版社发行的收集德国国内外古典作品的雷克拉姆文库，雷克拉姆文库创立于1867年，是他高中时代非常喜欢的书。雷克拉姆文库至今还在发行，不过开本变得比岩波文库还要更小。

文库本的特征是开本小，可以放入衣服口袋，便于携带。装帧形式是平装，封面设计朴素，最重要的是价格便宜。岩波文库开创初期，一颗星星对应的是 20 钱（100 钱 =1 日元），价格之便宜在当时的日本书籍中史无前例。当时的雷克拉姆文库一颗星星也是相当于 20 钱，而岩波茂雄从员工那里听说雷克拉姆文库一颗星星是 25 钱（其实是员工记错了），所以特意将价格调得比它低。

岩波文库创立的背景是"一日元书"的成功登场。1926 年，改造社的创始人山本实彦社长出版发行了大开本（菊版：939 mm×636 mm）的《现代日本文学全集》，一册书定价为 1 日元，所以被称为"一日元书"（当时的出租车价格统一都是 1 日元）。不过这套书收录的日本文学作品编纂粗糙，而且不分销、只接受预订出版，需要提前预约，如果要购买的话必须购买全卷 60 卷。受这套书爆发式的销量影响，新潮社也开始出版发行《世界文学全集》。

岩波书店总体来说以出版高价值的学术书为中心，不太熟悉这种薄利多销的出版方式。可是，岩波茂雄非常羡慕甚至嫉妒"一日元书"所取得的成绩，可以说达到了"咬牙切齿"的程度。不过岩波茂雄有其顽固的一面，或许是其讨厌拉帮结派、独来独往的长野县人的气质，他喜欢追根究底，拒绝简单的模仿，决意要贯彻自己的独创性。

因此茂雄学习雷克拉姆文库，不采用预约出版的方式，策划了自由分销的小开本丛书。文库本每 100 页价值一颗星，也就是 20 钱，价格是"一日元书"的五分之一，这一举动对于当时的图书市场来说简直是暴击。岩波文库创刊于 1927 年 7 月 10 日，当日就一举发行了 22 种图书，而在前一天 7 月 9 日，在东京《朝日新闻》上用了半页的版面刊载了岩波文库创立时计划出版的 31 种（指 7 月和 8 月发行的总品种）文库本照片的广告，广告的标语是"古今东西的典籍，可自由选择的普及版"。岩波文库的出版可谓一大壮举，日本自活字印刷时代以来未曾有过文库类图书，而且哪怕到了当今 CTS（计算机直接制丝网版）和 DTP（彩色桌面出版系统）技术出版的时代，也没听说过哪家出版社一次发行如此庞大的品种数，因为那根本就是不可能的事情。这一壮举离不开当时的编辑长田干男和小林勇的努力，他们在短时间内策划了如此多的品种，收集了如此多的稿件，可谓功劳巨大。

根据岩波书店的社史《岩波书店百年》（2018 年出版）记载，策划文库本时，岩波书店社内反对的呼声很高。因为作者担心版税

岩波文库创刊时的新闻广告，1927 年 7 月 10 日
出自 1993 年岩波书店发行的《从照片看岩波书店的 80 年》第 38 页

收入降低，而零售书店也担心利润空间小，据记载，当时测算的盈亏平衡点是一万册。

结果文库本的出版取得了巨大的成功，《古事记》卖了 4 万册，夏目漱石的《心》卖了 5 万册，而且还在不断重印。不过据社史记载，在文库本发行的第二年退货增多，库存商品超过了 50 万册。

岩波文库发行之际，岩波茂雄邀请了哲学家兼当时的法政大学教授三木清起草了一篇文章《致读者》，润色后将其刊登在了文库本的卷末，这一文章至今还出现在岩波文库的卷末。其中的一节写道："最近流行大量生产、预约出版，广告宣传狂轰滥炸。可是他们做好了准备让所出版的全集流传到后世吗？对流传千古的典籍的翻译缺乏敬意，甚至不允许分销，而将读者捆绑，一买就必须买几十本。他们所宣称的学艺解放到底体现在哪里？"这一段话恰恰也反映了岩波茂雄对一日元书热的批判。

文库这种形态虽然不是岩波文库始创，可是岩波文库的创立精神崇高，与以往的文库本完全不同。那么岩波茂雄是以怎样一种理念、冲着什么样的目标策划的岩波文库呢？岩波茂雄在 1942 年创业 30 周年的员工座谈会中如此回顾：

"我想起高中时期看过的雷克拉姆文库，其所选择的文章都是具有古典价值的作品，而且单册零售的价格低廉。不仅如此，它的翻译精准饱满，译者都为当时首屈一指的翻译大师。这样一来不仅翻译无误，而且出版后即使马上有人模仿，也完全无惧，因为不会再有同类作品能够超过它。译者如果能找到翻译界第一人，那么之后出来的仿品只能排在其后；校对如果也能找到第一人，那么之后出来的仿品也只能排在其后。这样一来，就可以立于不败之地。"

也就是说当时采用的战略是：只要产品最好，即使有人模仿也完全不惧，底气十足。果然不出所料，改造社发行了改造文库，价格是岩波文库的一半（10钱），跟岩波文库打起了价格战。可即便如此，岩波也不降价，反而因为作品品质高而获得了很高的评价，反响很好。最令岩波茂雄感到高兴的是，他收到了很多读者的感谢信，"我一生的素质教育就靠岩波文库了"这类评论使他感慨万千："真庆幸自己开了岩波书店"。

那么当时岩波茂雄想为岩波文库挑选什么样的作品呢？

据岩波书店至今还在每月发行的杂志《思想》中的文章记载，文库创立初期列举的种类有"未曾出过单行本的作品""稀有出版物、绝版出版物""价格高昂、普通人不可能阅读的作品"等，收录的是古今东西的古典、经典作品的普及版。

这一编纂方针就写在前面提到的"致读者"的开头部分，下面这一段脍炙人口的文章充分体现了这一点。

真理自身愿意被千万人所追求，艺术自身希望被千万人所爱戴。过去，为了使民众愚昧，学术曾被封锁在最狭窄的殿堂里。如今把知识和美从特权阶级的垄断下夺回来，是不断进取的民众的迫切要求。岩波文库便是适应这个要求，在民众的鼓励下产生的。这就是要把有生命力的不朽图书从少数人的书斋和研究室中解放出来，让它们全部站到街头与民众为伍。

## 三、日本独特的文库本文化

如此诞生的岩波文库，作为古典文库收录了古今东西的古典文学作品，再加上细心的编校、适量的注释与解说，如果是国外的古典作品则会配上最高水平的翻译，可以说岩波文库做到了作品最优、最经典。岩波文库背负着提高大众素养的使命，即便到了现在，这一使命也未发生改变。截至 2018 年，岩波文库已发行了 6 500 多种作品。

岩波文库收录作品有一个很严格的标准，那就是作品必须是能够成为古典、可以普及的作品。可是哪种作品能够成为古典，并没有明文规定，毕竟时代在变化发展着。岩波文库所收录的作品中没有 20 世纪之后的作品，不过随着岁月的流逝，收录作品的时间线会逐渐往后延伸。西方作品的话以后可能会加上福柯（Michel Foucault）、列维纳斯（Emmanuel Levinas）、本雅明（Walter Benjamin）、德里达（Jacques Derrida）等思想家的著作。在小说作品方面，以往岩波文库以纯文学作品为主，目前逐渐开始收录江户川乱步、久生十兰等大众小说家的作品，同时还有大江健三郎、谷川俊太郎等在世的现代作家的作品。在外国文学方面，主要收录的是英国、美国、俄罗斯、德国、中国等历史悠久、传承有序的地域性的文学作品，除此之外收录范围还延伸到拥有加夫列尔·加

主要和中国有关的岩波文库

西亚·马尔克斯和马里奥·巴尔加斯·略萨等作家的拉丁美洲。

　　不过令人感到遗憾的是，在中国、朝鲜、印度、东南亚等亚洲地区，我们收录的《论语》《三国志》《唐诗选》等中国古典作品，以及《般若心经》《法华经》等佛教经典虽然流传已久，但是近代以后的作品几乎没有被收录。有关中国近代的作品有《孙文革命文集》，于2011年辛亥革命100周年出版。除此之外，还有毛泽东、章炳麟等人的作品，不过已经断货了。纯文学作品除了鲁迅、老舍、巴金之外，没有收录新的作品。印度的话，仅收录了莫罕达斯·卡拉姆昌德·甘地（Mohandas Karamchand Gandhi）的作品。之所以收录得如此少，在于日本还没有对亚洲以及东洋近代以后的文献形成可称为古典作品的认知。

　　在岩波文库之后，其他出版社的文库如雨后春笋一般涌现，而且收录的作品不再局限于古典作品。不过，多数文库都坚持收录已经出版的评价好的作品，即把已出版且定价较高的书籍再以文库本的形式，加上作品解说，印刷成文库本进行二次出版。

　　这种将已经出版的作品再次收录的文库本，是日本独特的出版形态，之后成为日本出版文化的常态。据2018年的出版年鉴记载，日本约有100家出版社在发行文库本，许多出版社一家就发行好几种文库，日本全国发行的文库约170种，2017年的文库出版品种数为7 800种以上。而2017年日本书籍的新书总品种数为75 412种，也就是说10%以上的新书都是文库本。每个出版社的文库本的题材都有其特点。例如，收集海外怪异小说的早川文库、收集儿童文学的讲谈社青鸟文库和角川书店的翼文库、收集面向成年人的官能小说的法国书院文库。除此之外，还有面向实业家的文库、面向女性的文库、收集连环漫画的文库等，不胜枚举。

　　随着文库的传播，有关文库本的定义也变得多样起来。如与佐伯泰英的剑士小说一样，创作完成后未发行单行本而直接出版文库本的现象变得多了起来。另外，与文库本给人的价格低廉的印象不同，也有如讲谈社的文艺文库、学术文库这样定价较高的文库出现。因此，文库给人的整体印象就只有平装的小开本了。

　　发行文库本的出版社与之前发行同一作品的单行本的出版社不一定一致。各出版社都紧盯着单行本的发行情况，一旦有作品出现断货或者绝版的现象，他们就会先取得著作权人的许可，再取得原单行本的出版社的转载权（根据约定还会将转载所需的费用支付给发行原单行本的出版社），然后就出版文库本。作为出版社，他们可以先以较高的价格发行单行本，在断货后再以文库本这另一形态再次出售同一作品。作为读者，如果在发行单行本时因为价格高或是错过了发行时间而未能购买的话，可以以较低的价格购入。作为作者，同一作品几乎不需要再次加工就可以得到新的版税。可谓一举多得。

　　这一点就如同欧美将同一作品同时以精装和平装的形态出版发行一样，两种书的内容和开本完全一致，然而定价不同。精装书面向图书馆等机关，价格较高，只有第一印次才会发行；平装书面向一般读者，定价较低。而日本的话，虽然是同一作品，但是单行本与文库本不仅装订方式不同，而且因文库本在单行本发行之后发行，内容多少有一些修订，还会加上解说等。

　　无论在日本的哪一家书店，都配有专门放置文库本的专用书架。许多书店会用不同的书架放置不同出版社的文库，以作者或者类别来分类摆放。文库本书架多置于书店的入口处，较为醒目。享受同等待遇的只有"新书"书架，这里所说的"新书"，与文库一样，是日本独有的出版形态。与文库本一样，"新书"在日本的诞生也有其必然性，能够普及并受到读者的认可也有其理由，关于这一点将在其他章节详述。

与文库本的开本相适应，文库本书架的层高普遍不高，由好几层构成。因为文库本不够醒目，且各出版社又都是将文库本统一包装，读者很难找到想购买的作品，所以，书店考虑到读者找书时是以作家为切入点，因而给文库本分类并配上了书目编号，最后文库本找起来比大开本的单行本还容易。

在旧书店和各位读者的书房中，也都配有文库书架。确实，文库本的开本就如中国的连环画一样小，或许会给人一种寒酸的印象。但是，当你眺望自己书房里的文库书架，书架上摆满了各个出版社的文库本，这些古典作品就如同群星一样璀璨，你就会感到自己的书房如同汇集古今东西知识的小宇宙一般，令人欢欣鼓舞。正可谓"麻雀虽小，五脏俱全"！

对于我的阅读生涯来说，文库本是不可或缺的存在。特别是在通勤途中或者旅游时，我通常会随身携带一两本文库本，因为它们放在背包里也不会鼓起来，站着也可以阅读。

要说我最喜爱的文库本，大概是以下三本吧。

第一本是谷崎润一郎的《阴翳礼赞》，源自 1975 年的中公文库。这本书是我上高中时的语文老师推荐阅读的。该书由短篇随笔构成，充分描写了日本文化的深奥以及日本的美。虽然我与谷崎的高贵生活完全无缘，却深受触动。对阴湿狭小的日本的风土、风俗的反感，似乎也淡了一些。

第二本是岛木健作的《生活的探求》，源自 1950 年的新潮文库。这是我刚上大学时，因为受标题的吸引而买下的。高中时，我读的书几乎都是自然主义或者是无产阶级作家的作品。那个时候经常因为如何解决"家"的问题、如何融入现实社会而烦恼。这本书的主人公从大学退学，进入农村种植烟草，着手解决地域的问题。我对他的生活方式产生共鸣，想着要一边过脚踏实地的生活，一边参加社会运动。

第三本是宫崎滔天的《三十三年之梦》，源自 1993 年的岩波文库。这部作品的主人公是一名浪曲师，他通过与孙中山的交友而参与了中国的革命。通过主人公破天荒的人生，我看到了近代日本的可能性。当时我就决定要策划编辑一些描写日本和亚洲的关系的书。

现代人不知为何总是很忙碌，很难确保读书的时间。对于那些哪怕是在满员的通勤电车中也要将读书的习惯保持下去的人们，对于那些因为都市的昂贵房价而只能住在狭小的房子中却仍旧爱买书藏书的人们，文库本就发挥了巨大的作用。文库本作为保证现代人充实的文化生活的一环，或许我们应该重新界定它的价值。

本文开头提到的高中时经常去的小林书店的店主小林武夫先生，实际上是岩波书店的创立者岩波

伊那市的小林书店店主小林武夫（右）和其夫人小林时子（左），2018 年 12 月 29 日摄于小林书店

茂雄的女婿，岩波书店的原会长小林勇的外甥。94 岁高龄的小林先生自 1949 年小林书店开业至今每天都在店里忙碌。40 年前的我可没料到自己之后会在岩波书店工作，2019 年正月回乡时我去了一趟小林书店，与店主和店主夫人时子女士（87 岁）相谈甚欢。

### 主要参考文献及引用

植田康夫，紅野謙介，十重田裕一编 .『岩波茂雄文集』. 全 3 册、岩波書店，2017 年 .

紅野謙介 .『物語岩波書店百年史　1「教養」の誕生』. 岩波書店，2013 年 .

小林勇 .『一本の道』. 岩波書店，1975 年 .

出版年鑑編集部編 .『出版年鑑　2018』. 株式会社出版ニュース社，2018 年 .

# 第四章

# 口袋里的教养书：新书

## 一、贴近读者疑问的小图书

"日本有'新书'。"这句话是2018年岩波新书成立80周年之际的广告语。无论你去日本的哪家书店，书店门口必然有摆放杂志的书架，再往里走，则必然会有摆放文库本的书架和摆放新书的书架，通常两个书架会并列摆放。文库本和新书都是图书，不过它们会像杂志一样，每月定期出版，出版日期由各出版社决定。当月新书时而码堆摆放，时而平铺展示。

文库本的封面设计几乎每家出版社、每本书都不相同，唯有岩波文库和讲谈社学术文库采用统一的封皮。最近被封面吸引就冲动购买图书的读者在增多，因此文库本虽然实物很小，但平铺展示在书架上却色彩斑斓，十分热闹。

根据最新的《出版年鉴》（2018年版）统计，"新书"的开本为105 mm × 173 mm，2017年共发行了77种类型，新书开本的图书共计出版3 084个品种，占全年出版品种（75 412种）的4%以上。

新书装帧根据系列有所不同，但每个系列的风格一致。新书封面朴素，几乎只会列出作者名和书名，但基本不会有日本人认为新书封面呆板无味。新书虽小（方便放进口袋），但却蕴藏着与其小身材不符的丰富知识，能令读者的知识水平有效提高。

作为已经定型的"新书"，我想在日本不管是谁都应该或曾看过，或曾拥有过一本难以忘怀的新书吧。岩波书店拥有一个新书品牌，名为"岩波 junior 新书"，2019 年正值此系列成立 40 周年。这个 junior 新书瞄准的读者对象是中学生，不过我觉得开始接触新书的主力还是高中生。

我在高中时也曾被各学科的老师推荐过数本新书，以补充课堂之外的各学科知识。学校的图书馆一般会收录所有的新书。无论是多么小的知识片段，新书都能从全局为你解读。新书会针对某一领域详细描述，既可以回答一些质朴的问题，也可以引导读者思考答案，是值得信赖的指南书。读者一旦接触了新书就会"欲罢不能"。假如你在读报纸或杂志时发现了一些值得留意的新造词语或是感兴趣的新闻，只要读检索相关题目的新书，一般情况下都能找到对应的新书为你答疑解惑。新书一入手，就会立马在通勤电车或图书馆里翻开阅读，这已经成为日本人的习惯。

## 二、侵华战争与岩波新书

新书这一独特的出版形式是如何在日本诞生的呢？

日本最初的新书是岩波书店出版发行的岩波新书，诞生于 1938 年 11 月，契机为 1937 年 7 月爆发的侵华战争。

岩波书店创始人岩波茂雄一直对中国非常感兴趣，认为日本自古以来就承蒙中国文化的恩惠。因此，他对中日关系的恶化十分痛心。据岩波茂雄次女小百合的丈夫——岩波书店编辑小林勇所述，岩波茂雄曾在 1937 年 5 月与日本同盟通讯社上海分社社长松本重治聚餐时说过如下的话。

作为日本人，我想为中国做点事情。我想让中国人知道，在日本人当中也有人感念自古以来承蒙自中国的恩情，也有人对日本的所作所为感到愤怒，也有人心怀歉意。可是，我只是一介商人，没有推动政治的能力。不过，我也有一件事可以马上做成，那就是将我倾尽半生心血出版的图书为中国所用。您能否助我一臂之力，帮我从中国的大学中挑选 5 所，我将给它们送去所有的出版物。

可惜，岩波茂雄的这一愿望未能在其生前实现。因为第二年 7 月就爆发了侵华战争。

对于这一战争，岩波茂雄分外愤慨。他认为侵略中国，在中国的土地上施以暴行是忘恩负义的行为。因此他不肯回应日本军部筹款的请求。

岩波茂雄曾帮助精通日本文化的原北京大学文学部长钱稻孙，帮其照顾儿子钱端仁。岩波书店中存有按寄件人分类写给岩波茂雄的书信，其中就有多封来自钱端仁和钱稻孙的。翻开信件，其中大部分写的是钱稻孙想要拿到的日本书籍的清单，岩波茂雄会通过钱端仁送达。曾经住在千叶县市川市的郭沫若在侵华战争爆发时留下身为日本人的妻子和多名孩子，自己趁着天色未明秘密地从横滨回到上海，参加抗日。岩波茂雄则资助了郭沫若的三个儿子读书，一直到毕业。此外，在岩波书店中保存的有关岩波茂雄的回忆录原稿中，有一篇文章来自受到岩波茂雄资助的中国留学生，文章中写道，岩波茂雄曾多次对侵华战争发表感想，说"日本做错了"，对此该学生表示感谢。

随着侵华战争的发展，出版言论的管制更加严格，禁止发售的书刊层出不穷。

岩波新书诞生时最初的 20 本新书
出自《从照片看岩波书店的 80 年》第 70 页

这时，只有 7 个编辑的小小编辑部就在酝酿出版批评这一世态的丛书。提议者除了小林勇之外，还有与岩波茂雄同出自东京帝国大学哲学系的岩波书店员工吉野源三郎和粟田贤三。丛书的策划方案是以浅显易懂的手法书写现代人应该知道的问题，特别值得注意的是该丛书的创作不会依据明治以来被扭曲的中国观，而是会选取真正有利于增进对中国的理解的内容。受到小林勇的委托，法政大学的三木清教授接下了发行此套丛书的准备和选书工作。

在实现岩波新书这一创意之际，吉野源三郎充分发挥了他的编辑能力。对于创立岩波新书的动机，吉野源三郎曾如此回忆。

我们策划岩波新书的意图是：为了抵抗这一时期在日本普遍存在的国粹主义、蔑视中国等帝国主义思想，为了广开民智让国民用科学的思考方式和世界性的视角来看待世间万物，为了针对日本对中国采取的军事行动，我们为民众提供进行反省批判的资料。

　　对像吉野源三郎这样的为欧洲的近代思想和文学所倾倒的知识分子来说，他们常去的地方是丸善洋书部门。吉野源三郎爱看丸善书店的鹈鹕丛书，该书系于 1937 年在英国出版，是新书开本的平装书。当时的日本经过了治安维持法和国体明征运动等，言论和思想的控制愈发严格，不过洋书的取缔还是比较缓慢的。吉野源三郎这样回忆自己沉浸于鹈鹕丛书时的心情：“阅读这套书时的愉悦完全与当时硬塞给我们的狭隘的国粹主义、狂热的军国主义和权威主义格格不入。”该书系无论是从题目、内容、分量，还是可单手持立的轻松感，都给予人一种读书的解放感。因此，我也想在日本创立一套丛书，送给受到不合理弹压的国民，不是满足全体国民，而是满足读者个人自由呼吸、自由思考的求知欲。

　　根据岩波书店的社史记载，自 1938 年三四月份向作者约稿，到时年夏天收到近 20 本稿件着手印刷，再到当年 11 月一举出版 20 本新书，3 名编辑的雷霆万钧之势可以想象。最后取名为“新书”是负责这套书的“造本”（包括版面设计、装帧设计和装订等）的长田干雄的创意。

　　新书创立时间为当年 11 月 20 日，初次印刷了 20 个品种，定价为每本 50 钱，首印一万册很快就销售一空。据说之所以定价是 50 钱，是因为当时政府为了应对通货膨胀发售了 50 钱的纸币，而这一纸币与新书相比，无论从哪个方面看都是新书更胜一筹，人们肯定会购买新书。此外，关于封面的颜色也曾有分为数种颜色的方案，后由岩波茂雄决定统一使用红色，这样一来当新书普及后只要乘坐电车的人都会手持红色封皮的新书，这一醒目的举动可以带动销售。

　　丛书第一册经岩波茂雄推荐，选取了居住在沈阳的苏格兰传教医生 Christi 的自传回忆录《奉天三十年》。翻译是由当时因批判侵华战争而被东京大学经济学部开除的矢内原忠雄担任。社史中有如下记载，"本书的出版也有促进国民对日本侵略中国和建设伪满洲国的虚伪进行批判的目的在内，这种形式的抗议在当时来说也是需要莫大的勇气的"。

岩波新书封皮的颜色根据时间的不同会有所变化，分为红色版本（1938—1946 年，101 册）、蓝色版本（1949—1977 年，1 000 册），黄色版本（1977—1987 年，396 册），新红色版本 1 期（1988—2006 年，1 008 册），新红色版本 2 期（2006 年至今）等。截至新红色版本第 1 期出版完毕，岩波新书累计出版突破了 2 500 个品种，为了表示纪念，岩波书店出版了《岩波新书的历史》一书。该书是由日本近代史专家鹿野政直所作。据他统计，初版红色版本的岩波新书 101 册按主题划分可分为：与中国相关的 16 个品种 19 册图书、与日本文化相关的 11 个品种 12 册图书、与世界史相关的 9 个品种 11 册图书，可以说是"以与中国相关的图书为轴，形成了与日本和世界的三足鼎立的局面，旨在拓宽读者的现代视野"。

2018 年于岩波新书创立 80 周年之际，岩波新书新红色版本 2 期出版了 1 767 册，总发行册数达到了 4 272 册。

岩波新书卷末刊载了岩波茂雄亲自签名的文章《值此岩波新书发行之际》，生动地传达了岩波茂雄对吉野源三郎等人提出丛书策划方案最终下决断的坚定、不可动摇的信念。

（前略）我不谙世事。然而，当前，政党是否依然健在？官僚是否有恃无恐？财界是否拥有奉公精神？那些受人尊敬的武者是否具有远见卓识及有条不紊的统制力？身为敏于思想、理应成为社会先觉的有为学

徒，追寻真理是否犹如鹿仰慕溪水一般，如饥似渴、穷追不舍？对非常时期举国上下全民总动员之现状，我感到忐忑不安。（中略）

为了振兴学术，我们曾策划岩波讲座与岩波全书。现在我们又要以提高现代人的现代素养为目的发行岩波新书，期望以此体会（天皇的）誓文遗训，从岛国根性出发，解放我们同胞的思想，给我们优秀的民族带来发展的所有机会，提供日本跃进所需要的新知识，与岩波文库的古典知识互相结合，培养作为伟大国民应有的素养。只有贯通古今原理与东西理念，才能实现东洋民族先觉者的伟大使命。

这篇文章最早亮相于《思想》198 号（1938 年 11 月）。在岩波书店收藏的岩波茂雄的相关资料中有一篇有别于此文的吉野源三郎的草稿。与岩波茂雄的文章相比，吉野源三郎的文章笔触较为温和，

津田左右吉（右）与岩波茂雄（中），1941 年 8 月于北轻井泽
出自《从照片看岩波书店的 80 年》第 75 页

但是也很好地传达了新书的精神。甚至可以说他的文章更详细地说明了岩波茂雄文章中的"现代人的现代素养"的内涵。

岩波文库标榜的是贯通古今东西的古典书籍的普及，岩波全书瞄准的是以学究为立场的现代学术的普及。而岩波新书企图脱离学究立场和古典的限制，自由响应时下人们随着时代而变化的需求，向现代人提供有助于提高知识储备的好书。为此，我们邀请了各学科一流的大家执笔，为我们创作不落俗套的启蒙好书，除此之外，我们还从国外搜寻优质同类书，在现代文学代表作品中择优，将其以简易装帧、低定价的方式出版发行。一般爱书之人会以最轻松的心情亲近学问，而且对专业领域以外的部分也会颇为关心、广泛涉猎，这就是岩波新书的目标。

纵观岩波书店的出版历史，1927 年创立的岩波文库标榜的是"古典"，1933 年的岩波全书标榜的是"学术"，而 1938 年的岩波新书标榜的则是"教养"。这里所说的"教养"与通俗来说的为人处世的"修养"不同，"修养"可能更贴近岩波文库或者岩波全书的创立精神，是支撑明治时期日本人脊梁的精神支柱。吉野源三郎所说的教养书则是轻松、自由地丰富大众知识生活的读本。不过，岩波新书不是为了迎合大众喜好而制作的通俗书，而是广邀一流大家倾力打造的启蒙读物。

此外，岩波茂雄的文章中贯穿着明治日本人的精神，文章直抒胸臆表达了作者的爱国之情，论调慷慨而悲愤。"举国上下全民总动员"这一说辞源于岩波茂雄对 1938 年 4 月近卫内阁制定的国家总动员法的感触。他谈及战争与和平、武力与文化、欧美与东洋，表露了其倾向和平、文化与东洋的思想信条。中岛岳志（东京工业大学）在岩波茂雄的评传中这样评价：纵览此篇新书创立词，岩波茂雄"要用明治时期的国民主权国家主义对待昭和时期的极端民族主义，从而让问题暴露出来。希望通过让人们回想起明治时期的社会结构与维新志士，从而让当时的偏狭的国粹主义解体"；对于岩波茂雄来说，岩波新书的发行"是基于自由的国家主义与亚洲主义的结合点而构想的"。

根据吉野源三郎所述，岩波茂雄的这篇文章是由他一人独自秘密写完，之后没有通过编辑部修改就直接印刷了。吉野源三郎认为相比于这种有威势的宣言，将实际上有必要的内容写清楚就可以。所以他多少感到困惑，但是"在当时那狂暴的言论压制风暴中，岩波茂雄作为一位出版人能做到无惧风雨作此发言，没有无比的勇气和见识是不可能做到的"，他认为对于岩波新书的诞生来说，岩波茂雄的这种无所畏惧的魄力不可或缺。

但是，岩波茂雄为他这悲怆的觉悟付出了巨大的代价。岩波新书发售后不久，他就收到了日本右翼寄来的威胁信件，针对他的新书创立词，右翼的机关杂志陆续发表文章批判。批判者中有一位军人（可能是宪兵）就曾写信给岩波茂雄，这一信件草稿目前收录在岩波茂雄相关资料中。这名军人认为岩波茂雄的"那些受人尊敬的武者是否具有远见卓识及有条不紊的统制力"这句话触犯了他的忌讳，针对此问题，岩波茂雄勉强辩解说，"皇军"的军纪在世界范围来看也是首屈一指的，这句话是为了起到鞭策的作用。

1940 年 1 月，津田左右吉被指控其在岩波书店出版的三本学术书含有对皇室不敬的内容，违反出版法，岩波茂雄与他一起被起诉了。经过了 21 次非公开的审判，1944 年 11 月，此案终因诉讼时效到期得以免诉。这就是津田事件，事件的起因是蓑田胸喜、三井甲之等在右翼杂志《原理日本》上发表的弹劾文章。

紧接着，1945 年 3 月三木清被警视厅特高课逮捕，罪名是窝藏左翼文人高仓辉。同年 9 月，刚刚战争结束，三木清死于丰多摩拘留所。

1945 年 5 月，小林勇因违反治安维持法的嫌疑被神奈川县警视厅的特高课逮捕，关进了拘留所。继《中央公论》《改造》两杂志的停止发行后，岩波新书被盯上了，这就是横滨事件。小林勇入狱后一直遭受拷问，直到战争停止后的 8 月 29 日才得以释放。

自 1941 年底突然发生第二次世界大战开始，日本的法西斯化日益严重，出版管制也越发严格。在内阁情报局的指导下日本成立了日本出版文化协会，紧缺的印刷用纸如果没有得到这个机关的认可就无法配给。岩波书店的用纸配给量急剧减少，到了 1943 年，岩波新书无论是初版还是重印都变得非常困难，直至 1949 年都处在事实上停止印刷的状态。

## 三、在新书的热潮中

到了 1949 年，岩波新书再次复活，封皮换成了蓝色版本。到了这一蓝色版本时，读书界对岩波新书形成了固定的评价，那就是岩波新书是由各界第一人以简单易懂的笔触编写的、讲解正确知识的教养书，读者对象为除专业人士以外的一般读者。书名也是干脆利落大气风格，不主张标新立异，给人以安定和踏实感。

1954 年光文社创立了河童 Books，它虽然没有取名叫新书，但是开本采用的是新书开本，而与岩波新书不同，它是面向大众的娱乐性强的图书。引起新书热潮的是 1962 年中央公论社创立的中公新书和 1964 年讲谈社创立的讲谈社现代新书。这两大新书与岩波新书一起并称为"新书三大家",新书由此迎来了第 2 次热潮。

岩波新书的发行册数在 1970 年左右达到顶峰,那时大学的纷争十分激烈。从读者年龄段来看,20 岁左右的人最多,占比 30.7%;从职业类别来看,大学生占 21.9%,高中生占 9.6%,学生共占三分之一左右。

但是,自 20 世纪 70 年代以后,年轻读者的读书习惯开始减少。杂志方面综合杂志逐渐淡出历史的舞台,而从年龄、性别、趣味等方面将目标读者细分化的杂志纷纷登场,论坛的凝聚力逐渐减弱。从这个时候开始,教养主义没落,大学生读者也在逐渐离去。现在的岩波新书的读者多为 60 岁以上的男性读者,也就是说曾经的大学生读者在退休后又重新回归了岩波新书读者群中,却没有新的读者产生。现在的情况是,你即使向大学生介绍岩波新书也没有几位会愿意看,甚至有些大学生连岩波新书和岩波书店的名字都没听说过。

1994 年筑摩书房创立了筑摩新书,此后文春新书、平凡社新书、集英社新书、光文社新书等陆续创立,日本迎来了第 3 次新书热潮。2003 年新潮新书、朝日新书、幻冬舍新书等相继创立,日本迎来了第 4 次新书热潮。(《朝日新闻》2018 年 11 月 19 日 )

当下的日本出版界创立新书之风空前火热,可是出版界整体不够景气。在这种情况下,所有的出版社都将目标瞄准新书,作者也是一门心思光想写新书,书店里的新书几乎处于饱和状态。原先重视教养的新书的定义也发生了动摇,更多的新书趋于只讲究娱乐性、一次性的媚俗作品，呈现出粗制滥造的状况。

至于前面提到过的，岩波茂雄在1937年曾有一个梦想就是岩波书店出版发行的全品种图书赠送项目，生前未能实现。1946年岩波茂雄去世后，继承了岩波书店的次子岩波雄二郎实现了其父的遗愿。1947年3月，他通过与当时驻东京的中华民国代表团协商，选定了向5所大学赠送图书，这5所大学分别为：北京大学、中山大学、暨南大学、中央大学、武汉大学。中华人民共和国成立后，赠送地变更为：北京大学、中山大学、武汉大学、东北师范大学和北京国家图书馆。目前，向这5处机构赠送图书的项目还在继续，岩波书店每月都会将当月出版的新书包装好分别邮寄。

这5处机构我都曾拜访过，与他们的图书馆馆长畅谈，参观上架的岩波书店书刊。看到书架上的岩波书店出版的图书经过众多师生的翻阅后变得破破烂烂，我感到十分欣慰，想必天上的岩波茂雄先生也会感到安慰吧。各所大学的教授也都为能够阅读岩波书店出版的图书而致谢。有位北京大学的教授甚至曾对我说：“我是看岩波书店的书长大的，可以说我是中国的岩波学派。”

目前，岩波新书已经悄悄在东亚范围内流行起来。自2000年开始，岩波新书的韩国版权签约数量逐渐增加，自此以后，无论是简体字中文版权还是繁体字中文版权的签约数量也在逐年上涨。

截至2018年底，岩波新书的韩国版权签约累计件数达到近400件，汉字简体字版超出150件，汉字繁体字版达到近100件，这些签约图书相继被翻译为当地语言出版。韩国的AK Communication社已经达成40件左右的签约数，2017年他们挑选了几本岩波新书打包出版成一套译本，在韩国有名的书店中举行了展览，并在各大报纸登出了广告。在这套书中由清水几多郎著作的 1959 年出版的《论文的写作方法》一书销量第一。据说他们的社长李东燮先生曾在日本大学留学过，每天他都会在神保町的书店街散步，从那个时候起，他就在想什么时候也要在韩国打造一套类似于岩波新书的书系。

2018 年 12 月，北京的新经典文化有限公司将他们购买了版权的 13 本岩波新书一次性出版了 6 本，并为此特意召开了记者招待会。丛书取名为"岩波新书精选"，对于岩波书店来说意义十分特别。我也与《日本文化关键词》（2017 年）的作者藤田正胜（京都大学名誉教授）一起参加了在前门的大型书店 PAGE ONE 召开的签售会，现场听众认真倾听作者讲话，这让我深受触动。听众多为大

2018 年 12 月 15 日在北京的 PAGEONE 书店召开的岩波新书《日本文化关键词》签售会

学生人群，他们是中国的主流读者。而如是在日本的话，这类活动大概参与人员多会是年长的男士。通过这一对比，我感受到了中国出版业发展的可能性。这场活动还有很多媒体朋友出席，网站和纸媒上针对此活动有很多报道，反响十分热烈。

这场活动结束一周后，我又去了一趟上海，与岩波新书《千年古都京都》（2014 年）的作者高桥昌明先生（神户大学名誉教授）一起参加了上海交通大学出版社举行的签售会。活动在上海芮欧百货的钟书阁举行，场面十分热烈，高桥昌明先生演讲结束后不断有读者提问，作者和读者的热切交流令我深受触动，高桥先生说，这是"我一生中最高兴的一天"。

2018 年 12 月 22 日在上海的钟书阁举办的岩波新书《千年古都京都》签售会

可是令人遗憾的是，这两场活动中的图书没有一本继承了岩波新书的开本。虽然平装、精装略有不同，但是开本都是中国流行的稍微比岩波新书大一点的开本。此外，由于用纸不同，成品也不像岩波新书那么薄。日本的新书通常在 200～250 页，字数控制在 8 万～10 万字，即使全部翻译成中文也只会在 6 万～7 万字。我在访问韩国和中国的出版社时，曾直接问过经营人员和编辑人员，为何日本常用的新书和文库开本未能在当地流行呢？他们都异口同声地告诉我，这种又小又薄的图书不符合他们国家的阅读习惯，看到这种开本的书读者没有阅读的欲望。此外，书店也没有摆放文库和新书的书架，即使制作了专用书架，这种封面单薄、字体细小的书不够起眼，也不利销售。我想就算真的在中国发售文库和新书的话，大概也不能摆放到一般的书店，而是会像连环画一样出现在街角的书报亭，给人一种朴素寒酸的印象吧。

新书之所以能成为新书，不光是因为开本的原因，我认为这是一种有别于单行本的独特的书籍体验款式。本篇开头部分写的"贴近读者疑问的书"指的是新书从读者角度来看便于阅读、携带的特征。

2018 年，因为机缘巧合我也获得了创作新书并出版的机会。因此，从作者的角度来说，我的感觉是新书与通常的单行本和学术书不同，新书在创作过程中就要设定本书的目标读者，要一边与读者对话一边创作。因为读者不是专业研究人员，所以他们可能不具备专业知识，但是他们对作者的研究领域很感兴趣，关心相关问题，也就是说他们类似于听作者讲座的学生。作者在创作的过程中就要尽可能往读者关心的地方靠拢，设想他们是否能够看懂、会不会有这些疑问等。在这种过程中创作的文章我称之为"假想问答体"，我认为贴近读者、与读者处于同一空间的感觉才是新书的精髓。

## 主要参考文献及引用

小林勇 .『惜櫟荘主人——一つの岩波茂雄伝』. 講談社文芸文庫，1993 年（初版は 1963
　　年，岩波書店）.

岩波書店編集部 .『岩波新書の 50 年』. 岩波新書，1988 年 .

吉野源三郎 .『職業としての編集者』. 岩波新書，1989 年 .

鹿野政直 .『岩波新書の歴史』. 岩波新書，2006 年 .

中島岳志 .『岩波茂雄　リベラル・ナショナリストの肖像』. 岩波書店，2013 年 .

株式会社岩波書店 .『岩波書店百年』. 岩波書店，2017 年 .

植田康夫，紅野謙介，十重田裕一編 .『岩波茂雄文集 2　1936—1941 年』. 岩波書店，
　　2017 年 .

第五章

# 第三利器："岩波现代全书"

## 一、回归"岩波全书"的精神

在岩波书店工作的 30 年间，我编辑过许多图书，其中最多的是学术书。这是由于岩波书店原本就以出版学术书见长，自 1913 年岩波书店成立至 1927 年开创文库本的这段时间，岩波书店所出版的图书除了文艺作品之外几乎都是学术书。1938 年岩波新书创立，1950 年又以策划少年文库为契机添加了童书品种，1955 年则出版了日本的国民国语词典《广辞苑》。就这样，岩波书店逐渐成为一家综合性的出版社，不过即便如此，岩波书店还在持续出版学术书，为日本的高端知识产业做贡献。自 1928 年发起的岩波讲座系列书开始，岩波书店的学术书就不以单行本的形式出版，而是聚焦某一主题，出版具有一定体系、统一风格的系列书，更具规模。

我曾参与过多套讲座系列书的出版，所负责的书就如同生产线一样一环接一环。例如，在《新编 原典中国近代思想史》全 7 卷即将完成出版时，《岩波讲座 东亚近现代通史》就启动了出版流程，而当《岩波讲座　东亚近现代通史》完成之后不久，《日本的外交》全 6 卷又开始出版。我常会给自己定任务，确保学术书的系列出版不会中断，也会呼吁下面的编辑们不要让讲座书的策划中止。

另一方面，出版界不景气的状况还在持续，也没有好转的苗头。这个时候，出版界几乎把所有的目光都投向了"新书"，作者和策划人员关注的也都是新书，书店的书架上新书日趋饱和。而学术书就更加没有销路，只能降低印数、提高定价。在坚持保证学术书品质的同时，我们也尝试寻找一种介于学术书和新书之间的图书类型，以填补学术书与新书之间越来越大的空缺，这一段时间就是我们试错和暗中摸索的时期。

其他出版社这时已经有一种利器，名为"选书"，那是一种介于学术书与新书之间的出版物。例如新潮社有新潮选书、角川书店有角川选书、讲谈社有讲谈社选书 Metier、朝日新闻出版有朝日选书、日本放送出版协会有 NHKBooks 等，阵容强大。2009 年河出书房新社创立河出 Books，2010 年筑摩书房在创立 70 周年之际创立了筑摩选书，2011 年中央公论新社创立了中公选书。在此之前筑摩书房有筑摩丛书、中央公论有中公丛书，在这些基础上他们又以全新的包装创立了选书。如果要以一种比较合适的说法定义的话，那就是横跨各种品类、统一装帧、风格朴素、定期发行的套书，是一种一册书就可以读透相关内容的全新作品。"选书"通常来说比学术书要薄些，既有专业性，也适合研究人员以外的一般读者阅读，是一种面向社会大众的具有可读性的学术普及读物。开本为小 32 开（127 mm×188 mm），多为平装，定价在 1 000 日元左右。中等规模以上的书店会专门设立专用选书书架来放置选书。

岩波书店要涉足选书的话，不是要追随这些出版社的选书群，而是要打造出自己的特色品牌。岩波书店出版的选书与上面定义的那种选书不同，出版的是名为"选书"的丛书。1978 年"岩波现代选书"开始出版发行，不过这套书主要以国外引进的翻译图书为主。图书开本与通常选书的小 32 开开本不一致，而是类似于新书开本的新 B6 开本（与通常的 B6 开本相比两侧都要短些，外观与新书较为接近）。根据岩波书店社史记载，出版岩波选书的目的如下。

我们即将从本世纪末迈入新的世纪，历史的步伐迅速，历来的各种思想也被重新审视，学问、艺术等各种领域也都在寻求新的方法。在这种情况之下，看清现代的意义、提供划时代的观点就成为必要的课题。我们的这套丛书涵盖从人文社科到报告文学等各种题材，作品涵盖国外精选图书和日本学者、艺术家们的新作，期待这套书能成为人们思考时代和未来的"广场"。

从丛书的作者来看，岩波选书的作者以在世的西方人物居多，日本的作者只占据很小的比例，例如大江健三郎、溪内谦、田中克彦、中村雄二郎等。从作品来看，以后现代思想系的作品居多，作品多为引进书。岩波文库以古典作品为中心，而在现代名著方面则只有单行本的出版，没有成体系的丛书。我认为正是因为如此，岩波选书才诞生了。

根据岩波书店社史记载，现代选书于 1987 年终止，总共出版了178 本。因为我的直属上司 A 先生曾直接参与现代选书，所以我直接向他咨询了情况。据 A 先生回复，岩波现代选书没有成立独立的编辑部，而是由 3 位编辑自行发掘合适的图书，引进或策划。以岩波现代选书系列的子系列的模式，他们自 1979 年开始以现代科学技术为主题出版了"岩波现代选书 NS（natural science）版"，是一套作者为现代科技方面专家的引进书。

当我在岩波书店构思"选书"系列时，脑海中浮现的不是这套"岩波现代选书"，而是"岩波全书"。

"岩波全书"为 1933 年纪念岩波书店成立 20 周年而出版的丛书，目标是向读者普及全学科的学术成果。根据社史，岩波全书成立时的记载如下：

第一次世界大战后我国的科学水准从学术界来看已经基本达到了发达国家的水平，不过从社会水平来看我们还处于发展中国家阶段。因此，各部门的当务之急就是将科学理论和研究普及到国民中。本丛书就是为了响应这一紧急任务而策划的。丛书参考了"Sainmlung Goschen"，以简便的小册子的形式整理收录了各个专业的标准知识，定价为 80 钱，在当时来说也是非常低廉的定价。之后，又以"古今东西的古典的普及"为目标创立了文库，以"现代学术的普及"为目标创立了全书。

"岩波全书"成立初期是 B6 型开本的精装带盒装帧，后来改为小 32 开开本的平装装帧。根据《岩波茂雄文集》记载，"Sainmlung Goschen"是自 1889 年开始出版的德国的一套丛书，该丛书网罗了全科学术的基础文献，发行了 1 000 万册以上。最初"岩波全书"被称为"岩波百科"，"全书"这一名称来源于百科全书。根据和辻哲郎写给岩波茂雄的书信记载，这套丛书是和辻哲郎为了纪念出版事业而提议的，被岩波茂雄所采纳。岩波茂雄自身也曾明言这套书"以现代学术的普及为目标"。

在当时出版的岩波书店目录中有这样的记载。

这套"岩波全书"出自学术圈的最高权威者之手，与浩瀚渊博的专业图书不同，我们将内容以平实而饶有趣味的写法压缩成一本小册子。本丛书的特色在于内容严谨，包含学术的方方面面。读者可通过阅读本书以最简单的方式获得学术的精髓。

换句话说，这套书就相当于大学讲座的讲义录或者是教科书。由于帝国大学的讲座制度对听讲人员有资格限制，岩波茂雄顺应将学问推广到广大市民的精神，以《世界思潮》为契机创立了岩波讲座。事实上"岩波全书"也被许多大学作为各个学科的教科书采购，成为多所大学常年使用的教科书。至1991年停止出版，"岩波全书"总计出版了436个品种。

岩波茂雄于1927年创立了岩波文库，1938年创立了岩波新书。这两大形式至今仍为日本出版界各个出版社定期发行的图书所沿用，甚至成为日本近代出版文化的特征。诞生于这两大利器之间的岩波全书出版发行了将近60年，被认为是大学教科书的范本，可是"全书"这种图书类型却消失了。

各个出版社定期出版发行的"选书"体裁类似"岩波全书"，可是目标与"岩波全书"并不一致，不以普及大学的讲义和现代学术为目的，换句话说就是更类似于学术单行本的普及版新作。我为了打破学术书不景气的现象想了一个策略，那就是：复活"全书"，使之成为继文库和新书之后的第三大利器。这一策略不是为了加入其他出版社的选书后发队伍，而是要使岩波书店原有的品牌恢复生机。这样一来就可以在日渐杂乱的各家出版社的选书群中脱颖而出，打造岩波书店独有的品牌。

我于2005年在当时所属的编辑部中发起了"岩波全书selection"计划，着手推进岩波全书的复活，将过去发行的已断货的"岩波全

岩波现代全书创刊时的内容介绍

书”中的名著以统一的装帧再次出版发行。这一举措一直持续到
2008 年，总共出版了 42 部作品，包括：西田几多郎的《哲学的根
本问题》、田边元的《哲学通论》、中村元的《比较思想论》、武内义
雄的《中国思想简史》、仁井田升的《中国法制史　增订版》、时枝
诚记的《日本文法　口语篇》、桑原武夫的《文学序说》、家永三郎
的《日本道德思想史》、旗田巍的《朝鲜史》、田畑茂二郎的《国际
法》等。看到这套书的销售盛况，再一次让我感叹“定番书目”在
读者心中根深蒂固的感情。

　　要说岩波全书与其他出版社的选书相比的独有特点，那就是在
内容和种类方面的全面性——岩波全书网罗了“学术书的方方面

面"。根据这一特点，我们决定岩波新的"选书"也要囊括所有的领域和内容。各个出版社在选书方面都有自己的特点和强项，例如：讲谈社 Metier 的强项是思想、哲学领域，角川选书的强项是以短诗文学为主的日本文学，新潮选书的强项是近代史，朝日选书是自然科学领域方面品类齐全，中公丛书强是政治学方向等。基于这种情况，岩波书店决定要全方位出击。

## 二、为出版"全书"组织编辑部

2009 年秋天，在《占领期杂志资料大系》大众文化篇完结、文学篇即将出版发行时，在每年一度的全社"特别长期策划会议"中，我提出了"论新选书的可能性"这一提案。恰好在那个时候河出书房新社创立了河出 Books，在出版业内引起了热议。因此，我就在全社大会上呼吁打造"选书"，以替代当下各家出版社乱象渐生、处于饱和状态的新书。我认为"选书"可以应对当前学术书印数减少、价格提高、销量降低等诸多因素不断叠加的状态，作为打开市场的新的利器。我之所以会在全社大会上向全社员工呼吁这件事情，一是为了得到大家的认可，二是为了召集一帮有志之士参与编辑。

不过我也没有待编辑提出合作的意愿，便跨部门向几个中意的编辑打了招呼，并与他们一起在次年的 5 月份召开了"岩波'选书'项目准备会议"，商量了新"选书"的开本、首印数量、价格区间等细节，定下了丛书的书目。

策划这套丛书时我们并没有事先决定卷数，我们的想法是策划可以定期出版的连续的出版物。这样一来，编辑团队的打造就成为重要的课题。可是，从最初开始我就没有计划为这个新的"选书"编辑部招聘固定专职成员。因为全社员工数量有限，如果要设立新的专职编辑部门的话，那么已有的部门就必须削减人员。如果真的这样做的话，会引起原编辑部门员工的反感和部门间的摩擦。另外，如果"选书"本身的利润不能稳定维持合适于专职员工的成本的话，这个部门也很难保留，继而动摇"选书"这一项目。因此，后来确定下来"选书"编辑部的成员都是由别的部门的编辑兼职，虽然成员会有变动，但是"选书"编辑部本身是一个固定的、独立的编辑部，它将设置在我当时所管辖的学术书编辑部内，总编辑由我兼任。

接下来重要的事情就是选定部门成员了。为了贯彻新选书在全品种方面的阵容，我分别向岩波书店月刊杂志《思想》和《文学》的总编辑、自然科学书编辑部的编辑、强于经济学方向的总编辑、强于政治学方向的总编辑打了招呼，他们加上我共6人作为准备会的成员。这种全员兼职体制有一个弱点，那就是如果不鼓舞大家的士气，那么凝聚力就很容易丧失，成员也会回归自己的本职工作，"选书"编辑部就此流失了人力资源。为了防止这一现象出现，我们给编辑部成员定下了指标，要求他们在每月的定期出版日出版两本书，并且灌输给全体编辑部成员如下的意识：我们必须牢记，这套书一定要从读者的角度来写，如果做不到这一点，这种类型的学术书就很容易变成作者角度或学界角度的产物。而且文风也必须保证是大众学术书风格，以便看新书的读者群也能轻松阅读。此外，我们还必须保证这套书的学术准确性。

准备会每两周举行一次，议题始终如一，即探讨丛书具体的书目。因为本套丛书是以编辑为主导策划的图书，内容以读者视角为准，所以不用事先与作者商量。只需要大家一起讨论策划方案，然后直接向作者约稿。

"选书"正式启动后，由于编辑部成员都是由其他部门成员兼任，为了不给成员太大的压力，人事安排前两年采取的都是流动机制。这样可以避免所选图书的题目、种类和作者的类型重复，有利于策划的新陈代谢。最终，从开始"选书"到结束，坚持到底的只有我一人。鉴于频繁的人员更替，新成员熟悉业务需要一定的时间，为了保证编辑部的凝聚力，我对运营下了点功夫。不过作为总编辑的我能做的也不多，只有不停地推进策划，不停地推进图书出版。编辑部成员的努力对于我们团队来说是不可或缺的，可是由于是兼职体制，当一人离开时不能保证马上有人接手，相对来说约束力较差。有人打趣我"大权独揽"，也有人批判这一体制不稳定，可是我必须坚持，否则整个项目就会中止。而如果把其他人拽到负责人的位置上的话，又会被他所属的部门说闲话，我也会被投诉，所以只有硬着头皮坚持。

经过准备会的讨论和其他各种编辑会议上的提案讨论，成员和布局基本确定，2011 年 6 月"岩波选书"（暂定名）系列启动，相关编辑部设置完成，系列所属 21 本书的书目确定。除此之外，尔后社内还决定"岩波选书"正式发行时将会把系列所属书目由 21 本扩充至 80 本，2011 年正式邀请作者执笔，并于 2013 年岩波书店成立百年之际正式出版。结果，于 2011 年定下了 36 本，2012 年定下了 36 本，2013 年定下了 28 本，系列成立当年定下了 100 本。新的"选书"书名，经过编辑部内的会议讨论和当时的编辑部长的认可，在 2012 年 7 月正式敲定为"岩波现代全书"。"岩波现代全书"编辑部拥有 8 名兼职编辑，作为总编辑，我所做的具体的编辑工作包括：制作面向作者的"执笔纲要"和面向编辑的"原稿整理纲要"，以便规范管理。

令人感到烦恼的是定价。岩波书店一直以来跟书店的图书结算方法是买断制（不允许书店退货），因此相比其他出版社书店的进货数量要少，而定价则更加昂贵，同样类型页数相当的书会比其他出版社的高出 500～1 000 日元。此外，由于这套书是作为改善学术书销量不高的局面而发起的，所以首印数量与其他出版社同类书相比也较为保守。因此，我们的定价不得不比其他出版社的"选书"高，而又因为这个原因，我们需要与其他出版社的"选书"错开。选用"现代全书"既继承了岩波书店原有的"全书"品牌，又强调这套书的通俗性和全面性的特点，从而避开了与其他出版社"选书"的直接竞争。并且，与其他出版社的选书统一是白色的封面不同，"岩波现代全书"统一采用茶褐色的封面，从而与其他出版社的"选书"在第一视觉上进行区分。但由于书店有放置选书的专用书架，而我们的全书也要求书店放在此书架上，所以难免会与其他出版社的选书产生竞争。

撇开内容不提，编辑部自身能够做到的提升销量的策略就是控制图书的印张，严格遵守已有的页码控制方案，从而避免价格上涨。现代全书发行时就曾在广告上宣称"最多不会超过 300 页"，即原稿最多只能有 450 面，每面 400 字，如果超出这一范围就只能删除。而这一"铁律"，岩波全书坚守到了最后，哪怕内容再多也没有一本书通过压缩版面、缩小字体等手段处理，最终果真没有一本书超过 300 页。

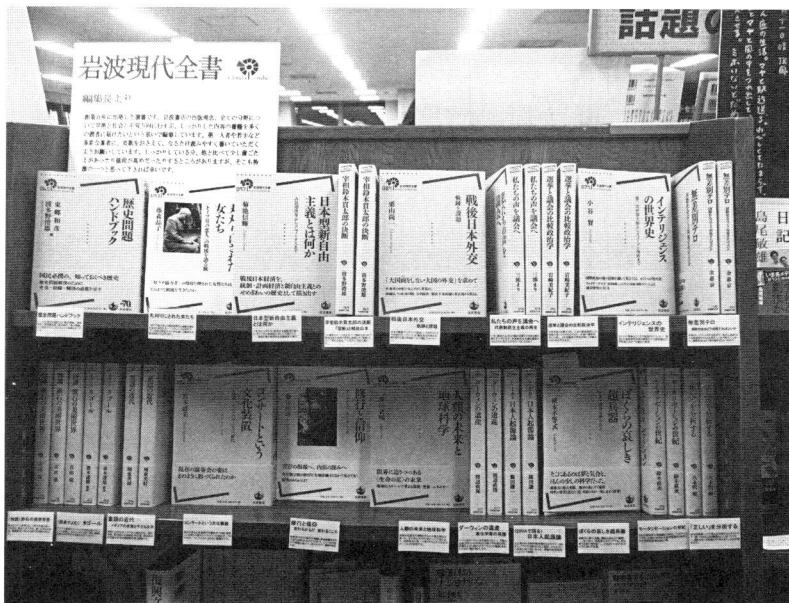

书店内设有岩波现代全书的展位，摄于大阪的淳久堂书店

　　所有的现代全书都在最后一面上刊登着如下文章，这篇文章我颇费了一些力气书写。

### 值此岩波现代全书首发之际

　　即将到来的时代将会是怎样的呢？那是一个全新的时代，情况将会更加错综复杂，世界也将变得更加多样化。先人们也曾面临诸多难题，为了寻求答案他们积极进取，在学术的道路上一往无前。那么学术是否会安逸于既有的制度和细分的学界，而与社会脱节呢？媒体是否会迎合时下的普遍看法，而失去追求事实、传播真相的功能呢？

　　立足于当下，展望未来，学术的探索需要具备三个条件。第一，需要具备一颗探究现代社会的宽度与高度的好奇心。第二，面对当下的课题，需要具备吸收人类长期以来积累的公共知识财富的想象力。第三，需要具备来往于学术、媒体和社会之间的灵活的思维能力。岩波现代全书致力于寻求各个领域最前沿的学科知识，灵活运用科学的构造解析能力于出版活动中，相信一定能够强化各位读者的"知识"基础。

岩波书店创始人岩波茂雄于 1933 年岩波书店成立 20 周年之际，以"现代学术的普及"为宗旨创立了"岩波全书"。学术肩负着探讨一个时代面临的诸多问题的解决方案的重任。人们也将学术的成果当作思考和行为的果实。继承"岩波全书"的理念，回归学术的初衷，面对现代社会所产生的诸多问题，我们立志将所有领域最新最优的成果输送给各位好学的学子。秉承这一愿望，值此岩波书店成立百年之际，向各位读者奉上"岩波现代全书"。(2013 年 6 月)

这篇文章主要反映了我对媒体论的看法。前半部分是我关于媒体，特别是公共媒体应当发挥的功能的看法，那就是媒体需要引导舆论向正确的方向发展，发挥其公论形成力的作用。而发起公论的主体应该是知识分子，可是知识分子自古以来就是一群不能束缚于固定的阶层和阶级的人，他们有时会陷入民粹主义的陷阱，从而迎合媒体的商业主义或者是跟着群众随波逐流。时下电视评论员的这种倾向就很强。有鉴于此，岩波书店推出了"现代全书"，旨在为广大知识分子提供一处可以交换意见和向人民群众传播想法的公论空间。

我之所以会写下这段话，是因为想起了自日本战败至 20 世纪70 年代初期众多知识分子登场并发表言论的《世界》《中央公论》《展望》《文艺春秋》等综合杂志。我想再次呼吁复兴"论坛"。"学术肩负着探讨一个时代面临的诸多问题的解决方案的重任，交换意见，踊跃发言"，正是这些综合杂志流行时期的写照，当时这些杂志上经常登场的人物有丸山真男、竹山道雄、吉本隆明、加藤周一、江藤淳、高坂正尧等。这些人与其说是专家，不如说是综合知识分子，针对社会上出现的各种各样的问题，他们也不管自己是否是专家就积极发言。读者也渴望看到这些知识分子的发言，将其作为思考和行动的参考。可是，如今这些综合杂志几乎不见踪影，还在发行的杂志已所剩无几了。知识分子不知在何时成了评论家或政府的顾问，已经没有人会在论坛上面发言了，或者说原本论坛就是人们假想的场所，论坛自身消失了。

因此，策划这套书时我还存有让学界的学者和研究人员多多发言的想法。可是学界确实是在逐渐地"安逸于既有的制度和细分的学界，而与社会脱节"。要让学界成员成为论坛的发言人，就必须让他们具备"好奇心""想象力"和"灵活的思维能力"。只有这样，学者才能继续通过媒体往返于社会和公众之间，挽回读者对学术的信任。而读者的信赖对于如岩波书店这样的学术出版社来说正是其赖以生存的最重要的条件。

让学术向社会开放，恢复社会和学问之间的纽带，这正是80年前岩波书店创始人策划"岩波全书"时的精神。"岩波现代全书"既要继承"岩波全书"的理念，也要积极面对现代社会所面临的诸多新的课题，这就是策划这套"岩波现代全书"的初衷和愿望，也是我所写的这篇文章的含义所在。

## 三、"岩波现代全书"的面世与挑战

2013年正值岩波书店成立100周年，时年6月"岩波现代全书"出版了 5 种图书，分别为国分功一郎的《Deleuze 哲学原理》、橘木俊诏的《幸福经济学》、上野健尔的《圆周率之路》、河合隼雄的《神话与日本人的心灵》等；7 月和 8 月又各出版了 6 种图书，分别为堀真清的《原著导读　日本民主主义论集》、山本武利的《GHQ 检阅、谍报、宣传工作》、樱井芳雄的《脑和机械结合起来》、山口二郎的《活在当下应该了解的政治学》、前田英树的《伯格森哲学遗言》、井上胜生《明治时期日本的殖民地支配——从北海道到朝鲜》；自 9 月起进入了每月定期出版 2 种图书的轨道。丛书出版发行时我接受了《产经新闻》和《东京新闻》的采访，内容如下：

马场公彦总编辑自信地说："岩波书店在学术书领域拥有相当强大的作者人脉资源，我们将利用这些珍贵的资源全方位地出版图书，内容将囊括自人文社科至自然科学等所有领域。"

……

"新书对于出版人来说已经饱和，无论是什么内容的书市面上都能找到。"而学术单行本在近年来销路越来越窄，即将变成只能在学界内部流通的书了。而且无论内容也好，价格也好，新书与学术书之间的距离越来越远，是时候出版填补两者之间空白的著作了。在轻松的杂学书和晦涩的学术书之间，近年选书中相关的图书层出不穷，可能也有重振因新书战争而崩溃的教养书的因素在。（《产经新闻》2013 年 6 月 24 日）

这套书的广告语写的是"一本书囊括最新最全知识"。马场公彦总编辑解释，丛书成立的目标在于"一直以来承担教养书职责的是新书，可是最近新书的内容越来越宽泛，所以我们想出版更具有内容深度的选书。"即这套书不如专业书有深度，也不像新书那么简单，是介于两者之间的系列书。（《东京新闻》2013 年 7 月 17 日夕刊）

"岩波现代全书"与其他出版社的选书和新书一样，都是作者的原创书。作者交上来的原稿基本在 400 面左右，每面约 400 字。要想每月定期出版一本这样的书并不容易，而本系列书的准备时间也并不是十分充分。编辑部中包含我在内没有一个专职人员。在这样的艰苦环境下，我以前经营起来的人脉派上了极大的用场。无论是讲座书、系列书的编委会成员，还是之前给我们投稿的各篇论文作者都非常爽快地答应了我的约稿，相关书评也发表了许多，例如，在 2014 年出版发行的 31 个品种中，有 24 个品种在各大杂志社和相关报纸媒体上刊载了多篇书评。

从丛书所覆盖的领域来看，网罗了哲学、思想、宗教、历史、传记、政治、经济、现代社会、文学、艺术、自然科学、科学史等

主要的岩波现代全书

领域，虽说未能做到覆盖全部的领域，但是所含品种甚多，体现了覆盖"全方位"的初衷。

下面介绍一下我所负责的图书中的几本书的情况。

**贵志俊彦《东亚流行歌曲——越境声音交错的音乐人》（2013 年）**

20 世纪初期，日本的东京、大阪，韩国的首尔，中国的上海、台北、香港，印度尼西亚的雅加达等地的歌曲和音乐人都在跨越地域进行交流，各地流行歌曲都呈现了同期化的现象。本书围绕流行歌曲的资本、技术、人物、媒体等的动静，及其受舞蹈、电影、爵士等的影响，分析了当时的世态，追溯了流行音乐的盛衰枯荣。东亚的流行歌曲是我最容易接触到的歌曲，每次听到都会特别感动，它对于我来说就相当于联结东亚情感的共同体。阅读本书，你会发现自 20 世纪 10 年代开始一直到 70 年代，无论是音乐人还是音乐或音乐界，以日本为中心的"帝国圈"和以中国为中心的"华语圈"时而重叠、时而分离。我之所以备受感动自有其道理。

**仓泽爱子《9.30 震撼世界的日子——印度尼西亚政变的真相和影响》（2014 年）**

1965 年 10 月 1 日，雅加达发生了一起军事政变，本书考据了大量的史料和先行研究资料，为读者揭露重重迷雾之下的事情的真相。书中满载作者长期以来收集的采访资料和证人证词。这起令世界震撼的事件改变的不仅是印度尼西亚人民的命运，而且对中国等亚洲其他国家也造成了巨大的影响。此外，由于此次事件，亚洲的国际关系发生巨变，改变了日本接下来的方针。

**朝仓友海《"东亚无哲学"？——京都学派和新儒家》（2014 年）**

亚洲真的没有孕育类似近代西方的哲学环境吗？本书通过考察

致力于为东亚的哲学做贡献的、以西田几多郎为首的京都学派和力图再建现代儒学精神的、以熊十力为首的中国新儒家哲学体系，通过儒释道和以柏拉图为首的西方哲学这四大体系再建的思想性行为反证"东亚无哲学"这一观点。本书作者曾在斯宾诺莎研究方面获得学位，出版过相关的学术书。作者不但精通德语，也曾以英文和中文发表多篇学术论文，在各国的学会上发表学术报告。本书汇集了作者思想的精华，值得阅读。

**后藤乾一《近代日本的"南进"与冲绳》(2015 年)**

在 19 世纪以来的日本近现代史中冲绳是被如何定位、又是如何成为日本"南进"政策对象的呢？"南进论"以冲绳为据点，以实现向南方的移民、南洋渔业的产业化、军事及产业人脉的扩张等为目的。本书通过重新审视"南进"的过程，追溯日本帝国化、殖民化的历史，力图抓住日本近代史的特质。通过查阅那一时期的历史资料，近代日本的原始亚洲观浮出水面。本书作者是我早稻田大学时代的恩师，于 2013 年 3 月从工作了 40 多年的母校退休，退休时他曾对我说，"以后我只会研究我想研究的内容，写我想写的书"。作为《岩波讲座　近代日本与殖民地》(全 8 卷，1992—1993 年)的编委会成员之一，恩师负责的是其中"冲绳、渔业和南进"这一卷。作者过去专门研究东南亚特别是印度尼西亚，以这次写书为契机，他的研究方向逐渐转向日本。本书内容包含南亚、冲绳、日本本土三地的研究成果。

**北村皆雄《徘人井月——幕末维新　死于狂风》(2015 年)**

明治二十年(1888 年)，徘人井月在我的故乡长野县伊那市流浪时死去。他经历过幕末维新的乱世，崇拜松尾芭蕉，终生随身携带一装酒的葫芦和一根手杖，除此以外别无他物。几乎半生都是在伊那市度过的井月，是如何在幕末维新那段疾风怒涛的历史中以极其风雅的俳人姿态存活于世，载入史书的呢？本书通过考察历史中井月真正的境遇为读者揭示井月的真实文学面貌。本书作者是我高中时代的师兄，是一名纪录片电影导演，我曾与他一起在伊那的电影院旭座观看由他所拍的井月的电影《乞儿：伊那的井月》。井月也曾在我喜爱的漫画家柘植义春的作品《蒸发》中出场，作品交替描写了"乞儿井月"与经营旧书店的、毫无存在感的友人的生活状况。

**东乡和彦、波多野澄雄编《历史问题手册》（2015 年）**

第二次世界大战结束后至今的 70 年间，日本被各种历史问题所缠绕。岁月非但没有冲淡过往的记忆，历史的当事者的后代反而对日本和日本人更加严苛。或许这是因为战后日本的历史清算不够彻底吧。想要彻底解决历史问题，迎来和解，面向未来，超越国境，共同解决时下面临的各种问题——这本书就是怀着这样的目的制作而成的历史问题小词典。本书的编委为处理历史问题的外交官东乡氏和探索历史真相的历史学家波多野氏，撰稿人为学界最权威的研究者们。这本书可以作为国民必备的手册长期使用，编辑本书时发动了整个编辑部的力量，本书的出版价值可谓重大。

**波多野澄雄《首相铃木贯太郎的决断——"圣断"与战后日本》（2015 年）**

相比发起战争，结束战争更加困难——这是我看完本书的读后感。想要结束的到底是什么战争呢？是侵华战争，还是第二次世界大战？又是由于什么事情令战争终止了？是冲绳之战的败北，日本本土被空袭，两颗原子弹的爆炸，还是苏联的入侵？以什么样的理由结束战争，因战争备受伤害的日本国民才接受了战败事实，在国外战场上广泛分布的部队才顺从地解除了武装？战败后由谁来承担战败的责任？是谁以什么方法决定终止战争？直面这些难题的是二战前最后的首相铃木贯太郎，为了避免日本国民和国土的进一步受损，他不得不当机立断。首相压制高呼决战的陆军，选择了可能脱离宪法体制的"圣断"这一方式结束战争。那么这一终止战争的方式又对战后日本带来了什么样的影响？对于我来说，本书启发了我理解连接战前和战后的中间一环。

**金惠京《无差别恐怖袭击——国际社会应如何应对》（2016 年）**

从"9·11 恐怖袭击"发生到在巴黎发生的多起恐怖袭击事件，恐怖袭击已成为民众切身可感受的危险，恐怖袭击的非人道性和无差别性日益升级。在国际社会制止恐怖主义对民众暴行的同时，恐怖主义侵害人权和主权的倾向却日渐增强，暴力的连锁反应无法阻止。无差别恐怖袭击是如何改变了世界？应该如何补偿受害者？如何在维护人权、民主和法制成果的基础上，与非人道暴力对抗？针对这些问题，作者从国际法学的角度提出了建议。作者创作本书的动机在于作者自身曾在纽约居住并采访了"9·11 事件"遇难者的家属，并深刻理解了留学居住地日本的和平宪法的意义。实际上，日本才是更早受到"无差别恐怖袭击"事件困扰的国家，日本接连经历了 20 世纪 70 年代由日本赤军发起的"淀号劫机事件"和 1995 年地铁沙林毒气事件。本书作者在电视和杂志上为大众所知的是知性、优雅的形象，但是阅读本书你会感受到作者在专业光环下的真挚秉性。本书作者是我早稻田大学研究生时代的同届生，编写此书更像是"友情客串"。

### 栗山尚一《战后日本外交——轨迹与课题》（2016 年）

日本战败后通过旧金山和平条约恢复了独立，在这之后经历了"安保改定"、冲绳返还、中日邦交正常化、海湾战争等，在这段时间内日本是如何构建"战后体制"的呢？在外务省中枢工作了 40 年的作者将在本书中正面回应日美同盟、中日关系和宪法 9 条问题等。本书为作者的遗著，书中序文处这样写道："在这本书中我并不打算写我的经验之谈，我有一点小野心，我想以日本外交官的眼光回过头来看战后半世纪的日本，想以本书回答在这期间日本的外交政策是如何被评价的这一问题。"

### 藤田庄市《修行与信仰——改变的身体，改变的心》（2016 年）

本书作者是对宗教和宗教现象具有极深造诣的宗教学者，也是调查、分析宗教情报的宗教记者，还是会以摄影的形式记录宗教现场的宗教摄影家。不过作为宗教记者，作者并不是仅仅报道修行现场的现场采访记者，他还会对各宗派的历代经典和宗教学相关的众多文献进行梳理。作者一边体验修行现场一边自问：通过修行，信徒可以获得灵性吗？这个宗教符合其应有的信仰形态吗？我能从这里顿悟某些道理吗？通过这类自我内心对话，作者为我们讲述了 12 个宗派及宗教家的故事。

### 会田弘继《无望的美国》（2017 年）

高呼"美国第一"的特朗普政权是如何诞生的？呈现分裂、混乱、无望等诸多乱象的美国的"大变动"由何而来，又将走向何处？美国自 20 世纪 60 年代以来建立的自由、平等、民主的传统，正在逐步自我毁灭，本书对这些问题进行了分析。在美国总统大选时，几乎所有的论调都认为特朗普不过是个炮灰候补，这时作者曾敏锐地发现了特朗普现象中美国文明的地壳变动并公开发表相关言论。

不知是什么缘故，"岩波现代全书"的首发销量超出了预估，取得了非常好的成绩。可是在那之后销量持续下滑。

"岩波现代全书"成立后的第二年，岩波书店调整了这套书的印数，不得已降低了首印时的数量。不过定价在原有的基础上只上涨了 100 日元左右，因为这套书的包装统一成双色印刷、平装，这样一来维持了较低的印制成本，利润的空间由此得到保证。这时岩波书店也没有充足的编辑力量来保证编辑部兼职人员的配备，所以这套书由原来的每月出版 2 本调整为了每月 1 本，降低了编辑作业的负担。

虽然利润空间缩小的幅度不大，但因为下跌倾向无法避免，岩波现代全书于 2018 年 3 月停止出版，共出版了 114 个品种。在出版这 114 本图书时，编辑部严格遵守了定期出版的计划，在定期出版日没有出现过一次拖延出版的情况。在这些图书中，我一共策划了 34 本，其中编辑过 23 本。

在这套书出版发行的 4 年多的时间里，我一边苦思冥想如何提高销量、挽回劣势，一边不断摸索。编辑方面倒是不忘初心，坚持创立本丛书时的方针不动摇，不过根据各大品类的实际销售情况，我们在全种类的基础上还是调整分野、有所侧重，例如加大了思想和历史方面的比例。

虽然会有被质疑转嫁责任的嫌疑，但我还是要说，希望宣传部门和营销部门能够更加给力。在岩波书店方试探说停止定期出版时，编辑部成员没有大力抵抗就同意了。在这种情况下，即使我一人独自拔刀相向，向他们讨要说法，那也只不过是螳臂当车。或许编辑部成员中有些人还庆幸能够从定期出版的重压下解脱吧。确实，这种兼职体制无法明确每个人的责任，却还被要求做到每月定期出版，对编辑部成员来说要求是有点过分，而且编辑的努力也不能确保可以得到相应的回报。这种自发的兼职劳动体制要想顺利生效，必须像 20 世纪 70 年代时创立"岩波现代选书"时那样，要编辑有自己想做的书并愿意无偿付出。如果没有这种热情的支撑，这一体制无法生效。如果"岩波现代全书"创立时也有这样的条件，我也会毫不犹豫地投身进去。

不过也不只是"岩波现代全书"销量堪忧，其他出版社的选书的销售情况也不甚理想。2010 年前后选书确实是大热，不过不知何时这一热潮就消退了，其结果就如之前，书店堆满了新书。总的来看，人文类图书的市场都不景气。为了寻找突破口打出的低价格的"全书"策略也未奏效，降低价格并不是提升销量的有效策略。

岩波书店决定取消"岩波现代全书"这一系列的定期出版项目时，曾经做过如下说明，"套着现代全书的框架出版学术单行本并没有什么优势"。或许"岩波现代全书"标榜的全新内容、读者视角、全品类、定期出版等内容对于这套书的编辑和出版社来说是一个重担。那么这一重担卸下来之后，学术书是否会再一次浮出水面？现实情况会不会是陷入更加无底的深渊？市场情况更加恶劣？曾经，创立"岩波全书"的目的是"各部门的当务之急就是将科学理论和研究普及到国民中"和"现代学术的普及"。这一编辑的灵魂是否会在某一天也消失在历史的尘埃中？

## 主要参考文献及引用

株式会社岩波書店 .『岩波書店百年 』. 岩波書店，2017 年 .

植田康夫，紅野謙介，十重田裕一 .『岩波茂雄文集 1　1898—1935 年 』. 岩波書店，
　2017 年 .

我的

出版生涯

第六章

# 寻求与亚洲的和解

## 一、缺位的加害责任意识与殖民地的视角

我出生于 1958 年，成长于日本经济高度成长期。小学里，老师告诉我们"不可以再次发起战争"，教育我们和平的宝贵。战争的悲惨结果就是美军的大空袭、两次原子弹爆炸、缺乏食物和物资的生活等日本所曾承受的战争灾害。上高中以后，大概地知道了日本人挑起战争的实情，是因为朝日新闻社会部记者本多胜一采访中国的报道被朝日新闻连载，并作为《中国之旅》（1972 年）由朝日新闻社出版。这本书通过身为受害者的中国人之口，赤裸裸地讲述了日本对华侵略的事实，比如南京大屠杀、中国东北的 731 部队的细菌战等。在日本，进入 1970 年代后，和平教育的内容就不只是介绍日本身为被害者的惨状，也开始强调日本作为加害者的残酷了。

看一下战争文学的例子。在战后的日本，以英帕尔（Imphal，位于缅甸、印度边境）行动为素材的竹山道雄的《缅甸的竖琴》（1947 年），描写在菲律宾被俘的日本兵体验的大冈升平的《俘虏

记》（1948 年），描写战争末期天宁岛（Tinian，又称提尼安岛，美国海外领地）上日本军队"牺牲"场景的中山义秀的《天宁岛的末日》（1948 年）等文艺作品中，战争的受害者通常是日本人。

逐渐地，也出现了描写日本军的加害行为的作品，如由中国归还者联络会 [1] 创作的证明了中国战场上的大屠杀策略的《三光》（1954 年），描写了日本在"旧满洲"对当地人的劳动虐待以及苏联军队的进攻的五味川纯平的《人的条件》（1955—1960 年）、千田夏光的《从军慰安妇》（1973 年）等。但是，真正生动描写美军模样的作品还是缺位的。况且站在战场所在地的当地居民的立场上的作品更是几乎没有，他们顶多是作为作品的背景出场。

对日本人来说，从之前的战争中得出的教训就是反对战争和祈愿和平，这是无可置疑的。但是，这个教训的现实感是要从被害体验中寻求还是要从加害体验中寻求，很难决定。当然，从成为战场的中国和东南亚各地居民的立场来说，要强调并谴责日本军的加害行为。然而，大部分日本制作的电影、文学作品、电视剧现在仍然是把重点放在被害体验上。灯火管制、匮乏的饮食、朴素的生活样态、恐怖的空袭、残暴的宪兵等，在日本人的战争描写里是必不可少的，但是几乎没有侵略行为的牺牲者——中国人、菲律宾人等。冲绳、硫磺岛以外的日本列岛没有成为地面战争的战场，虽然被派遣至海外的士兵在战争结束时达到将近 300 万，但其他国民由于只能接触虚假的报道，没有机会去知晓发生在海外战争的真实

---

1. 因战争犯罪被关押在中国战犯管理所的旧日本军军人在释放遣返归国后于 1957 年 9 月 24 日组成的团体。

情况。

虽说如此，300 万的士兵，加上居住在本土以外地区的民间人士，一共有 600 万日本人。占当时日本人口的十分之一的这些人的体验经历，必定会影响战后日本对亚洲的认识和亚洲对日本的认识。但是日本对于虐杀、掠夺、绑架、强迫劳动、强迫卖淫等侵略行为的觉悟和关注不深，并没有进行单独赔偿。那么理所当然地，亚洲的被害当事国及其国民对日本人的不信任感会日益增加，日本自然会受到他们的批评。

为了把战争的过错作为国民体验使其意识化，我们是要以本国的被害者为先，还是以他国的加害者为先呢？在战争结束 50 年的时候，呼吁哀悼本国 300 万战死者的加藤典洋（《败

本多胜一著《中国之旅》《南京之路》

战后论》，1997 年），和认为应该先对 2 000 万牺牲者的屈辱记忆做出回应的高桥哲哉（《战后责任论》，1997 年）展开了争论。争论至今也未停止。

关于战争记忆，是站在被害者的立场，还是站在加害者的立场呢？有没有不是两者中某一立场的第三方的视角呢？近代日本担负着侵略和加害亚洲的罪责。既然不能对调被害者和加害者的立场，那么修复关系的途径是不是就这样被封锁了呢？

对于我这样不了解战争的战后世代来说，存在着比战争更加

切实的历史问题。那就是北海道的阿伊努人、50 万如今生活在日本的韩国、朝鲜人群。他们的存在和包括近代日本战争在内的对外关系深深相关。用一句话来概括这个问题的话，那就是殖民地问题。

我还清楚地记得 1968 年发生的寸又峡事件。自称金嬉老的在日朝鲜人在静冈县清水市射杀 2 人后，躲在寸又峡温泉里，倾诉朝鲜人被歧视的苦闷。金嬉老被逮捕入狱后又被假释回到韩国，在韩国被看作与歧视做斗争的民族英雄。还有发生在 1974 年的无差别恐怖事件。自称"东亚反日武装战线"的一伙人，抨击日本对亚洲的经济侵略和殖民统治，在东京市中心的商务街上策划实施了企业连环爆炸事件，在札幌策划实施了道厅爆炸事件。

对于近代日本来说，什么是殖民地？仅仅从战争的视角出发切取近代日本进行观察，是无法观察到亚洲的整体像的。中国台湾和朝鲜半岛这些曾被帝国日本殖民的地方，是在甲午战争和日俄战争中获得的，没有成为侵华战争和亚洲太平洋战争的直接战场。库页岛是通过与俄罗斯之间的条约占有的，其缘由并不是战争。

然而，思考近代日本和亚洲或者说日本的战后责任问题的时候，我们无法抛开这些殖民地。到 1945 年为止，日本自称"大日本帝国"，自认"东亚盟主"。既然称作"帝国"，那么在本国以外就存在作为属地的"殖民地"。

所谓"殖民地"是对外战争和侵略后获得的。实际也有接近掠夺和占领的情况。战争的确很悲惨，但通常是局部地区发生的短期的事情。与此相对，殖民地是把对外战争的结果固定化的产物，或者是通过武力威胁夺取的其他民族的土地。殖民者和被殖民者之间的统治和压迫关系遍及整个殖民地，只要本国不解放殖民地，在物质上、精神上统治并掠夺殖民地居民的体系就会永远存在。殖民统治造成的被殖民者的伤痕极深，有些场合甚至会不可逆地改变其精神构造。

为了弥补日本人关于战争认识上的欠缺，我准备着手策划一套从殖民地的视角出发的出版物。如果把战争列在主题的前面，那么有错的就是日本这一方。高声宣扬"错了就是错了"也许也是出版的重要作用。但是与此相比，我更想通过这个从未有人涉猎过的主题，向战争问题发起挑战。那是进入岩波书店一年多的 1990 年年中的事情。那时好不容易进入了我向往的出版社，但仅仅从事杂志助理一类的工作，一直没有做出任何有成就感的成果。想要实现一个自己操作的大型策划，这样近乎焦虑的欲望驱动着我。

作为让我意识到殖民地问题的时代背景，当时正处于从 1989 年柏林墙倒塌到 1991 年苏联解体的冷战终结时期。从现在的时间点回顾历史，冷战在亚洲的终结看起来似乎是受到了西方各国变化的影响而发生的。但是，在东欧体制变化与两德统一之前，在亚洲已经可以看到冷战结构发生变化的征兆了。1980 年代之后，因为日本经济的高速成长以及 NIEs（Newly Industrializing Economies，新兴工业经济体）各国经济的飞速发展，亚洲地区的经济、贸易的相互依赖度增强，经济合作紧密化推动了亚洲的一体化发展。同时，此前一直被封存的历史文档也被公开，民主化也使得以往噤口不言的民众可以讲述自己的历史过往。冷战的僵态逐渐缓解，历史的当事者们重新开始发声。

年轻一代也呼应了这个新的动向。20 世纪 80 年代中期之后，亚洲各地产生了新的文化潮流。我被这股新的文化波动所吸引。

最吸引人的是中国台湾的新电影运动。导演万仁的《莎哟娜啦，再见》（1986 年，原作黄春明）、导演王童的《稻草人》（1987年）、导演侯孝贤的《悲情城市》（1989 年）等，与之前的台湾电影在题材上和技法上都有很大不同，给人以新鲜的体验。流行乐的世界也出现了有趣的音乐人。新加坡音乐人李炳文原本醉心于欧美摇滚乐，后来意识到自己作为华人的出身以及新加坡所拥有的中国、马来、印度等亚洲文化的多样性，于是他吸收民族音乐的多彩精华，创作出扣人心弦的流行乐。我听过他的《疯狂的中国人（The Mad Chinaman）》（1980 年）好多次，还去听了他在东京的演唱会。在美国的日裔三代、导演史蒂文·冈崎的《等待的日子》（1991 年）是一部纪录片，描写了从 1941 年开始至战争结束期间被收容的日裔美国人在收容所的生活。这些艺术家们都属于战后第三代，细心地描写了祖父母或者父母时代的文化。

1991 年年初，海湾战争爆发，关于向海外派遣自卫队的问题，在野党和执政党发生了激烈的论战。日本的军队会再次在海外交战吗？亚洲各地再次产

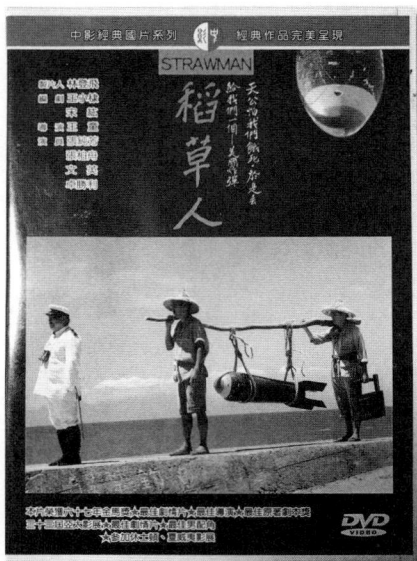

王童的电影作品《稻草人》

生了日本会成为军事大国的忧虑。同年，韩国的几位原从军慰安妇公开身份，起诉日本政府要求赔偿，发展成为国际性的人权问题。1991 年是九一八事变 60 周年，也是太平洋战争开战 50 周年。第二年正好是哥伦布发现新大陆 500 周年。历史学界也发出声音质问日本对亚洲历史的认识。

用一句话概括这个时候的情形，那就是"雄起的亚洲，孤立的日本"。亚洲的人们把日本侵略和殖民统治留在亚洲的伤痕一一展现在日本眼前，让日本因此充满了对亚洲的赎罪意识。而对亚洲来说，各国再次认识到，在自身近代化的历史中，日本是一个无法抹去的沉重的存在。年轻一代的新艺术活动让我明白了这一点。

如果以殖民统治的光与影、功绩与错误、开发与侵略等二分法来处理这种互相矛盾的感情的话，就会成为不重视结果进行评价的历史逆流，招惹非议。结果就是，统治方和被统治方的关系有可能再次固定化。我想做的不是这样，而是先树立起殖民地这个问题意识，书写一部涵盖日本帝国主义这个历史事实的新的亚洲近代史。

## 二、打造与殖民相关的新的亚洲近代史

迄今为止有哪些是站在"殖民地帝国日本"这一论点上的亚洲研究成果呢？我跑了图书馆，查询了图书和杂志里前人的业绩，发现包含了中国东北和朝鲜等殖民地经济的经济史的专题论文和共同研究比较丰富。然而关于中国台湾、韩国、库页岛等具体殖民地的研究，只有关于朝鲜半岛的"日帝"时代、中国台湾的"日据"时

代的小研究会编辑的同人志。作为研究机构，我可以确认有"日本殖民地研究会""朝鲜史研究会""台湾近现代史研究会"等，但是其中的台湾近现代史研究会处于"活动休眠状态"。没有任何学术组织。中国大陆部分，也只有关于侵华战争的侵略与被害的军事史研究，或者是关于"满洲国"的零散的研究。

另一方面，在欧美的学术界，以政治学、经济学为中心，帝国主义研究和殖民主义研究已经定型。作为理论框架，列宁的马克思主义帝国主义论、加拉赫与罗宾逊（John Gallagher & Ronald Robinson）的自由贸易帝国主义论、弗兰克与阿明（Andre Gunder Frank & Samir Amin）的依附理论、沃勒斯坦[1]的世界体系论、萨义德的东方主义论等被援用于各种研究中。关于日本的殖民地研究，在 1970 年也已经有了以美国斯坦福大学为基地的共同论集形式、与西方各国做比较的比较帝国主义研究的成果。把帝国日本分为官方帝国和非官方帝国，把通常不被认可为殖民地的军政统治下的东南亚以及中国大陆的一部分占领地区也包括在殖民地概念之中作为研究对象。

为了归拢未被体系化的七零八落的殖民地研究碎片，我把它们重新洗牌，像玩拼图游戏一样排列起来。位于研究前列的是以各地区为研究对象的、主要是历史学领域的地区研究者。我在其中发掘拥有优秀的研究成绩并且组织运行研究会的研究者，邀请他们参加日本殖民地研究的合作策划。日本的殖民地研究尚处于不成熟的萌

---

1. Immanuel Wallerstein（1930—），美国社会学家、历史学家、经济学家和政治学家，"世界体系理论"的主要代表人物和当代社会科学多学科综合研究的倡导者。

芽状态，需要综合性的研究，但实际情况是在学术界和出版界都完全没有人从事这项研究。正因如此，我才想把这项研究拔高为跨学科的综合性的研究，将其体系化，让世人来评价。

关于占领期的东南亚与日本的关系史、殖民地时期的台湾史、"满洲国"的移民与经济史、殖民地时期的朝鲜史研究问题，我分别向后藤乾一（早稻田大学）、若林正丈（东京大学）、小林英夫（驹泽大学）、高崎宗司（津田塾大学）等当时40多岁的中坚研究者们打了招呼。我还和据说熟悉殖民地的日语文学活动并探访了日本所有旧殖民地的川村凑（法政大学）通了消息。但是仅仅把他们在特定领域的研究汇集起来并不能成为体系或者通史。于是我咨询了日本近代史的泰斗、熟知军事史军政史的大江志乃夫（茨城大学）。因为我需要这样一个视角，能梳理从甲午战争、日俄战争到亚洲太平洋战争的所有对外战争的全过程，通史性地把握日本通过对外扩张获得殖民地的过程。我还听取了浅田乔二（驹泽大学）的意见，他对大学和统治机构里殖民政策学的实态进行了先锋性的研究（如研究殖民地经营是如何政策性地、学术性地被决定和运用的），并出版了众多专著。他们各自从自己的立场和人脉出发，列举出了众多的论文题目和执笔者候补的姓名。

通过和他们的自由交谈，围绕近代日本的殖民地问题的讨论逐渐拓宽，随之，迄今为止未被定位为殖民地问题的主题也逐渐浮出水面，例如北洋、南洋渔业开发，联合国的密克罗尼西亚托管，净土真宗与天理教等佛教团体在殖民地的活动，殖民地的当地日语教育。

鉴于还没有一个将日本的殖民主义体系化的独家理论能作为日

本殖民地研究的方法论，所以我考虑从和西方帝国主义做比较的视角出发，展现日本帝国主义的特质。我又想到不仅是西方和日本的东西同时代的空间比较，而是在日本的帝国主义发现之前的、时间性的帝国比较，这也许也是有效的。出于这样一个问题意识：之前作为帝国君临亚洲的大清帝国、莫卧儿帝国、奥斯曼帝国等被新兴的日本帝国夺走了霸权后，旧帝国的传统地区秩序和社会旧制度是如何残存变化的？

通过比较日本帝国主义和当时的西方帝国主义，查明其从前近代的亚洲诸帝国的转移和断绝，也许可以把日本的近代史和亚洲的近代史有机地联系起来。把殖民地这个存在纳入日本近代史的视野里的这个尝试，可能会成为从世界史的视野把握近代日本整体的契机。

但是，仅仅是汇集已有的微小的研究成果片段，并不能成为讲座。关于本国和殖民地的有机联系，以及仅仅依靠殖民者和被殖民者之间交错的支配与从属、压制与抵抗这种固定的模式是无法把握复杂关系的，我们更需要有前景的学术性的把握，而不是单一的印象批评。思考的结果是，我决定拜访研究日本政治史、政治思想史的三谷太一郎（东京大学）。我穿过东京大学法律系铺着红色地毯的阴暗走廊，来到三谷研究室门前，敲响了入口大门。

三谷先生在听了我不成熟的策划意图说明之后，缓缓地开了口。他指出了我的思考所欠缺的论点：在本国的统治体制和法律体系当中，殖民地这个属地是作为何种法域处理的？在派驻殖民地的总督府等机构里殖民地政策的决定过程是什么样的，与本国的政治过程有何不同？在压制殖民地的民族主义、否定其主权之后，发挥作用的是什么样的地区统合统治方式以及统合机制？

对方说到了我完全没有想到的论点，正中我的要害。日本的殖民地问题，并没有在 1945 年接受波茨坦公告后因为战败而终结。的确，当时日本放弃了殖民地，解除了武装，作为殖民者的日本人全体从殖民地回到了本国。但是这并不意味着殖民地问题的终结，只不过是殖民地问题被隐藏起来了。就在没有意识到这一点的情况下，战后日本启程了，为追求复兴与独立而奋斗的过程中，帝国意识、殖民者意识被封藏，大东亚共荣圈的意识形态作为失败者的言论被盟军总司令部废除。不久，通过从 1952 年旧金山对日和平条约生效开始到 1950 年代中期以后的战后赔偿，日本和亚洲各国的外交关系恢复，抛弃了帝国统治的意识形态，通过经济合理主义，日本的殖民地主义又回归到了亚洲（re-colonization）。战后日本收到来自亚洲的关于曾经的战争以及殖民统治的起诉，产生了战后责任问题，这也是源自从日本战败到亚洲冷战的战后史的实态。这就是日本未解决的"去殖民地化（de-colonization）"问题。

三谷的"去殖民地化"观点给了我和其他 7 位编辑委员新的提示。于是三谷作为第八位编辑协商人加入了我们。吸收了三谷的论点，我们决定在之前计划的卷册里新加入讨论战后亚洲问题的第 8 卷。

1990 年年底的社内会议上，我们讨论了这个策划方案，确认了积极推进的方向。大家一致同意将这个系列作为"岩波讲座"推进，我也深感责任重大。这是一次史无前例的策划，缺乏研究成果积累，研究者也不多。要说对于前景的担心，那就说不完了，我暗暗地做好了心理准备，要以编辑委员为中心，汇集众人的智慧，对于前路

《岩波讲座　近代日本与殖民地》全 8 卷

上可能存在的困难，要坚韧不屈、灵活应对。

　　策划的方向被认可之后，我们邀请 8 位编辑协商人直接成为编辑委员，前后召开了 5 次编辑委员会议。确定每卷构成，编辑包含论文标题和执笔人的目录方案。编辑委员和执笔人中很多是个别地区的研究者，研究领域丰富多彩，包括政治学、经济学、社会学、历史学、文学。但是，汇编每卷时我们没有采用按地区或者按专业领域分卷的方式，而是采用了跨地区的专题分卷方式。在约半年之后的 1991 年 6 月正式确定了该策划方案，将套书定名为"近代日本与殖民地"。每卷的标题和目标如下。

　　第 1 卷　殖民地帝国日本（对外扩张的过程，对日本帝国主义的构造性理解）

　　第 2 卷　帝国统治的构造（从政治学的视角分析殖民地统治的

机制）

第 3 卷　殖民地与产业化（从经济学的视角分析殖民地的产业化）

第 4 卷　统治与管辖的论理（管辖的技术与意识形态导致的异域统合进程）

第 5 卷　膨胀的帝国人口流动（伴随对外扩张，移民、殖民、动员引起的人与物的流动）

第 6 卷　抵抗与屈从（从管辖、抵抗、合作的各种形象看帝国意识与民族意识的交错）

第 7 卷　文化中的殖民地（日本文化与殖民地的异文化的交错）

第 8 卷　亚洲的冷战与去殖民地化（从去殖民地化的视角重新把握亚洲战后史）

关于执笔人，有一点是划时代的，全 89 本中有 15 本委托海外研究者执笔。其中 5 位是欧美人士，其余的还有韩国、东南亚和中国台湾的研究者，这样他们的论文就是用韩国语、英语、汉语写成的。我也担心这样会导致视角七零八落、欠缺统一感。但是抱着同样的问题意识，超越日本国内与日本以外的历史认识，也许可以实现更加多角度的成果，我决定积极地看待。

虽然都是殖民地，但是涉及范围极广，不止殖民地，我们想把占领地、势力圈等所有的地区都包罗进去。甚至把明治维新以后，通过"琉球处分"和北海道开拓而变成本国的北海道、千岛群岛、冲绳群岛也作为殖民地化的前史列为讨论对象，称为"国内殖民地"。殖民地的外延包括联合国托管的南洋群岛以及傀儡政权"满洲国"和蒙古，甚至还包括作为补给圈的印度、澳大利亚。

　　介绍讲座内容的小册子上，作为岩波书店的出版辞，刊登了如下的文章。题目是《被赋予的责任》。

　　日本作为近代国家的步伐始于明治维新，可以说是亚洲唯一成功的近代化进程。但是，在欧美列强互相攻讦的世界史中，日本的近代化过程不得不受制于严重的危机感，一味偏向以天皇制为核心的中央集权、富国强兵和对亚洲的侵略、统治，陷入"大东亚共荣圈""神国日本"的狂想之中，给亚洲各地留下了难以愈合的伤痛，终于招致凄惨的失败。

　　发生在亚洲的过去的历史与实态，在日本内部，直到今天都没有被深入质问，所以日本人并没有充分意识到亚洲的人们身心受到的伤与痛，亚洲看待日本的目光里不信任的光芒依然无法消去。在日本国民的历史意识不断受到尖锐质问、与近邻各国民众无法实现和解的情况下，我们看到了"经济大国日本"本质性的脆弱，不由得感到忧虑。

　　今天，人类身处前所未有的激烈变革的时代之中，追求共同的认识以描绘与公正共存的新世界秩序。在我们的内心，阻碍这个共同认识的，不是别的，正是由于对同时代历史意识的薄弱而导致的认知断层。

　　出版本讲座，志在填埋这个历史意识的断层，构筑和解之场。认真追索帝国意识与民族意识交错的实态，把至今仍未解决的诸多问题，从今天的视角出发，置于历史的脉络中进行再验证。这样的一个策划可以说是我国（日本）首个策划。我们希望推出本讲座之后，能接收到国内外的批评，以此作为对今天我们责任的回应。

　　在这篇出版辞定稿之前，我先写好草稿，然后交给了当时的社长安江良介审阅。几天后，我被安江叫到社长室，看到原稿上满是修改增删的红字，几乎看不出原样。让我在意的是文中添加了"填埋历史意识的断层，构筑和解之场"这样的句子。

在对方没有要求的情况下，实施侵略和殖民统治的一方向被害者一方单方面提出和解，这太过自私，会不会被对方指责为"傲慢"？我本能地这么想，并把这个想法委婉地告诉了安江。安江听了，笑容满面（似乎想说你果然是在意这句话），他说：

"和解这个词来自基督教的 reconciliation。意思是敌对双方在神的面前互相宽恕，解除敌意。"

安江在就任社长之前，一直支持反对朴正熙独裁政权的韩国民主化运动，也参与了一些旨在实现朝鲜半岛的统一与和平的社会运动和言论活动。活动的主体主要是在日韩国朝鲜人一代二代，以及亡命般逃过来的韩国的基督教徒们。"和解"这个词是在和他们共同战斗中或者是对话中逐渐血肉化的一个关键词。仔细阅读这篇出版辞便能明白，不应该轻易地单方面地由日本一方提出和解。要打磨历史意识，从理解对方的伤痕和疼痛开始。我想到安江良介之前作为言论人、出版人的理想与实践，以及为我删改而成的包含自己万千感慨的文章，深受感动。当然，这个讲座是否和"和解"有连接，我觉得依然任重道远。

## 三、岩波讲座刊行的波折

讲座第 1 卷于 1993 年 11 月顺利出版。但是销售日当天的卖出数量并不乐观，是近年来极少看到的很差的成绩。也有一些读者看了介绍内容的小册子说，这样大胆的策划不可能成功。真的没问题吗？能最终顺利出版全本吗？我心里掠过一丝不安。但之后销售数量显著增长，上市后 1 个月就升至 2 倍，3 个月的时间初版就售罄。做预售的这套讲座，成了畅销书，前后 4 次做了众筹预约销售。

这期间，每个月的发书一次都没有中断或者拖延。拿到草稿、委托翻译外语原稿、提出修改要求之后的重写、3 次校对，编辑部门的这些工作全都是我一人完成。"一定要让亲手策划的图书问世，要坚持到发完最后一本书"，这样的热情激励着我，让我熬过了这些辛苦的日子。也许是因为我之前从未参与过讲座或者系列图书策划，所以才有了初生牛犊不畏虎的蛮勇之力吧。

应邀执笔的作者们给我们发来了全心投入写成的大作论文，也大大地鼓舞了我们，我打起精神，决心认真完成工作。例如向第 8 卷投稿的吴密察（在台湾大学），在给讲座的投稿之外，还寄过来这么一段文字，提到日本和亚洲之间关于日本的历史教科书问题而引起的争论。

教科书问题的彻底解决，不能寄希望于东亚的邻近各国，只有日本握着解决问题的钥匙。日本必须了解侵略的历史，那并不仅仅是单纯的负面的历史重担，必须将其作为正面的遗产（财产），堂堂正正地从侵略历史之中挖掘出精华，以实现新的出发。具体来说，日本的历史叙述必须放弃国家史的框架，以东亚地区为对象发展东亚史。（收录于高崎宗司编《历史教科书与国际理解》岩波小册子，1991 年，55 页）

吴先生的这个观点对本讲座来说是一个很重要的鼓励，大约 20 年之后我负责的另外一部岩波讲座《东亚近现代通史》在构思时也从这里得到了一些启示。

　　关于讲座和系列图书的附录，也就是夹在每本书里的月报，我们安排了每卷 4 本的原稿。军人、民间人士的殖民地体验，以及身为被统治者的其他民族的日本体验，对战后日本的亚洲认识或者亚洲的日本认识有什么意义？在月报中对于大家关心的这个问题，我们收到了一些投稿，内容集中于亲历者的回忆。如果丛书正文部分是研究篇，那么月报部分就是证言篇。

　　同时，也出现了很多书评。

　　1960 年代中期提倡日本的殖民地研究、向学术界强调研究的重要性并奠定了研究基础的冈部牧夫对图书的出版表示欣欣和感慨，他说："这个讲座的策划与实现，正是我顺水行舟的这个潮流的成果之一。"（《年报日本现代史》创刊号，1995 年）

　　报纸《琉球新报》（1992 年 12 月 5 日）上的书评吸引了我的注意。琉球（冲绳）身处近代日本与殖民地这个问题圈之中，近代之前处于大清帝国和日本萨摩藩的"两属"状态，近代之后只从属于日本，经历了日本帝国的海外移民、美军的地面战，战后又成为亚洲冷战中日美安全保卫的重要基地，为了日本的对外扩张和安全保障，冲绳被强行做出了牺牲。这套丛书能否让冲绳的读者满意，我做好了接受各方质询的心理准备。评论者中程昌德一针见血指出了讲座出版的意义："'殖民地论'的登场，其作用应该在于讨论名为'国际贡献'的行为的实情，以及'皇国臣民、外国人'这个命名的虚实吧。"

　　本讲座出版时的日本正处于泡沫经济之中，作为经济大国，也是亚洲各国"东向政策"的标杆，备受各国仰慕，但也因为"经济侵略"而被迫进行战后的反省。在这样的状况当中，有评论者这样评论讲座出版的意义。

本系列作为历史研究者的集体劳动成果公开出版，意义非凡。因为它拥有双重意义。相对于近邻各国来说，日本曾是一个殖民地帝国，作为殖民地帝国有一段特殊的历史。第一个意义就是作为经历过这段特殊历史过程的本国研究者们学术含义上的"反省"。第二个意义就是对一般读者也具有的启发意义。（山本义彦《周刊读书人》1993 年 2 月 15 日）

当然，针对本讲座的每篇论文和论点，也有不少人发表了表示不同看法和批评的学术论文。近代日本经济史研究的重要人物石井宽治就是其中一位。但即使是石井宽治也高度评价了本讲座出版的意义和编辑的姿态。

要把握殖民统治所具有的严重问题，那么片面分析其对本国经济来说是多么有利，在何种程度上开发了殖民地经济，终究是不充分的，必须从政治、经济、社会、文化等进行多方面的综合探讨。从这一点考虑，我对该讲座的构成表示高度评价。

同时，正如第 8 卷所阐述的，该讲座并不只是把殖民统治的问题作为过去的历史进行回顾，而是在探索其与今日东亚各国显著经济成长的历史关联，将其作为关系到生活在亚洲的日本人主要样态的切身问题进行把握。这一点是丛书的一大特征。（《日本殖民地研究》第 6 号，1994 年）

当然，也有很多研究是本讲座未能涵盖而有所欠缺的。例如，关于殖民地之一的库页岛，我们没有安排单独的研究论文。也没有安排关于苏联和日本的国际关系的专论。从比较帝国主义的观点出发，我们把美国、英国、德国做了比较，但对于和法兰西帝国主义的影响关系未能做研究。对总督府、南洋厅[1]、占领地军政机关的决策有所论及，但未将视野拓展到拓务省与兴亚院[2]的政策过程的连贯性上。关于以神道教为首的各宗教与殖民地的精神统治，我们虽然意识到这个问题，但没有想到要去做个别研究。

　　以本讲座出版为契机，日本的殖民地研究成了学术界的一大潮流。尤其在年轻一代中间，新的研究者不断地成长起来，他们利用中国台湾总督府和朝鲜总督府的相关资料，或者是殖民地当地发行的书刊，在政治、经济、文化等各个领域开展研究。这也许是因为学术界已达成共识：书刊是通过殖民主义这个视线，考虑亚洲的历史认识问题的重要途径。此外，找出从未有人使用过的历史资料，从而得到新的发现和智慧，并以此填补研究史的空白，这样的原创研究成果也更容易做出，这也是年轻学者们投身殖民地研究的原因之一吧。

　　距离殖民地讲座出版过去了四分之一世纪的 2018 年，回顾后来的日本殖民地研究动向与业绩的论文集《日本殖民地研究的论点》出版。负责编辑的是日本殖民地研究会。该研究会创立于 1986 年，当年我在构想殖民地讲座的时候，也参考过他们的研究成果。研究会的设立人浅田乔二也是编辑委员之一。该研究会竟至今仍然存在，对此我不由得涌起感慨。

---

1. 南洋厅是根据《凡尔赛条约》，日本在其委任统治的南洋群岛上设置的行政机关。所在地为帕劳群岛的科罗尔岛。1922 年设立，1945 年日本战败后，在事实上消亡。
2. 1929 年 6 月 10 日，日本设立拓务省，规定该机构专门负责对朝鲜、中国台湾、关东州（指中国辽东半岛）、库页岛、南洋等地实行殖民统治和"振兴拓殖事业"等。1941 年太平洋战争爆发以后，该机构解散，其事务由新成立的"兴亚院"接管。

受殖民主义研究的潮流影响，将其发展并延伸的新的研究视角也产生了。一是山之内靖（东京外国语大学）主导的共同研究的成果——总力战体制论。世界大战时的战时总动员体制不可逆地决定了国家、社会、个人的关系（官僚制、管制型经济体系、市民社会等），成为现代社会的源头。

另外一个是后殖民主义研究。就殖民统治失败后宗主国与被殖民地之间的关系给之后人们带来的精神影响和后遗症进行探讨，考察残存的殖民地意识、帝国意识的样态。这种问题意识与英国产生的文化研究（cultural studies）合流，带有一种把由权力者的意图构建起来的霸权、概念、意识形态，作为统治者的言论进行去构筑化的思想倾向。打破这个既有观念的理论根据就是马克思主义。

对于第二种潮流，我感到有点格格不入。后殖民地研究大多站在殖民统治失败后的时点上，以全面否定殖民主义为前提，来论证所有的现象，因此有一种从细微的言行中找到殖民者的眼神进行断罪并将此目的化的倾向。断罪一方只不过是站在有历史撑腰的优势位置上，把福柯的生命政治论和萨义德的东方主义理论等借用作便利的工具来寻求解答，对日本以及亚洲的历史脉络是不了解、不关心的，这种不协调感（违和感）很难抹去。

虽说如此，殖民主义研究和后殖民主义研究并行或是混合，其研究者阶层越来越广，研究成果越来越丰富，这是明明白白的事实。作为最早策划出版殖民地研究成果的人来说是深感欣慰的。只不过我在意的是，殖民地研究囿于地区的特殊性，存在着研究更加个别化细分化的倾向。这也是因为在未被充分参考利用的原始资料的解读与分析上花费了太多的研究财力，埋没在资料中而忽视了整体的构图。彻底研究个别事例或者单个人的身份认同，这个姿态很重要。但是更重要的是拥有这样的立场：基于个别事例或者地区的特性，超越学术领域和地区的界线，在大的框架下涵盖各种问题。

在构思殖民地讲座时，我们汇集了一些琐碎的研究事例的片段，想要描绘一幅大图景。我们承认在整体构图上有空白部分，也有臆断。但我们一直保持着柔韧且坚强地挑战现代课题的气概。讲座出版前后，日本学术界打开了亚洲视野，对亚洲的意识似乎变得敏锐起来。在学术方法、学会组织结构上，亚洲研究被分成了日本、东亚（更细分是中国、韩国朝鲜）、东南亚几个板块。学会组织自身也许没有变化，但开始设定亚洲之中的日本、中国、印度尼西亚等课题，学者的问题意识也逐渐跨进亚洲地区内。殖民地讲座出版之前并没有其他类似讲座出版，讲座出版之后道路铺就了。众多研究者大步行进在这条路上，道路正在延伸得更宽更长。

（何勇　译）

## 主要参考文献及引用

大江志乃夫，浅田喬二，三谷太一郎，後藤乾一，小林英夫，高崎宗司，若林正丈，川村湊.『岩波講座　近代日本と植民地』.岩波書店，1992—1993 年.

日本植民地研究会.『日本植民地研究の論点』.岩波書店，2018 年.

# 第七章

# 占领期日本的言语空间

## 一、占领期日本的出版活动和审查

日本人是以怎样的心情接受战败的呢？

翻开当时的《朝日新闻》可以看到，从 1945 年 8 月 21 日开始，报纸以"向英灵致歉"为标题，刊登了各界有识之士的文章。第一期中大佛次郎的文章这样写道：

> 对于幸存下来的我们，有一种苦恼深深刺痛着我们的胸口，那就是让你们白白送死这件事。这种刺痛不会因安慰而缓解，断然不仅仅是感伤，更是无法排遣的愤怒。我们敞开着无法愈合的伤口，等待着昨日敌人登陆。我们必须冷静。还有，我们能在脑海里抹去你们的身影吗？

（《朝日新闻》1945 年 8 月 21 日）

我们，被死于战争的人们包围着，带着苦恼幸存下来，或者说我们就是死里逃生的日本人。战后第一任首相东久迩稔彦在 8 月 28 日提倡的"一亿总忏悔"，无论好坏都表达了这种心情。直到昨天，美军还是敌人，但现在我们日本人只能茫然地等待他们登陆，8 月

30 日，联合国军最高司令官（SCAP）麦克阿瑟叼着烟斗，在厚木机场走下飞机，来到了我们身边。

即便如此，日本人并不只是因受到重击而感到茫然。虽然生活物资极度短缺，但从军国主义的重压之下解脱后，似乎要将之前一直被压制的自我表现欲喷涌而出一般，各种各样的媒体开始复苏。1946 年 6 月的数据显示，出版协会收到的杂志申请数为 1 855 件，出版杂志 1 135 种。

报纸、电台、电影等所有类型媒体百花齐放，似乎要填补在政治、外交、经济、军事领域原有价值观和资产突然崩塌而产生的空白，同时社会上也掀起了空前的杂志创刊热潮。但是这种民主与自由的果实，是占领军尤其是美国所赐予的。文艺评论家河上彻太郎说：

8 月 16 日以来，我们的国民，意外地，费尽周折找到颇为陌生的配给品，这配给品让他们不知所措。——挨饿的我们被配给了叫作"自由"的粮食。（《被配给的自由》，《东京新闻》1945 年 10 月 26、27 日）

战败后的自由是被赐予的自由，讴歌这种自由的日本人也只不过是在主人面前摇尾乞怜的狗罢了。接受波茨坦公告，无条件投降，在他国军队的占领下，只能如此吧。虽说主权在民，但也只不过是替换了之前的主人而已，这种冷冷的观点应该也算正确吧。战败当时，堀田善卫身在上海，当时的中国有种观点，认为中国抗日战争胜利是"惨胜"，这种对现实的认识深深感染了他。对于日本人，他简短地说道：

把"惨败"掩饰为"停战"，把占领军称为"进驻军"，在措辞上或者定义上，逃避严酷的现实，这种认识，我总觉得哪里错了。这是一

种欺骗，不是认识。(《惨胜、解放、基本建设》,《中央公论》1958 年 2 月号)

虽然日本人战败后对"自由"的簇拥是见风使舵、对强者阳奉阴违的行为，但这种当场表示恭顺以谋求方便的处世术，在幕末维新时期，在和近代西方的接触中，已得到巧妙发挥。也许我们可以批判此种国民性没有节操，但身处被别国军队占领这一制约条件下，一边恬不知耻地围成一团向美军讨要巧克力，一边忍耐着贫穷和饥饿艰难度日，普通百姓的这种韧劲，也让有些人大为欢喜，甚至可称为"血肉之躯的人类不加修饰的本性得到了恢复"。

但如果战时闭口不言的人在占领下发出的声音不符合占领者的意志，会怎么样呢？这个人的嘴会被新的主人再次封起来。某个文学作品发表的前后经过，让我明白了这个冷冰冰的现实。

我曾经酝酿过一个主题，关于战后文学中是如何描述战争的。对于可以称为战后首部作品的竹山道雄的《缅甸的竖琴》，虽然其采用了儿童文学的形式，但作者是在什么动机之下在 1947 年初战后不久的时期写就此书，又经历了哪些曲折才得以发表，我就此做了调查。《缅甸的竖琴》刊登在 1946 年创刊的儿童杂志《红蜻蜓》上。根据主笔藤田圭雄的说法，这部作品受占领军的民间审查支队(CCD)审查，整部作品的刊登以暂时"保留(HOLD)"处理。藤田无法理解这个处理结果，于是找直接负责人交涉，结果对方答应了他的要求，最终比原定计划晚了两个月刊登了全文。

作者写作《缅甸的竖琴》的时候，正值 1946 年 5 月远东国际军事法庭("东京审判")开庭。在解读作品时，我们不能忽视此次审判对该作品的方方面面产生的深刻影响。《缅甸的竖琴》完稿后，竹山就以东京审判旁听记的体裁写了一篇随笔《海德的审判》。在竹山看来，这次审判，是以杰基尔身份出现的"受欢迎的国家"的现代文明，对以被告海德身份出现的"不受欢迎的国家"的现代文明的审判。这篇文章原定刊登在 1947 年 1 月号的《新潮》上，但是被 CCD 定为"保留"，未能刊登。在占领时期，竹山对日本之前的战争，以及当时的东京审判持有的见解中，含有令占领当局不满意的倾向，所以作品被拒绝刊登。

关于日本人如何看待战争这一点，还有一部重要的作品，即《战舰大和的最后时刻》。作者吉田满因学生动员加入海军，以少尉副电测工的身份登上大和号。1944 年 4 月，大和号被美军击沉，吉田在漂流途中被日军驱逐舰救起，之后从战场返回。复员后不久，花了约一天时间写完《战舰大和号的最后时刻》，受小林秀雄推荐，原定刊登于《创元》1946 年 12 月创刊号。但因为审查，被禁止全文转载。虽然重写之后刊登于《新潮》1947 年 10 月号，但文章也按照指示有多处被删除（delete），甚至在劣酒派杂志《沙龙》的 1949 年 6 月号刊登时，使用了标题"小说：军舰大和"。

关于《海德的审判》《战舰大和的最后时刻》的审查以及文本更改一事，查明该事实并引发世人思考该问题之重大性的，是江藤淳。

江藤淳于 1979—1980 年在美国待了 8 个月，查阅了美国国立公文书馆的 GHQ 资料和马里兰大学所保管的 CCD 资料——普朗格文库（Prange Collection），查明了占领日本期间以美国为中心的 GHQ/SCAP（盟军总司令部）主导的对印刷品进行审查的实际情况，该成果即为《被封闭的言语空间》，不止是在日本，即使在美国也是独一无二、充满创见的研究。

　　GHQ 内部有民间情报教育局（CIE）和 CIS（民间谍报局）旗下的民间审查支队（CCD），因为 CCD 和《波茨坦公告》第 10 项所保证的言论、表达自由原则有冲突，所以该组织的存在始终处于隐匿状态，无人知晓其实际情况。对于这件事，江藤淳亦有关注。他还进一步验证了 CCD 的组织、机构、要员的实际情况，对新闻、杂志、图书等出版物和邮件、电影、广播、戏剧、通信等进行审查的流程，以及具体审查对象等。结果他论断：CCD 审查的一贯意图就是，"企图将日本变成去日本化的国家甚至是一个地区，将日本人变成日本人以外的某个谁"。江藤淳尤其强调，时值 CCD 关注的头等大事——东京审判进行之时，于是 CIE 根据 CCD 提供的信息，向在 GHQ/SCAP 麾下从事审查和谍报的总本部 G–2（参谋第二部民间谍报局）提交了文书《战争罪责信息计划》（War Guilt Information Program），并强力推进该计划。他特别指出，该文书不仅被用于东京审判的审议和判决，还让日本人失去了身份认同和对本国历史的信赖，并规定了战后日本历史记述的范例，不止占领当局，日本的知识界时至今日仍然处于其影响之下。1982 年《被封闭的言语空间》一书的原型内容开始在杂志上连载，江藤淳联系当时的社会景象，得出如下结论：

　　一旦该审查和宣传计划在日本的言论机构和教育系统内扎根并得到维持，那么即使在 CCD 消亡、占领结束之后，日本人的身份认同和对历史的信赖也将保持崩溃状态，而且会随时暴露在国际审查的威胁之下。这正是昭和五十七年（1982 年）夏天发生教科书问题时出现的情况，这一点已无须在此重复指出。

在《被封闭的言语空间》出版单行本的时候，我入职岩波书店，被分配到《思想》编辑部。1991 年年底一名韩国妇女公开了曾是从军慰安妇的身份，于是从军慰安妇问题浮出水面。在学界和论坛，围绕国家是否曾强制征召慰安妇一事，发生了持续至今的大论战。中央大学历史学者吉见义明是主张其为"国家行为"一方的代表人物，我拜访了吉见义明，并与其闲谈，他说关于慰安妇这一问题，他有责任做一些社会发言，但作为正业，他想写一写占领期日本的民众意识。他说已经去过马里兰大学的普朗格文库，收集了相关资料，于是我便邀请吉见先生为《思想》撰稿。这便是《占领期日本的民众意识——关于战争责任》这篇论文，发表在《思想》第811 号（1992 年 1 月号）上。

我作为编辑和这篇论文扯上了关系，并因此对普朗格文库的存在一事记忆格外深刻。但我阅读吉见先生随笔后的印象，却和江藤淳著作里对 CCD 的评价相当不同。从普朗格文库里保存的占领期日本报纸和杂志上可以读到各阶层日本人的各种意见。而刊登这些心声的杂志，不止人们通常会阅读的中央的综合杂志和学会杂志，还包括公司发行的杂志和工会的机关杂志，不光是东京，也有地方小城市发行的杂志。这些报纸杂志如实记录了围绕战争责任，各种阶层、年龄、职业的人所抱有的复杂多样的看法和意识。

根据早稻田大学的和田敦彦的说法，普朗格文库是曾在 G-2 的历史部门任职的马里兰大学历史学教授哥顿・W・普朗格（Gordon W. Prange）为该大学带来的收藏，包含几乎所有的为进行审查而提交给 CCD 的、从 1945 年 9 月至 1949 年 11 月为止发行的报纸、杂志、图书、小册子类等印刷品。

　　根据负责整理普朗格文库资料的国立国会图书馆的藤卷正人的说法，该文库的资料整理始于 1960 年，2002 年完成了报纸的缩微胶卷化和杂志的缩微胶片化，在国立国会图书馆也可以查阅。2006 年起作为和国会图书馆的共同事业，图书的缩微化也在进行中（《占领期杂志资料大系：大众文化篇》第 2 卷月报）。

　　缩微胶片收录了 14 000 种杂志（总计 98 702 册、报道 196 万篇、推测页数 610 万）的缩微胶片共有 63 131 张。以早稻田大学的山本武利教授为代表的占领期杂志报道信息数据库化项目委员会完成了这些胶片的数据库化工作。该委员会接受了 2000—2004 年的科研经费，推动数据库化，并于 2006 年度起致力于普朗格文库收藏的占领时期 28 种地方权威报纸的数据库化工作，该项工作于 2012 年完成。数据库化之后作为"占领期报纸杂志信息数据库"免费在网络上公开（2013 年起转为收费公开）。

　　在日本，占领期研究的发端是 1972 年竹前荣治、天川晃、福岛铸郎、袖井林二郎等人结成的占领期研究会。尤其是福岛铸郎，在资料收集方面贡献巨大，虽身为在野之人，仍四处奔波于旧书店和旧纸回收厂，一点一点地收集停战后不久那段时间的资料。其 1973 年赴美，是将休眠于马里兰大学的占领期资料介绍给日本的第一人，这是福岛的一大功劳。1977 年，福岛辞职后赴美国马里兰大学，专心从事普朗格文库杂志的整理和目录生成工作。他的一腔热情和努力转化成《战后杂志发掘——焦土时代的精神》（1972 年日本 editor school 出版部）一书，被授予每日出版文化奖。2006 年 6 月，福岛先生辞世。

## 二、《占领期杂志资料大系》的编辑工作

山本武利在从事数据库化作业的同时，还成立了 20 世纪媒体研究会和占领期杂志研究会，20 世纪媒体研究会现在仍然会举办活动，截至 2019 年 3 月已举办了 125 次研究会。因为我早先就曾邀请山本先生担任《岩波讲座"帝国"日本的学问》的编辑委员而且我本人一向对普朗格文库持关注态度，也撰写过关于《缅甸的竖琴》的文章，便应先生之邀，于 2005 年 3 月起也参加了研究会。在研究会上，会员们各自在数据库里检索关键词，通过缩微胶片对照原文，发现了对占领期研究大有裨益的杂志报道，以及名人全集或著作集中未收录的新资料等，大家对普朗格文库资料的价值又有了新认识，并作为研究成果发表。

在参加占领期杂志研究会的同时，我选择并收集了各个领域的杂志报道，产生了要将众多资料体系化的念头，关于资料集的编辑和发行一事和山本先生商议并达成了一致。于是我们决定在研究会内部成立工作组以编纂资料集。

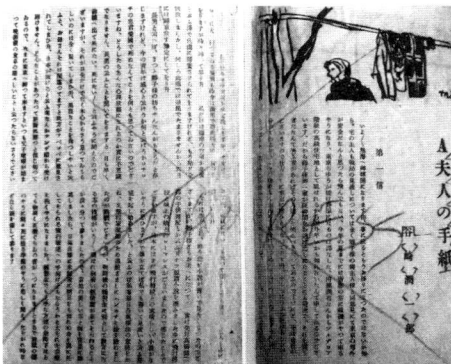

谷崎润一郎《A 夫人的信》在《中央公论》1946 年 8 月 1 日的 690 号上刊登文章的校正版。因受到 SUPPRESS（禁止发布）处分，未在该期刊登，但在 CCD 的审查制度废除后，刊登于《中央公论　文艺特辑》2 号（1950 年 1 月）。（《占领期杂志资料大系：文学篇》第 2 卷 72—73 页）

我们将资料集命名为《占领期杂志资料大系》。叫"大系"，是因为我们强烈意识到了《日本近代思想大系》（全 23 卷，别卷 1 卷）和《新日本古典文学大系》（全 100 卷，别卷 5 卷）等是岩波书店代表性资料集和底本集的命名方式。占领期研究缺乏根本史料，正式的研究还处在空白状态。我们确信，我们的出版活动会有助于研究环境的改善，帮助改变当时的这种状况。最初确立出版构想时，普朗格文库的所有杂志和报纸的缩微资料和杂志数据库均已完备，占领期杂志研究会的人力资源也具备，我们便以为编辑工作会顺利进行。

然而，计划提出后，我和山本先生多次商谈，在杂志研究会上也就该计划多次讨论，从 2007 年 2 月社里肯定了该计划的大致方向，到确定编辑方针，我们颇费苦心。再怎么说都有将近 200 万篇杂志报道，要选录什么，如何编排等，到最终方针确定下来，可谓几经波折。普朗格文库里的杂志只是按照原样进行了缩微化，上面的报道文章并没有预先按照主题或者体裁分类。于是，在开展研究会的编辑工作之前，我们把研究会的成员分为视觉组、文学组、社会思潮组、生活世相组 4 个组（当然这其中组的编成和组名也经历了各种变化），确定好成员的配置、所属，按照各组的体裁开始收集报道文章（各组相互之间也会交换信息）。

策划出版时，考虑到编辑活动的进展情况和读者的反应，我们决定把大众文化组和文学组的成果优先出版成书，策划大众文化篇全 5 卷和文学篇全 5 卷。关于卷的构成，对于大众文化篇，我们虽然意识到要按时间排序，但还是按照体裁分了电影、戏剧、摄影、音乐、漫画、体育等章节。对于文学篇，第 1～4 卷大体上是每年一卷的时间排序，只有第 5 卷按照题材分成了推理小说、历史小说、科幻小说、儿童文学、短诗型文学、翻译文学。

因为有多名编辑要员参与，所以我们完善了编辑体制，明确了业务的职责分担和责任所在。山本武利作为编者代表，负责全体编辑的管理、出版补助金的筹集等事务；资料收集和文本确定、各卷总体解说的执笔由大众文化组、文学组各 3 名编辑委员承担；除了编辑委员，我们还从研究会之外为每卷图书招来数名编辑助理，委托编辑助理帮忙撰写各章的解说并选择资料。因为文本的整理、制作、校对、进程管理等编辑实务是由岩波书店负责，所以由我和另外一名编辑部员承担。此外，文学篇还请早稻田大学博士学位以上的人员承担了文本校订和每篇文章的简介撰写工作。

在选择资料时，要从资料的海洋里钓出什么样的鱼呢？我们认为，既然定为"大系"，就必须确定严格的选择方针。关于方针，在大众文化篇的开头，以山本武利的名义发表的文章《写在〈占领期杂志资料大系〉出版之际》中，明确列出了以下几条：

- 着重表现因战败而大受打击产生的迷惘和绝望，同时，也着重表现从军国主义下解放的民众对新时代的梦想和希望；
- 关注地方和东京周边地区的杂志上出现的普通百姓的言论；
- 着眼于写者和编辑者对新的权力者 GHQ 的指导和审查的反应；
- 通过本资料大系，获得线索以查明占领期和现代的关系，尤其是和美国关系的实态；
- 注意完全按照当时版面的样子采录照片、插图等，这样不仅是文字表达，视觉表达空间的丰富感和清新感亦可再现；
- 提交利用数据库制成的图版、数值、年表等定量调查、分析的数据。

虽然确定了方针，但资料采录非常困难。编辑委员为中心进行了多次筛选，编辑委员和我之间也是多次核对和集体协商，我们绞尽脑汁的，不是"钓上来的鱼要烹饪哪一条"，而是"要把哪一条放回大海"，这样不断地提高精确度。扣除解说和简介的分量，压缩能收录的分量，结果发现有更多资料需要"放回"。虽然原则上要全文登载所采录的报道，但有一些内容也不得已经过了抄录处理。

结果，大众文化和文学这 2 篇所采录的报道总数不足 1 000，只占普朗格文库的报道总数的 0.05%。这真是沧海一粟。

岩波书店编辑事务的艰辛，主要还在之后的工作环节里。首先是采录报道确定之后的著作权处理。比如寻找报道作者的工作，有很多报道刊登在地方杂志和同人志上，因为根据个人信息保护法，地址等信息不能公开，所以要确定佚名的作者或著作权继承人，真是极其困难。还有一次，有个人的地址，无论怎么调查都找不到，于是我只能以此人的墓地为线索，询问此人所布施寺庙的住持，才查到了地址。之后找到联系方式，征求转载许可。此外，即使是名人，也会以"年轻时写的文章，现在不愿意被发表出去""那个时候我被洗脑了""和我现在的想法不一样"等理由拒绝转载，这样的事例虽然不多，但确实存在。我们有在校对快结束时听到这种回答而捶胸的经历，也有收到拒绝转载的通知后急忙替换报道的"走钢丝"经历。虽然如此，大多数著作权继承者都欣然允诺转载，他们或者因为父母、祖父母的文章公布于世而心生欢喜，或者是收到了感谢信说"知道了生前所不知的'真面目'"。此外，计算出来的版税总额，除了要分配给编者代表、编辑委员、编辑助理、简介执笔者、月报执笔者之外，还要确保支付给作者或著作权继承人，向他们赠书也会花费相当多的费用和精力。

更难的是采录资料时对于翻刻文本的形态把握。版面设计的方针，是把普朗格文库原来的对应部分以图像形式转载复刻，还是用文字重新排版？编辑委员们讨论的结果是采用重排版的方式，因为我们的目的是做成可以阅读的资料集和可以用于各种用途的文本。但是，为此需要花工夫制作文本，花成本排版、校对。而对于一部分照片、插图和漫画等视觉元素比较重要的报道，原则上使用普朗格文库所藏杂志的翻印。虽然如此，这项操作绝非易事，有一些报道，普朗格文库没有收录，或者有部分欠缺，或者是普朗格的缩微胶片不清晰，我们就根据需要使用国会图书馆或早稻田大学图书馆等收藏的纸质杂志。

关于文本的校订、翻印，每卷开头的"凡例"都记录了其概要，但实际操作时仅仅这样并不够，所以我们编写了特供实际操作编辑负责人的更详细的凡例，分发给他们。尤其需要密切注意的是文章被审查处的处理。特别是文学篇收录的资料里审查之处非常多，可以窥见 CCD 对文学作品的审查之严。甚至有一些文学作品，在向 CCD 申请校正印刷的情况下，作者校正版、杂志刊登版、单行本收录版中，文本都会发生复杂的变动。应该以什么为基准、把哪篇文本确定为《资料大系》的文本，都必须根据资料的状态和属性做判断。所以对于文学篇，文本的翻印工作不是由岩波书店这边进行，而是委托给早稻田大学方面的专业日本文学校订者，各个作品的简介也委托他们执笔。

此外，在翻印时，我们会根据计划要采录的资料，获取早稻田大学中央图书馆或者国会图书馆收藏的普朗格文库的缩微胶片，早稻田大学具备全套文件，距离不远，入手很方便，可惜胶片的分辨率不高，而且许多帧失焦，内部用来校对是足够的，但无法辨认的地方太多了。于是在资料采录到了一定程度的时候，便请马里兰大学图书馆普朗格文库的负责人通过邮件发送这部分的图像数据给我们，或者去同样收藏了全套缩微胶片的国会图书馆，使用那里的复印服务，以确保正确抄录文字。出于这个原因，我们把该图书馆和国立国会图书馆的名称并列在一起作为本《资料大系》的资料协助方。

在进行报纸杂志所刊登的原资料的筹备工作和文本化的翻印操作时，在大众文化篇和文学篇共计全 10 卷的编辑实务操作方面，岩波书店编辑部员工 O 女士承担了大量我所指派的辛苦工作。多亏了她，我们才基本做到了定期发行。

以上详述了汇编《占领期杂志资料大系》时，我们在编辑工作上花费的心思和精力。这种编辑工作现场的信息，对于读者来说可能是无关紧要的。因为对于学说和研究来说，也许见解的新鲜度才是最重要的。只是这 35 年间我作为编辑亲身参与的这项工作中，事务性的工作花费了大半的时间、精力，还有经费。尤其本书的资料收集更是如此。如果偷懒懈怠，或者不下功夫开发正确且高效的编辑技能，那么作者的脑力劳动就不能凝结为书的形态。对于图书，只有作者的思考和编写会成为评价的对象，受到读者的尊敬。编辑和出版社，也是习惯了"编辑就该身居幕后"的职业伦理。但我觉得比起职业伦理，出版更接近匠人美学。出版不只包含作者的编写工作，也包含编辑者的编辑工作，是各种职能组合的团队进行的综合性的智慧行为，我并不太赞成"编辑工作应该藏在舞台幕后"的想法。作为积累了多年编辑工作技能的人，我暗中祈愿，学术界和读书界能关注编辑的本领和辛苦，这些是从图书成品上无法窥察的。

### 三、《占领期杂志资料大系》的出版发行

2008 年 9 月，《占领期杂志资料大系：大众文化篇》开始刊发。考虑编辑所需的工夫，我们决定隔月甚至隔两个月间隔性发书，到2009 年 7 月完结。在编辑时，我们努力收集各种出名或不出名的文化人、艺人的各种题材

《占领期杂志资料大系：大众文化篇》全 5 卷

的报道，对于照片、漫画、插图、电影和戏剧的图片等视觉性的报道，按照杂志原本版面的样子采录，努力把这套书打造成读了会开心、鲜活再现当年读者娱乐感觉的读物。

在举办宣传活动时，我们得到了日本著名思想家鹤见俊辅和麻省理工学院约翰・W・道尔教授的推荐。鹤见俊辅是《思想的科学》的中心成员，他们在日本较早就指出了占领期研究的重要性，1968 年起推进"共同研究・日本占领"项目。约翰・W・道尔则是

*Embracing Defeat: Japan in the Wake of World War* Ⅱ 的作者。这本书认为，战后民主主义，是因为日本人选择接受了美国授予的民主主义和反军国主义而产生的，占领下的日本是日美混合的遗产。这一观点颇为引人注目。这本书日译名为《拥抱战败》，于 2001 年由岩波书店出版（2004 年出版增补版）。鹤见俊辅寄来一篇题为《作为线索的普朗格文库》的文章，说道："（前略）普朗格文库，保存了其整体，给了我们一个确切的线索去追溯战败后日本人的心灵所在。希望有越来越多的人能越过当时的亲历者，沿着这条线索探寻下去。"道尔先生也发来评论说："（前略）战败后的苦难时期，同时也是从战争的桎梏中回归和平之乐的时代。大众文化以出版、电影、广播、致编辑信、漫画、体育、音乐、戏剧等全部形式大放异彩。没有这些跃动的草根活动，我们就不可能谈论战后日本的和平和民主主义的含义。"

每卷构成、梗概、目录构成如下。

第 1 卷　从迷茫中觉醒

在战败和占领政策开始的时期，虽然生活物资不足，人们却因为从被压抑的战时生活中解放而心情喜悦，又有了投身娱乐的时间。本卷主要探讨，电影界、棒球界、漫画界等大众文化的各个领域如何努力向着民主化蜕变，人们如何接受流行歌曲，驻扎的占领军在日本如何接触娱乐等。

第 1 章　体育　　在废墟上重开的棒球

第 2 章　音乐　　《苹果之歌》和战后的氛围

第 3 章　电影　　历史电影和民主主义电影

第 4 章　电影　　接吻镜头带来了什么

第 2 卷　民主主义旋风

战后日本电影界的民主化也因为工会和制片人体系的导入而展开了，并留下了称为"东宝争议"的大伤痕。在音乐界也发生了包括机构重组在内的各种动作。而漫画尖锐地讽刺战后社会的慌乱。在戏剧界，复苏的蔷薇座剧团和菊田一夫等剧作家活跃非凡。各种媒体在民主主义的框架内是如何再出发的呢？

第 3 卷　对美国的憧憬

对于急速的美国化，苏联以左翼知识分子为中心试图进行文化性的对抗。在以进驻军为对象提供音乐娱乐的日本音乐家的研究中，爵士乐文化开始扩散，三木鸡郎和德川梦声等人的音乐通过广播抓住了大众的心。美国的漫画作品影响了日本漫画家的作品，GHQ 试图通过旧金山海豹队（San Francisco Seals 棒球队）的访日再现友好的日美关系。人们在美国所带来的娱乐的背后拥抱着对富饶的憧憬。

第 4 卷　跃动的肉体

关于占领期女性的视觉表达，因为战时审查的解除而有所推进，形成了一个由摄影和插图组成的纪实表达空间。在电影界，黑泽明、三船敏郎走上舞台成为撑起下一个时代的主角。在拳击界，皮思顿·堀口和白井义男让观众热血沸腾；在传统戏剧领域，歌舞伎复活，达到了新的高峰。

第 5 卷　从占领走向战后

在电影界，红色清除（red purge，从企业和政府机构解除和共产党有关联人员的职务）和剥夺公职解除后，变革走到了尽头。广播通过《素人好声音》等节目赢得了大众的欢迎，其中诞生了天才少女歌手美空云雀。在漫画界，手冢治虫成为领军人物，确立了从红皮漫画书到故事漫画时代的新起点。摄影界也向着现实主义摄影运动等战后表达的新战地前进。

第 1 章　电影　　从《青色山脉》的成功到红色清除

第 2 章　戏剧　　战后戏剧的展开

第 3 章　广播　　实况《素人好声音》

第 4 章　漫画　　红皮漫画书和手冢治虫

第 5 章　摄影　　大众化的摄影

第 6 章　电影　　《虽然日本战败》和纪录片的周边

大众文化篇完结后，同年 2009 年 11 月起，文学篇开始刊行，第二年 8 月完结。作为编辑方，我们下定决心，既然本资料大系要公开出版，就要把它打造为非常重要的必读文献，重要到在以后的战后文学研究中，如果缺失了占领期文学研究，该研究就无法成立。为了把决心化为现实，我们搜集了从老作家到新晋作家、地方作家、无名百姓等众多人物的作品，用心编辑，确保能把表达手法的实验性摸索和创造性的跃动感等传达给读者。

文学篇每卷构成、梗概、目录构成如下。

第 1 卷　战争和和平的界线　1945.8—1946.7

日本投降后，占领开始了。文学者们意识到虽然内务省推行的审查消失了，但又有了 GHQ 的审查，表达的欲望激发他们开始了摸索。不光在创作领域，在政治、思想、世态、风俗等各种领域，文学者们都受邀发言。

第 1 章　对谈、座谈会　　向着文学、向着文学的外部——开
　　　　　　　　　　　　　始发声的人们
第 2 章　小说　　　　　　昏迷中的日常和表达
第 3 章　评论、随笔　　　当今生活场所的审查


第 2 卷　被表达的战争和占领 1946.8—1947.7

文学者们尝试各种各样的表达方式，另一方面，GHQ 主导的事前审查迎来了成熟期，围绕表达方式的斗争也开展得如火如荼。在被收录的作品中，显露出审查者和被审查者就正文进行斗争的痕迹，以及被占领者的记忆。

第 1 章　对谈、座谈会　　废墟文学场
第 2 章　小说　　　　　　走向对"战败后"的想象性解读
第 3 章　评论、随笔　　　对于变革和连续性的批评精神


第 3 卷　从破坏到重建 1947.8—1948.7

在 GHQ 的杂志审查体制从事前审查转向事后审查的过程中，文学界迎来了战后第三年。战后文学被一股以经济危机和社会不安为背景的"混乱和颓废的浊流"吞噬，同时，一些强烈催促"转向重建"的言论登场，战后文学呈现新的样态。

第 1 章　对谈、座谈会　　"战后"问题的连续和分歧
第 2 章　小说　　　　　　将"断绝"作为"断绝"表述的话语
第 3 章　评论、随笔　　　从文学者的战争责任追究到政治和
　　　　　　　　　　　　　文学争论

第 4 卷　"战后"的问题系和文学 1948.8—1949.12

GHQ 主导的杂志审查终于就要画上句号。观察战后的国际形势，下一场战争的危机感越来越凝重，重新梳理日语、日本文学、日本文化的概念，新的日本像的表象开始萌芽。批评的框架逐步发生改变，从占领期文学变为战后文学。

第 1 章　对谈、座谈会　　文学者的回忆和对和平的提议

第 2 章　小说　　　　　　来自"污浊"的能量

第 3 章　评论、随笔　　　国际关系架构的重组——"日语""日本文学"再考的潮流

第 5 卷　占领期文学的多面性

从各种文学体裁的观点出发，我们尝试凸显占领期文学的多样性。根据数据资料来考证普朗格文库中显示的审查实态。本卷综合媒体研究和文学研究，开拓占领期研究的新地界。

第 1 章　推理小说

第 2 章　历史小说

第 3 章　科幻小说

第 4 章　儿童文学、儿童文化

第 5 章　短诗型文学

第 6 章　翻译文学的位相

第 7 章　媒体和审查

比较这两篇资料大系的编辑过程，我们发现，大众文化篇因为审查而删除和修改的地方很少，文学篇的审查严格，原文被修改的

痕迹相当多。推测原因，一是对民间作者的监控不严，二是政治性不强的大众杂志里，有很多是只要求出版后上交印刷品做事后审查的。

## 四、从审查者和被审查者的相互作用 中产生的战后日本言语空间

在编辑出版这两部资料大系的过程中，我们将文学篇的第 1～4 卷卷尾连载的编辑代表山本武利的《占领和审查》增补之后出版为单行本《GHQ 的审查、适用、宣传工作》，并想据此归纳整理一下关于占领期审查系统的一些见解。

从战败后的 1945 年 9 月起，CCD 开始实施审查，后转变为阶段性的事后审查，在转变之前的 1946 年 8 月至 1948 年 7 月，事前审查的手续如下。

杂志和其他定期出版物接受审查时，杂志的主笔或者负责人要将正文、插图、封面、目录和广告等所有校样提交两份。订正时必须重新制版，绝对不可以把删除之处开天窗留白，没有 CCD 的许可，不可以添加或者更改内容。完成的杂志必须提交给 CCD 审查，以确定已依据指示删除内容，否则不可以印刷、分发、销售。

审查实施得滴水不漏，比如说在广播审查方面，原来的老广播会馆，占领初期成为东京广播电台的广播会馆，NHK 获准在这栋楼的 5 楼工作，1 楼是美国文化中心、FBIS（外国广播谍报局），2 楼是涉外局、英美通信局，4 楼是 CIE，6 楼是 CCD，NHK "举手投足都要受到 GHQ 的指导审查"。

CCD 的员工最初连 1 000 人都不到，但至 1947 年顶峰时达到 8 763 人，其中居然有 8 132 人是精通日语的日本人。他们被高薪招聘过来，四分之三的人员负责审查邮件。他们被占领军当局要求隐瞒自己作为审查官从事审查一事，同时也出于对某种"背叛行为"的自我憎恶感，这些当事者们的经历和故事至今几乎都没有被采访收集到。

关于 GHQ 的审查方针，用具体事例进行简洁示范的日常审查事务判断基准，作为"key log（关键条款）"被分发至全国各地区的 CCD，发给审查者。当然 key log 被定为机密事项。事前审查的结果处理有"通过（pass）""部分删除（deleted）""禁止发布（suppress）""保留（hold）"等，事后审查的处理有"许可（approved）""不许可（disapproved）"等。

出版物受到审查而被加以某种修改处理的事由林林总总，本资料大系采录的作品里所附的审查单上，可以看到以下一些例子。

"批判 SCAP（Critical of SCAP）""批判美国（Critical of U.S.）""批判盟国政策（Criticism of Allies Policy）""批判占领军（Criticism of Occupation Forces）""拥护战犯（Defense of War Criminal Suspect）""中伤占领军（Disparaging to Occupation Forces）""描写占领军官兵和日本女性的亲密关系（Fraternization）""宣传战争（Love of War Propaganda）""宣传军国主义（Militaristic Propaganda）""有违反可能（Possible Violation）""战时宣传（Wartime Propaganda）"……

什么样的表达和记述是审查的对象，对此，不同的占领时期，禁忌的项目也有变化。占领初期，如果赞美日本的"大东亚战争"、发表军国主义言论，就会被认作"宣传军国主义（Militaristic

Propaganda）"，成为删除对象。1947 开倒车之后，开始管控支持共产主义的言论。此外关于东京审判的言论尤其受到严格审查，特别是对战争嫌犯的同情言论会被认作"拥护战犯（Defense of War Criminal Suspect）"受到管控。颇有意思的是"Fraternization"，占领军想从日本的媒体上擦去街头的占领军士兵的身影，想使之成为看不到的东西。比如黑泽明在占领期制作发行的电影《美好的星期天》（1947 年）、《泥醉天使》（1948 年）里都有场景是以喧闹的东京为舞台，但完全看不到在街头行走的美国士兵。

尤其受到警惕的是和日本女性交往的描写，描写这种场景的文章和照片会受到删除处分。占领期时，街头站着众多涂着红唇、穿着高跟鞋、打扮时髦的伴伴儿女郎，但是有关她们的描写被禁止，因为这会让人联想到她们和占领军士兵的性交往。此外，关于混血儿的报道，也因为会让人联想到美军和日本女性的性交往而被禁止（奥田晓子《占领和性》，《占领期杂志资料大系：文学篇》第 1 卷月报）。

虽然完成的《资料大系》凝聚着作者群体和岩波书店的热情和努力，但销路并不好，我们所付出的辛苦并没有得到太多经济上的回报。然而读书界和学术界给出巨大的反响。

有很多学者使用占领期杂志报道信息数据库和普朗格文库后发现了新资料，类似的新闻层出不穷。举例来说，井伏鳟二、壶井荣、林芙美子等未公开的作品被发现（《朝日新闻》2002 年 8 月 19 日晚报），室生犀星的亲笔原稿被发现（《每日新闻》2007 年 3 月 6 日），立原正秋以民族名发表的小说被发现（《东京新闻》2008 年 10 月 20 日晚报、《朝日新闻》2008 年 11 月 1 日、《读卖新闻》2008 年 10 月

21 日），大佛次郎未收入全集的随笔被发现（《每日新闻》2008 年 11 月 12 日），太宰治的 7 篇作品受审查后大幅修改内容的事实被查明（《朝日新闻》2009 年 8 月 2 日），等等。关于《资料大系》的出版，报纸杂志上也有相当多的消息和书评出现。

那么，我们回到开头的问题。在日本占领期，因为 GHQ 实施的审查体制，日本人的言语空间，正如江藤淳所言——被封闭，日本人的思考框架也因为美国的暗箱操作而被顺利改造了吗？

由田村泰次郎的文章和土门拳的摄影组成的《女澡堂》等，虽然里面有大胆的裸体照片，但是客观描写女澡堂的纪实文章和散发着生活气息的摄影技术，并没有让人感到猥琐，全文被一字不改地刊登（《大众文化篇 第 4 卷》16—21 页）。同样的，佐多稻子的文章和木村伊兵卫的摄影组成的《照片故事 我的东京地图》里，通过两人的合作，佐多对东京的回忆和木村所拍摄的东京叙景（应该叫作心象风景）完美搭配，让人感受到新的艺术表现的气息。

文学作品也是同样，虽然阅读时会强烈意识到表达者强加的言语空间的制约，但有时大量吸收受占领军奖励的民主主义风气和男女爱情表达，有时又在被视为禁忌的表达领域里巧妙地使用言语表达和隐喻、暗喻等，开拓了表达和文体的新可能。占领期时，杂志编辑、文艺评论家臼井吉见，对于从事前审查转为事后审查而带来的言语环境变化，如此证言道：

"以转为事后审查为分水岭，至少在杂志上，言论突然失去了精彩。也许对手开始后退到意料之外的地点。互相打个照面，默默地点头，下个月继续后退。如此这番造成既定事实，一步一步地撤

退。"（《文学篇 第 3 卷》7 页）

言语空间的制约缓和，未必会催生丰富的文学作品的大量生产。

编辑代表山本武利高度评价了江藤淳的研究，说江藤淳的研究使用了原资料，查明了审查的实态，是划时代的研究。但是，江藤淳只关注 CCD 这个实施审查的智力机关，对指导和启蒙审查的宣传机关 CIE 却等闲视之，对此，山本表示疑问。大众文化篇每卷卷头，山本武利名义发表的《写在〈占领期杂志资料大系〉出版之际》的以下一段话可以说很好地表达了《资料大系》相关编辑者对占领军实施审查的评价。

表达者，即写者，把新权力——占领军视为解放军，视保障表达自由的新宪法为依据。但是 CCD 让发行者上交这些杂志，通过 press code（报纸编辑纲领，正式名"日本报纸准则"）严格审查。违反该指针的文章和表达被删除或者禁止发布。普朗格文库的杂志的正文和校样上，记录了审查官所留下的 hold（保留）、delete（部分删除）、suppress（禁止发布）等图章印或签名。但是，经历过漫长战前审查的作者和编辑顽强地应对审查，意欲突破审查。仅仅因为审查这一出版管制的存在，就说这一时期的言语空间被封闭，这只不过是单方面的臆测。也就是说我们应该认为，权力者和表达者的角逐都汇集在这些杂志资料里。

另外，《大众文化篇 第 5 卷》附上了纪录片《日本战败》的 DVD 作为特别附录。这是吉恩·泽尼亚和陆奥阳之助成立的 ZM 制作公司制作并于 1946 年在剧场公映的 45 分钟纪录片，主要是由美国陆海军报道部拍摄的影像剪辑而成，本片在日本首次公开披露了广岛、长崎在原子弹爆炸之后的场景。影像资料珍贵，技巧精湛，是不可多得的佳片。

这 2 部资料大系完成后，生活世相组编辑工作的成果作为《占领期生活世相志资料》(《 I 战败和生活》《 II 风俗和流行》《 III 媒体新生活》全 3 卷 )，从 2014 年起历时三年出版完成。出版者是曾出版我的两本著作的新曜社，责任编辑 U 氏和山本武利是同乡，这也是某种因缘吧。

再说几句，开头介绍的吉见义明，在《思想》发表文章 22 年后，进一步推动当时的问题意识，参考普朗格文库以及同时代的资料，依据战败后民众在占领下的所思所写，出版了追问战后民主主义含义的大作，标题为《来自废墟的民主主义——草根的占领期体验》( 上下册 )( 2014 年，岩波书店，岩波全书 )。

（何勇　译）

## 主要参考文献及引用

江藤淳 .『閉ざされた言語空間——占領軍の検閲と戦後日本 』. 文藝春秋社，1989 年ただし引用は同書文春文庫版 ( 1994 年刊 ) による .

馬場公彦 .『『ビルマの竪琴』をめぐる戦後史 』. 法政大学出版局，2004 年 .

馬場公彦 .『戦後日本人の中国像——日本敗戦から文化大革命・日中復交まで 』. 新曜社，2010 年 .

山本武利編者代表，石井仁志・谷川建司・原田健一編集委員 .『占領期雑誌資料大系　大衆文化編 』全 5 巻 . 岩波書店，2008—2009 年 .

山本武利編者代表，川崎賢子，十重田裕一，宗像和重編集委員 .『占領期雑誌資料大系　文学編 』全 5 巻 . 岩波書店，2009—2010 年 .

山本武利 .『 GHQ の検閲・重宝・宣伝工作 』. 岩波書店，2013 年 .

第八章

# 绘制航海图，指明日本前进的方向

## 一、剧场政治空间中的佐藤优剧场

2002 年 5 月 13 日，我的手机来电铃声响起，接通后，传来的是我熟悉的佐藤优的声音："马上会有人带着逮捕令来找我。谢谢你之前对我的关照。"之后他被关进了位于小菅的东京拘留所，512天里，我再也没听到他的声音。他是绝世无双的情报官。对世界形势、自身所遭遇的事态，都能冷静客观地分析。在约两个月之前的酒席上，他曾说："我有 70% 的概率会被逮捕。检察部门想通过突破外围达到逮捕铃木宗男的目的。"我当时虽打哈哈说："佐藤先生你多虑了。"但还是觉得毛骨悚然。

认识佐藤先生大概是在 1997 年年底。当时我所属的《世界》杂志编辑部正在策划第二年 1 月号开始连载的《世界论坛月评》（现在还在连载），佐藤先生是 3 位常驻作者之一，我去找佐藤先生商谈，想请他对俄罗斯等国的各家报纸做一番评论。佐藤先生是外务省国际信息局的分析官，经由东京大学的山内昌之先生介绍认识。

当时桥本首相和叶利钦总统在克拉斯诺亚尔斯克会谈上刚刚达成协议，同意在 2000 年之前签署和平协议，日俄领土谈判也正是大有进展的时候。佐藤先生在外务省内日俄谈判的后台斗志昂扬，当时的他，实际身份和自我认识都是 100% 的政府官员。而此时，首相官邸的关键人物、对外务省具有强大影响力的则是自民党的议员铃木宗男。

桥本首相辞职之后，和小渊一森进行了政权交接。日俄谈判也朝着归还北方领土、缔结和平协议的目标迂回曲折地向前推进着。然而叶利钦因病辞职后，普京接任总统，2001 年 4 月小泉纯一郎内阁诞生，此时开始，日俄谈判就进入了极其混乱的局面。俄方因为对美关系改善的势头，以及此前一直对峙的北约的东进等问题，对日战略发生了变化，但是 9 月访日的普京依然展现出要以新的方式积极应对领土谈判的姿态。日俄谈判混乱的原因大半在于日方，而且全是因为日本国内问题。

铃木议员和佐藤先生，以及外务省欧亚局长东乡和彦秉持"分阶段归还"的立场，优势而有效地推进对俄外交，在此过程中，外务省的派系对立以"四岛一起归还"和"分阶段归还（两岛先归还）"这两种对立的对俄外交路线呈现。因为外交方针的分歧，以及铃木议员过于抢眼的表现，媒体将其批评为"二元外交"。政权由小泉首相接手后，因机密费挪用事件，外务省地位下降，首相官邸则越发强势，积极展开了以内阁官方主导的外交。外相（即外交部部长）是在国民中拥有较高人气的田中真纪子，而要求"四岛一起归还"的外务省顶级精英们一直处于劣势，他们意欲通过田中真纪子除去碍眼的铃木议员。"清除宗男（即铃木宗男）"开始于 2001

年 6 月的国会。田中外相声称"外务省是伏魔殿"，对铃木的权力表示质疑。国会电视转播取得了高收视率，通过"田中是好人，铃木是坏人"这种简明易懂的图式，政治变得综艺化。第二年 1 月，围绕是否允许非政府组织出席援助阿富汗国际会议，田中外相和外务省事务次官野上发生了冲突，给内政带来了混乱，无法坐视不管的小泉首相于次年 1 月撤去了田中外相的职务，并将野上次官解任。铃木也主动承担责任，辞去了众议院运营委员长的职务。此外，铃木还持续受到外界的质疑追问，包括国后岛捐款疑案、国会证人询问等在内，遭受了集中攻击，前社民党议员辻元的"铃木是疑案综合商社"的言论更是成了人们闲聊的话题。结果，在接任田中外相的川口外相麾下，外务省的铃木被排挤出局，东乡和彦被替换。对俄外交方针也发生了转变，日俄再次陷入胶着状态。这一系列的外务省丑闻使得外务省精英官僚们的腐败情形在电视上多日"霸屏"，外务省的威信尽失。

铃木越来越怀疑内部文书被篡改，3 月，在记者会见时，他声泪俱下地发言说："我被排除或者说被击溃，是因为某些人的意图和想法，也正因为他们，事态才会发展到今天这个地步。"同时，他宣布脱离自民党。这份内部文书是从外务省内部传到在野党议员手中的。这就和 5 月佐藤被逮捕、6 月铃木被逮捕联系起来了。但是，铃木被逮捕和在国会受到追究的俄罗斯嫌疑无关，是因为另案逮捕。

铃木被逮捕后，佐藤在狱中发表了抗议被捕的绝食声明。

铃木代议士和我、东乡先生，都是根据历代首相官邸的指示和当时的国策，为了尽早缔结日俄和平协议而全力以赴。

而现在根据新的国策我们却要被消灭。

不管是我，还是铃木代议士，都是作为经济犯被抓捕的。但是请一定要找到藏在背后的政治动机。

不光是综艺化的政治，检察部门也开始了以逮捕坏蛋铃木为最终目标的"国策搜查"[1]。日本全国都处于"剧场型政治"中。一旦成为设定好的"靶子"，不管是什么嫌疑还是微小的罪过，都会被塑造成罪犯，继而被追捕，直至在众目睽睽之下被押送。媒体对"靶子"关注度高涨，有选举权的国民呆坐在电视机前，沦为剧场政治的观众。小泉政权的高支持率也是靠利用电视媒体的民粹主义而来。这期间，对俄外交停滞，看到这出低劣政治剧的俄罗斯，对日本的外交能力表示怀疑，信任关系垮塌。虽然换来了内阁高支持率，但很明显，国家利益受到了损失。因"疑惑的综合商社"一句而受人瞩目的前议员辻元，也在铃木退党的同一时期，因自己秘书在工资上有欺诈嫌疑（后认定为有罪）引咎辞职。

剧场政治的内情是外务省的丑闻。因为这桩丑闻，全权处理对俄外交的外务省"俄罗斯派"内部崩溃，俄方也越来越怀疑日方是否真的打算改善对俄关系。但无论如何，佐藤先生构筑了受到充分信任的俄罗斯要员人脉，发挥了收集、分析信息的高超能力，把他当作罪犯处理，只能是损坏了国家的利益。

我想尽可能地帮助被捕的佐藤先生，但他的会客和通信权利都被禁止了，能做的也就是给他送去岩波文库本的《史记》。送《史记》本意是希望他把这种无理的对待，作为时代的记录真实地传达。

---

1. 国策搜查：根据政府的要求进行的刑事案件调查。

应该怎样救出佐藤先生呢？本案和所谓的"冤案""非法拘捕"性质不同。佐藤先生在狱中和负责的检察官交流之后认识到，此案属于"国策搜查"，为了区分"时代节点"有时候需要"国策搜查"，而自己是运气不好才充当了这个角色。这件事我是通过佐藤先生的辩护律师知道的。"时代节点"是指小泉政权成立以后，发生了日本国家的框架转换。也就是，哈耶克式自由主义模型的"从公平分配到倾斜分配"和"从国际协调型的爱国主义到本国中心的民族主义"的转换。铃木议员和佐藤先生就是因此成了"靶子"。

我当时所在的《世界》编辑部也决定要刊登一些关于佐藤、铃木被捕事件的，凸显当下日本政治的报道。杂志相继发表了岁川隆雄的《因为"驱逐宗男"而错过的外交、外务省改革》，岁川隆雄、粟野仁雄的《剧场型政治中逐渐腐烂的外务省》等报道，因为研究朝鲜、俄罗斯而非常了解佐藤先生的和田春树（东京大学）也寄来了文章（《丑闻和外交》2002 年 5 月号、《关于特拉维夫国际会议和佐藤优先生》2002 年 7 月号）。岁川先生精通俄罗斯问题，也是日本财政界的消息灵通人士，而和田先生是一直致力于日俄关系正常化的俄罗斯研究者，同时也是市民活动家。这些报道中，两人的智慧和胆量都得到了不遗余力的发挥。《世界》还刊登了佐藤本人的《冷战后的北方领土谈判，对于日本外交有什么含义》（2003 年 7 月号）。这是佐藤先生写给辩护律师、供以进行审判参考的文章，辩护团队将其提供给了我，希望刊登。

我很好奇，佐藤先生在拘禁状态中，会有哪些愤懑的想法。但是从辩护律师那里得知，佐藤先生的心理状态与我想的完全相反。他认为这是得到了读书和思考的自由，在外务省因事务繁忙而无法读书，现在可以尽情阅读了，于是享受着思考的解放感。狱中的食物也很美味，甚至每顿饭的菜单，他都要记在日记里。他还决心要在狱中多待一些时间，在铃木先生出狱之前自己绝不出狱，甚至没有申请保释。出狱后佐藤先生交给我多达 63 册的《狱中笔记》，其中可以清楚看到这种心理状态。

佐藤先生入狱期间，我多次去旁听法院审判。佐藤先生的法庭斗争手法如下。因为这是"国策搜查"，所以不把它当做反权力、反体制的司法斗争，而是作为政治斗争的战场，始终保持自己身为一名彻底为国家利益粉身碎骨的公仆的立场和自我意识，这样就不会有垂直组织的利己主义和个人怨恨渗入的余地。反手抓住剧场化的政治，把法庭变成佐藤的专属剧场。铃木和东乡等政治官员作为当事者出庭作证，一时间原本是权力斗争胜利者的外务省官员和政治家们犹如落魄的失败者一般被硬拖上法庭。佐藤剧场的观众就像坠入迷宫的孩童一般，不知不觉目睹了好人和坏人互换的瞬间，被隐藏的真相就这样在眼前展现开来。

同时，佐藤剧场还在法庭之外通过媒体上演。一开始接近佐藤先生的是在社会评价上处于左右两极位置的《世界》和《产经新闻》。这是因为佐藤与这两个媒体的编辑和记者有联系，他们也是佐藤的媒体战略的关键人物。他和这些对他的言行产生共鸣的媒体人构筑密切关系，灵活运用不同媒体的特性，用各种办法应对共同课题，打破僵硬的左右二项对立的图式，引导得出共同的解决方案。支撑这场佐藤剧场游戏的是编辑和记者对佐藤先生的信任和共鸣，以及各自冒着风险、从内打破自家媒体既有观念、超越媒体的左右和颜色、打破现状的风险共同体的感觉。

媒体规模越大，拥有的历史越长，冒的风险越大。我自身也非常清楚地感受到这种冒险的感觉。幸好《世界》的冈本总编非常支持常驻执笔人佐藤先生，给了我不少道德支持。不久，这个小小的风险共同体圈子不断扩大，新闻报道的语气也发生了改变。大半的新闻报道都是自诩自由自主，其实却是以检察部门和首相官邸流出的消息和发布的公报为依据。随着旁听公审的组织媒体记者数量的增加，记者独家发布的调查报道逐渐成了主流。例如某民间广播局的社会部记者 F 女士，在佐藤被捕前一刻，正在像狗仔队一样跟踪佐藤。佐藤原本想摆脱她，但转念一想不如好好跟她聊聊，于是向她打招呼。聊着聊着，F 女士觉得这个人不像媒体上报道的那样是个恶人，于是后来成了佐藤的支持者，一直出席法庭审判。现在她成了举足轻重的报道节目的制片人，负责各种政治经济新闻报道，曾独家采访中国、朝鲜。而她和旁听审判的我也成了志同道合的朋友。

佐藤——这个有强烈吸引力的剧场空间的演出者的魅力，在于他拥有狡黠的智慧：他通晓"权力—媒体—学术—观众"这四者组成的圈子的内在逻辑，可以自由出入。出狱后，佐藤先生和同样陷入"国策搜查"陷阱的铃木宗男、村上正邦、堀江贵文等人组成了共同战线，就冲绳秘密协议问题，和西山太吉（他当时作为每日新闻记者报道了秘密协议事件）以及当时的吉野文六美国局长（他告知了秘密协议的存在）互相联系，刺破了外务省的隐蔽体制。

佐藤先生于 2003 年 10 月获得保释。2004 年 5 月 24 日，预计为佐藤先生审判的最后一日，《世界》主办的论坛在这一天召开了。为什么会选在这一天呢？当天，曾和铃木、佐藤一起主导对俄外交的外务省负责人东乡和彦原定要出庭作证，但因为住在国外，预计无法出庭，所以法院可能取消其出庭作证，提前结束审判，这一天很可能成为最后公审日。于是被告和支持者们开始寻找和日俄交涉有关的历史见证人，想通过验证历史来揭露"国策搜查"、政治审判的本质。支持的旁听者

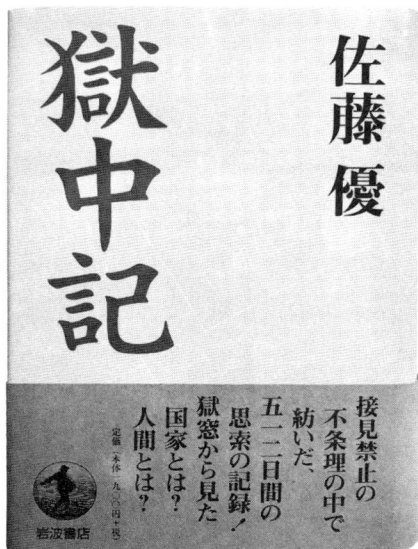

佐藤优《狱中记》

当中有众多媒体相关人士，可能会对舆论产生影响。大家定下了一个规则，即此次论坛的论点是"日俄谈判和政官关系的事实查明"，并不提及公审中的嫌疑，不把本次论坛变成法庭支援斗争。但是如果通过历史验证，查明该谈判是在首相官邸主导下作为政府的意志而推进的，那么也就自然而然地间接证明了作为刑事案件处理的"国策搜查"不合法理，这就是大家的目标。

论坛当天，第一部分由辩护律师做了当天的公审报告，佐藤谈了谈自己最近的心境，之后第二部分就召开了题为"冷战后的日俄和平协议（北方领土）谈判"的论坛。基本报告由和田春树负责，参加者有斋藤勉（产经新闻特别评论员）、佐藤和雄（朝日新闻政治部副部长）、加藤正弘（共同通信福冈分社）、本间浩昭（每日新闻

根室通信局）、黑岩幸子（岩手县立大学），主持人是驹木明义（朝日新闻政治部）。《世界》2005年1月号以"日俄'二元外教'的幻影——验证冷战后的领土谈判"为题刊登了相关报道。

2005年2月17日，在东京地方法院，佐藤被判处有期徒刑2年6个月（缓刑4年），当天即上诉，继续法庭斗争。前欧亚局长东乡时隔四年回国，在2006年6月的上诉听证会上作为辩方证人出庭，他发表了证词，推翻了佐藤的嫌疑。之后，我们和东乡先生建立了良好的关系，我也以编辑的身份参与了东乡先生的著作。

法庭斗争的同时，佐藤先生深藏不露的作家才能也结出了丰硕的果实。首部著作是《国家的陷阱——被称为"外务省的拉斯普京"》（2006年），由新潮社出版，责任编辑是《预见（Foresight）》杂志的前总编，在莫斯科时期就和佐藤先生有过交流。这本书的后记描述了作者执笔的经过。

给我"最后一推"的编辑是岩波书店的马场公彦先生。正文里我也写了，直到被捕之前，我整理俄罗斯报纸论调后写的报道一直在岩波书店发行的《世界》杂志的世界论坛月评上连载，马场先生是责任编辑。被捕后，通过辩护人给我送来《史记列传》（岩波文库）的也是马场先生。因为马场先生在大学、研究生院都专攻哲学的原因，我们一向也很聊得来。马场对我说："佐藤你所经历的，会成为日后我们思考日本民族主义的好材料，所以应该总结成书。不能放弃对时代的责任。"在情报官圈子里，存在着超越所属组织的利害关系而相互尊敬相互帮助的文化，在编辑的世界我也感受到了同样的文化。

佐藤先生还是一个能在大学讲授宗教学的学者。在学术圈，佐藤拥有常人想象不到的阅读量，他高度评价岩波书店出版的图书，说这些对智慧来说是有用的学识。我编辑了佐藤先生狱中笔记的五分之一左右的文章，出版了《狱中记》。出版之际，佐藤先生发来了这样的消息。

岩波书店有特别的想法。2002 年，全日本的所有媒体对铃木宗男和我群起而攻之的时候，只有《产经新闻》和《世界》采取了不一样的处理方式。其他的报社、杂志社也有人对我表示理解，但是并不敢冒险写成文字来支持我。

在我看来，产经和岩波这两家论调、思想倾向完全相反的媒体有相同的风气，那就是重视事物的脉络条理，通过自身的判断，明确态度——是就是，不是就不是。《狱中记》就是我和那个时候即使冒着风险也要查明真相的记者、编辑的共同财产。（岩波书店 HP）

《狱中记》激起了很大反响，出版后收到了很多书评和来信，成了我编辑生涯里最畅销的书。这本书于 2009 年作为岩波现代文库再版发行，销售火爆。之后佐藤先生是如何以作家身份大显身手的，我就不赘述了。作为杂志、书籍媒体的风云人物，他从《国家的陷阱》《狱中记》开始，至今维持着多产状态，现在甚至可以叫作"月刊佐藤"也绝不夸张。

## 二、日本外交重生之路

通过一系列的外务省丑闻，在驻外使领馆豪游的外交官、将机密费挪作私用的外务官僚的丑态也被媒体一一晒出。从前的顶级精英偶像们跌落谷底。国民的不信任感越发强烈：我们能把一国的外交事务交给这样一群人吗？

我们来看看外务省权威丧失的源头吧。

在 1991 年的海湾战争中，当时的海部内阁无法顺利地配合以外务省为中心的维和行动，接下来的桥本政权亮出了以内阁官方为中心的应对措施，外务省的地位下降。佐藤、铃木案发生时的小泉政权也开展以首相官邸为中心的外交，即使在政权转交给民主党之后，这套系统也没有改变，鸠山政权提倡"政治主导"，外务官员被排除在决策圈之外。冷战后的日本外交中外务省的存在感极低。

虽然内阁的作用被强化，重要性增加，但是在小泉首相任职 5 年半之后，从第一次安倍内阁到 2012 年末第二次安倍内阁的 6 年里，6 位首相几乎是一年替换一次，令人眼花缭乱，而且无论哪个内阁都是孱弱的联立内阁。国民的内阁支持率总的来说较低，各国对日本国政的信任也在减少。

海湾战争后，泡沫破灭的日本经济又遇到亚洲通货危机、雷曼冲击，没有一丝好转的迹象。加入联合国安理会也成了一个遥不可及的梦，2010 年 GDP 被中国反超并远远抛开，作为全球性力量的存在感直线下降。日本处于"失落的 20 年"中，"从 Japan Passing[1] 到 Japan Nothing"这种自嘲式的自我评价也"坐实"了。2011 年东日本大地震中，地震和海啸引起了巨大灾害和核电站事故，日本成了从世界各国接受各种援助和大量救援金的一方。尤其是核电站事故中，日本在防灾对策、风险管理和事后处理等方面成为世界焦点。但是，防止核电站事故再发生的具体措施、"再启动核电站还是废

---

1. 来自 Japan Bashing，是指 20 世纪 70 年代随着日本经济地位的上升，欧美各国对日本的经济和政治方面进行的打击。日本经济衰退后，衍生出 Japan Passing 的说法，是指欧美企业和政府对日本的关注降低，外交和投资等更重视中国等其他亚洲国家。Japan Nothing 意思是无视日本。

除核电站"的相关乱象、事故后新的能源安全保障相关的具体且有效的措施，内阁都没有明确的表示，更是增加了各国的担忧。

2009 年民主党联立政权成立后，鸠山内阁自行废除了普天间基地迁移到冲绳县外的公约；东日本大地震时，福岛核电站事故因炉心熔融而导致放射性污染，菅内阁的应对举措暴露了其危机管理能力低下；野田内阁时期钓鱼岛国有化决策导致了中日关系恶化，等等。外交、安保领域经验和人才的不足，使得国民对内阁的决策能力充满不安和怀疑。

我担任策划编辑的有关日本外交的书籍

日本在世界上原本不应该是这样一个不起眼的存在。战前的外交暂且不提，战后，因为战败和被占领而丧失外交权的日本在吉田内阁领导下，选择了以和平宪法和日美安全条约为根基的旧金山和平体制，虽然被人批评是没有和社会主义阵营恢复外交的"片面和平"，但也算是回归了国际社会。在佐藤内阁领导下，日本展开了令人窒息的对美外交，包括日美安全条约的维持问题，美军基地的整合、存废问题，废核、本土一体化[1]等一系列相关的谈判，虽然保留了美军基地，未能消除冲绳居民的不满和不安，但终究是在 1972 年实现了"冲绳归还[2]"。在田中、大平、福田内阁领导下，日本还和断交的中国开展了外交，解决了台湾问题和要求赔偿权等问题，虽然战争责任的承担方式一事给之后的中日关系留下了一个疙瘩，但也依然实现了 1972 年的中日邦交正常化和 1978 年中日和平友好条约的签署。在宫泽内阁领导下，成立了国际和平协力法（PKO 法），1992 年起积极赴柬埔寨参加了国际维和行动，实际进行了和平工作、PKO 要员派遣、纷争后的和平构建等，当然也因为与和平宪法中向海外派遣自卫队的相关内容矛盾而受到了批评。在这些选择日本重要路线的外交事件中，日本牢牢握住了内政的领导权，着手处理各个外交问题，同时构筑起和相关国家的信任关系。

　　日本作为主体参与的外交谈判中一些当事人的著作以及提供了证词的一些著作的编辑工作，我也参加了。关于冲绳归还和中日关系改善的著作有：石井明、朱建荣、添谷芳秀、林晓光编：《记录与考证 中日邦交正常化·中日和平友好条约签署谈判》（2003 年）；栗山尚一著，中岛琢磨、服部龙二、江藤名保子编的《外交证言录：冲绳归还·中日邦交正常化·日美"秘密协议"》（2010 年）；小仓

---

1. 即把冲绳的行政权完全交还日本，日本政府对冲绳和日本本土拥有同样的施政权力。
2. 即美国把冲绳交还日本。此前虽然主权属于日本，但行政权归美国。

和夫的《记录与考证：中日实务协定交涉》（2010年）；中岛敏次郎著、井上正也、中岛琢磨、服部龙二编的《外交证言录：日美安保・冲绳归还・天安门事件》（2012年）；田岛高志著，高原明生、井上正也协助编辑的《外交证言录：中日和平友好条约考证和邓小平访日》（2018年）等等。关于柬埔寨和平的著作，有河野雅治的《和平工作——对柬埔寨外交的证言》（1999年）。

此外，关于冲绳归还相关的秘密协议问题，因为2009年年底在佐藤前首相的遗属家中发现了外务省一直否认存在的、有佐藤和尼克松总统签名的协议纪要，于是"协商时交换的核密约"[1]问题也吵得沸沸扬扬。次年，民主党菅内阁的冈田外相成立了关于日美秘密协议的外务省调查组进行调查，并成立了根据该调查报告进行验证的专家委员会，两者都公开发表了报告书。借此机会，公文的信息公开在一定程度上取得了进展，这一点受到了好评。

在编辑过程中，我也接触了以实际公开的资料为基础的研究业绩。有丰田佑基子的《"共犯"的同盟史——日美秘密协议和自民党政权》（2009年）、后藤乾一的《背负"冲绳核密约"——若泉敬的生涯》（2010年）、信夫隆司的《美军基地权和日美秘密协议——奄美、小笠原、冲绳归还》（2019年）等。尤其是后藤乾一的著作，其实就是若泉敬的传记，他带着佐藤首相的密令和基辛格副官就冲绳归还相关的核密约进行了交涉。若泉敬1994年在著作《我愿相信别无他法》中吐露了秘密协议的存在。后藤生前和若泉敬交往密切，若泉敬也委托他在严守秘密的前提下检查该书草稿。

---

1. 1972年冲绳归还时，日美达成秘密协议，在有事态发生时，美国可以携带核武器进入。

若泉敬作为国际政治学者具有卓越的才识，留下了斐然的成绩。他晚年患有晚期癌症，还数次去冲绳进行慰灵之旅，像抹消自己的人生一样和家人断绝了关系，并以几乎可以说是自杀的方式迎来了人生的最后一刻。虽然他在书中坦承自己是佐藤首相的核密约的密使，但国家不承认秘密协议的存在，冲绳基地问题依旧困扰着当地居民。他是带着惭愧去往另一个世界的。这一系列和核密约问题相关的研究著作告诉我们，为了让日本人的反核感情与核威慑力量带来的地区和平这两股互相冲突的力量并存，在维持冲绳基地和核威慑力量的情况下策划"冲绳归还"的日美同盟"共犯"构造确实存在。

冷战后，为何日本外交的基础会发生动摇？为何外交的无为无策会暴露无遗？我们可以列出以下几个因素。其一，因为冷战和"9·11"恐怖事件，国际秩序大为改变，在东亚，随着中国的日益强大，实力正在转移，应对世界新潮流的外交方针还没有建立。其二，外交本身也在发生变化。外交谈判的标志——实力，已不限于以往的军事、政治、经济，而是不断扩张到文化、知识产权、旅游等软实力领域，但是日本的软实力在外交场合并没有得到充分发挥。其三，外交的负责人，不再只是以往的外务省或首相官邸，而是逐渐变得多元化、多层化，包括地方自治体、经济团体、非营利组织、国际机构的员工等。各个方面的力量没有完全集结为"All Japan（日本全体）"。其四，从公共外交的观点来说，发挥外交力量的领域和方法越来越多，包括社会运动、国民舆论、媒体宣传等。对应这些现状的外交理念和系统还没有建立。相应的各方面的人才也就无法培养。其五，日本的内政动摇，外交基盘正在逐步脆弱化。

　　结果，日本被置于一个也许可以叫作外交漂流的现状中，对此，我认为身在媒体界的我们也负有一部分责任。坦白地说，这是因为世界潮流已经迈入冷战后的下一个舞台，日本国内媒体所在的言论空间，依然沿袭冷战体制。意识形态的左右对立早已不是有效的标志，但报纸、杂志媒体现在依然明确划分左右界限，刻意强调言论的差别，将读者二分化。

　　例如，以我所属的《世界》杂志为核心的岩波书店出版物，就被认为站在"左"的位置上。左右的方向原来分别是指社会主义和资本主义，现在被看成是改革和保守，或者是理想主义和现实主义。在《世界》杂志上，其带有理想主义的言论势必批判现实，并且多为批判现政权，批判外务省或首相官邸所选择的方针，表明对抗，有一种推动其的"强力"。所以无论如何总有一种要和外交的"All Japan"倾向唱反调的行动理论在作祟。尤其是1946年创刊时所提出的"和平和社会正义的实现""日本的民主化""和亚洲民众的和解和连带"这三个重要课题的问题领域，和《世界》的存在意义相关，也能通过标榜此三种理想来批判现状或者改革的理论。更具体地说，和日本国宪法第9条非武装和平的精神相抵触的内容，对抗民主主义的暴政和导致人权践踏的政策，对近邻亚洲中成为日本殖民地和侵略战争牺牲者的国家和个人，针对那些肯定殖民地统治和战争、抹杀或者否认责任的言论，有一种批判热情高涨的倾向。

　　这种理念和编辑方针本身是没有错的，理应继承。但是，日美同盟是对是错，要重视美国还是重视中国，这种二分法似的问题构建方法，已经不是适合冷战后世界潮流的思考方法了。战后，日本在作为轻武装的经济大国追求国家利益最大化的时代，以基于日美两国间关系的外交为前提，一直依靠着美国的核威慑力量。正因为如此，日美安全条约和和平宪法的矛盾也成了批判的根据。但是冷战后的现在，外交的基础从两国间外交变为多国间外交，不仅是日美外交，对亚洲外交也分为东亚、东南亚、南亚等各个地区的外交，进一步还有环太平洋地区架构。这就要求我们看清实力转移的现状和趋势，组合安排这些外交工作，稳定外交的准则和中心。

关于这一点，《中央公论》等则无论是出于何种情况，无论善恶，都努力维持中庸的位置，首先承认世界的现状和现实政治，倾向选择体制内改革性的现实路线，结果经常作为有参考价值的言论而被读者和政策决定者接受。例如下面的中公新书名单，无论哪个都是日本外交的指南书或是标准本，多次再版，已拥有稳定的作者群和主题。

入江昭《日本的外交》（1966 年）、入江昭《新·日本的外交——地球化时代日本的选择》（1991 年）、高坂正尧《国际政治——恐怖与希望》（1966 年，2017 年改版）、中西宽《国际政治是什么——地球社会的人和秩序》（2003 年）、筱原初枝《国际联盟——世界和平的梦想和挫折》（2010 年）、波多野澄雄《国家和历史——战后日本的历史问题》（2011 年）、渡边靖《文化与外交——公共外交时代》（2011 年）、服部龙二《中日邦交正常化——田中角荣、大平正芳、官僚们的挑战》（2011 年）、细谷雄一《国际秩序——从 18 世纪的欧洲到 21 世纪的亚洲》（2012 年）

在这些人中，高坂正尧（1936—1996）作为作者和岩波书店之间完全没有任何接触。很大原因是因为他和坂本义和（1927—2014）的争论。在岩波书店的国际政治领域的图书当中，丸山真男（1914—1996）起了主导作用，之后坂本义和继承了丸山真男的东京大学法学部国际政治讲座。一般认为，在论坛上，坂本义和是理想主义者，高坂正尧是现实主义者。但是，酒井哲哉（东京大学）认为，坂本义和在日本论坛的"出道"文《中立日本的防卫构想》（《世界》1959 年 8 月号）和对此表示批评的高坂正尧的《现实主义者的和平论》（《中央公论》1963 年 1 月号）这两篇文章的分歧并没有那么大，也许"在其后的保守 / 改革对立呈现固定化的趋势中，他们两人阵营一分为二和对立的尖锐化有关"这种看法才是符合实际情况的。

冷战后的今天，决定论坛左右属性的，并不是类似坂本—高坂之争的理想主义和现实主义的对立。粗略地说，是转换成了"肯定战前、否定战后的右派"和"否定战前、肯定战后的左派"的对立。此时，就杂志媒体而言，左派媒体就只有《世界》把守着孤垒，右派媒体则是停刊的《诸君！》（文艺春秋社）、《正论》（产经新闻社）、《SAPIO》（小学馆，2019 年 1 月以后成为不定期刊）。

处于中庸位置的杂志《中央公论》好不容易定位，但实际上其论客多数是公益财团法人三得利财团主管的三得利学艺奖的获奖者。上述中公新书的作者队伍中，中西宽、渡边靖、细谷雄一便是这样。此外，和中公关系较为密切的政治学者也有五百旗头真、御厨贵、田中明彦、宫城大藏、中岛琢磨等。他们在三四十岁时获得三得利学艺奖，通过《读卖新闻》或是 1999 年进入读卖集团旗下的中央公论新社的《中央公论》并"出道"，以此为根据地构筑起稳定的活动场所。以三得利文化财团为编辑母体发行的杂志中，有一年两期的《星点（Asteion）》（发行方为阪急交流），三得利学艺奖的获奖学者们是它的常驻执笔人。这些三得利文化人不会在前述的右派杂志上露面。《中公》则拥有众多获得过三得利学艺奖的国际政治学、国际关系论、外交史、安全等领域的优秀学者。他们在国际政治和国际关系论的一些学会上也占有重要地位，对于学会的运营也起着指导性的作用。

如果要重新考虑现在日本的外交，就没有办法不动员这些常被称为"三得利文化人"或者"中公文化人"的智囊团力量。束缚于以往的理想主义和现实主义左右对立的构造，只限定于《世界》迄今为止的常驻执笔人的话，就会遗漏重大的论点或是合适的作者，出现无法覆盖的外交问题空白领域。从起因于外务省丑闻的小泉剧场和佐藤剧场的"看戏"过程中我得到的教训是：拘泥于以往的左右对立会导致知识分子丧失实用价值。要超越左右对立，站在新的地界上思考，这稍微会冒一些小风险，但不可因此犹豫。

## 三、挑战日本外交大系

在人称"失落的20年"中，日本内政飘摇，外交的理念和基轴丧失，媒体互相对立，这让我们一直无法准确描绘日本的真实形象。日本面对什么样的外交课题，又是采取了什么样的对外政策？近代以来的世界潮流是什么样的，经过了哪些变化才走到今天？在逐渐变化的世界潮流中，日本应该选择什么样的路线？

于是我们想到策划针对这个课题的系列图书。这是外务省秘密协议问题闹得沸沸扬扬的2010年年初的事情。该系列的作者团队理所当然地以学者和研究者为中心。外交研究一向被认为是以日本政治学会和日本国际政治学会为根据地的政治学，尤其是国际政治学所涉及的领域。但是这两家学会的杂志《年报政治学》和《国际政治》所刊登的论文，主要是政治过程论的内容，近来也有很多使用了统计学和数据科学的选举分析和舆论调查分析。这也许对于认定"究竟发生了什么"有用，但是对"所以之后该怎么做"等涉及行动选择的问题，很多时候都对回答做了保留，对现场的思考实验起不到多少作用。甚至主题多数是关于现代政治的内容，充满历史见地的论文则少而又少。制定外交政策并付诸实践的外务省和首相官邸并没有成为需要历史性考察的组织体制。此外，在外交谈判和制定政策的场合，站在反省历史的角度的思考方式也不是那么的必要。也许学术界就是和这样的实际情况保持了同步。于是我们考虑把学术界的羽翼从政治学扩展到历史学、地区研究、国际法等领域，从外交问题的发生到外交政策的确定、实施为止的全过程，多角度立体地捕捉，从这一目的出发安排布置编辑委员和执笔者的队伍。

　　虽说如此，把日本外交编写成大系，如果只是有助于构筑和公开学术业绩，那么对现实政治是毫无影响力的。不光是学术，外交实务的观点也有必要加入。如果加入实用的观点，也许就可以基于现场的内在理论，回顾日本外交面临的课题和外交当事者所做的选择，提供解决现实课题的视点和行动指南。本套大系的定位并不是外交官考试的参考书。我们希望把这套大系做成"帮助读者体验外交的感觉，同时就具体的外交课题进行思考"的读物。《外交论坛》对于了解外交现场的内在理论就是一个很有使用价值的媒体。该杂志是 1988 年创刊的月刊杂志，由都市出版社发行，外务省订购了好多本。不只是专家学者，外交现场的很多实务人员也曾经常投稿。但遗憾的是，2009年，因为当时民主党的"事业划分"，外务省不再订购，于是都市出版社停止发行该杂志。

《中央公论》《星点》《国际政治》《年报政治学》《外交论坛》等杂志，在挑选日本的外交研究执笔人时很有参考价值，再加上《世界》，这些杂志几乎网罗了所有可能的人选。

作者队伍的具体人选是由之后选定的编辑委员负责确定，我们是从大致区分卷的构成开始参与。初步计划由外交史和外交政策这两部分组成，前半部分是外交史，后半部分是外交政策。外交史中，前半部分是战前的日本外交史，后半部分是战后的日本外交史，之后还进一步设置了外交思想一卷。外交思想包含国际秩序观、国际协调系统、国际法和社会思潮等，我们考虑以此为线索，考察塑造日本外交形态的世界思潮的历史变迁。此外，还考虑在日本的对外政策里，把各地区、各部门的外交政策和各课题、各行动者的外交政策分开处理。这样一来，5卷左右的体量比较合适。

卷册构成确定之后，各卷的编辑委员人选就差不多能确定了。负责战前外交史的是井上寿一（学习院大学），战后外交史是波多野澄雄（筑波大学），外交思想是酒井哲哉（东京大学），各地区对外政策是国分良成（庆应大学），各课题对外政策是大芝亮（一桥大学）。

井上先生撰写了众多关于战前的历史书，成绩斐然，在岩波书店出版了成为大学教材定本的《岩波教材　日本外交史讲义》（2003年，新版为2014年）。酒井先生曾担任过《岩波讲座　"帝国"日本的学识》的编辑委员，我也参加了他的论文集《近代日本的国际秩序论》（2007 年）的编辑工作。该书根据近代以来直至现代的、日本的政治思想和国际政治的交错，重新讨论了近代日本的经历，将一贯坚持权力政治论的外交论修改为更为含蓄的内容，给了我们不少重要启发。波多野先生是有关秘密协议问题的外务省委托的专家委员，《作为历史的日美安全条约——揭秘机密外交记录"秘密协议"的虚实》（2010 年）一书的编辑工作让我们结缘，他恳挚地和我商量大系的策划。我和国分先生是在中国政治和中日关系的各种著作、编著的编辑工作中有了往来，此外他对我个人的现代中国研究也给了很多指导。他在外务省有众多知己，精通日本外交事务，是非常合适的编者。在策划大系的过程中，他从庆应义塾大学教授变身为防卫大学校长。只有大芝先生我没有见过，他是其他四位候选编辑委员推荐的。他担任国际政治学会的理事长，还在日本国际联合学会和日本和平学会中担任重要职务，也是精通国际机构的各项活动和和平构造研究的合适人选。以上诸位都对我们的编纂宗旨表示赞同，非常爽快地答应成为编辑委员。

这 5 位编辑委员聚齐后，我们从几位虽然以往在岩波书店和《世界》中不怎么露面，但在构想日本外交时不可缺少的重要作者那里获得了投稿，包括五百旗头真先生（神户大学名誉教授）、田中明彦先生（东京大学）、中西宽先生（京都大学）、小此木政夫先生（九州大学）等。此外还有原外务官员加入成为作者，比如小仓和夫先生和田中均先生等。

和 5 位候选编辑委员分别面谈之后，2010 年 11 月，在以全社员工为对象的一年一度的全体编辑会议上，我提交了"日本的外交"系列提案，打算在全社员工面前展示和以往岩波书店的国际政治、政治学的作者名单不一样的阵容，并观察社里员工的反应。所幸并没有人表示异议和强烈的不协调感，但我也觉得在编辑时需要注意不要让执笔人的政治主张展现得太过强烈。

令人意外的是，迄今为止，除了我们社之外，别的社也没有出版过和日本外交相关的系列图书。仅就战前为止的外交史而言，日本国际政治学会、太平洋战争原因研究部编的《太平洋战争之路》全7卷别卷资料篇于1962年由朝日新闻社出版，关于战后的外交史，只有有斐阁出版的五百旗头真编的《战后日本外交史》（第3版，修订版于2014年出版）。没有充足的可供参考的前人资料虽然令人遗憾，但反过来说，这也能让构思和策划的自由度更高，也可以开拓新的读者。

次年1月我们召集5位候选编辑委员，召开了商讨会。会议差不多每月一回，总共开了6回。商讨会一开始的打算是由5位编者分别负责编辑其中一卷，一共出5卷。经过多次讨论，在第3次会议上，我又提议众人一起编辑，新增第6卷。因为我觉得可以设置一卷汇集各种实用信息，比如关于外交当局举行的外交活动和组织的解说、外交相关文书馆指南、参考文献和年表等，预想做成别卷的形式。

围绕新增的第6卷，经过了3回之后的第4次商讨会讨论，编辑委员大体达成了一致意见，同意修改当初的计划，即在第1~5卷中避免出现作者对于历史和现状的个人评价，立场应是中立的、静态的，而在第6卷里设定展开外交活动的各种舞台，将着力点放在舞台上活动的各个行动者的意志和行动上，积极提出日本外交所面临的课题和方向性问题。在我最开始设想这个系列时，考虑的是"日本外交的选择"这个系列名。但是在听取大家讨论的过程中，我感到最好避开"选择"这个带有意识形态色彩的词，决定去掉这个词并重新启用原来的想法，针对冷战后的日本外交丧失了根基处于"漂流状态"一事，怀着探索的态度和期许，把卷的标题定为"日本外交的再构筑"。

第6卷没有做成别卷，其构成形式和其他卷一样，由3部分构成，第1部分"日本外交的选择"、第2部分"政治变动和外交政策"、第3部分"市民社会中的外交"。尤其是第3部分，我们没有把外交的骨干仅限定为外务省、首相官邸或是政党的专家、精英，而是扩展到各地方、非营利组织等的草根市民，让业余的行动者也走上舞台。在设定主题和选择作者时，有一部分内容强烈表现出

《日本的外交》全6卷

《世界》的个性。

2011 年 7 月，《日本的外交》全 6 卷的策划，总体方向得到了社里的认可，次年 8 月开始，5 位候选者正式成为编辑委员，召开了编辑委员会。年轻编辑 N 君担任实务编辑。2013 年 2 月系列书开始刊行，基本是每月发书，同年 10 月顺利完结。

在全卷的开头刊登的是以全体编辑委员名义撰写的《写在发行之际》，写道：

冷战后的日本弥漫着一股被称作"失落的 20 年"的丧失感。日本的政治、经济地位发生改变，日本在世界上的存在感逐渐变得微弱。被称作"五五年体制"的长期由自民党一党执政的体系宣告结束，但经历了多次政权交替的日本的民主主义今后应该选择何种外交路线？对于这个问题尚没有明确的答案。而且，2011 年 3 月 11 日的大地震所暴露出来的核电站等问题要如何克服，这个重大的课题也凸显在我们面前。

本系列是用来总括在各种含义上"站在十字路口"的日本外交的示意图。即，本系列从历史的角度探讨，近代以来日本面临哪些外交课题，采取了哪些对外政策？同时分析现状，提出以下问题：在不断变化的世界潮流中，日本面临着什么样的方向选择？而且，鉴于近年来外交进行的场所，无论是空间上，争论内容上，还是承担者方面，都在扩大，我们通过成立包含国际政治学、地区研究、历史学、国际法学、和平研究在内的多个领域的执笔者阵容，努力查明问题的多层性。通过这种横跨历史研究和现状分析、学界和实干家的考察，构筑厘清日本外交现状的基石，就是本系列的目标。

意外的是，迄今为止综合性地论述"日本外交"并由多卷构成的讲座书或者系列书尚未有发行，这次可谓第一次尝试。这件事本身象征着我们迎来了认真考察日本外交的时代。要孵化成熟的市民社会，就需要有灵活的想象力和政治现实主义的涵养，以解决牵扯了理念和现实、目的和手段的复杂问题。

各卷构成如下：

《第 1 卷　外交史　战前篇》把从幕末维新到战败为止国际关系中近代日本外交的历史展开作为共同的主题，目的是获得思考现代日本需要的"多样性中的生存"的线索。对象国家不限定在东亚和美国，也包括了联合国和欧洲各国，意欲打造近代日本外交的立体化空间。

《第 2 卷　外交史　战后篇》时间限定为从旧金山和约到冷战结束为止，对象为新宪法体制下伴随着经济成长而不断扩大外交空间的日本外交的独特步伐，从两国间、区域级、多边级别这 3 个层面角度进行把握，多方位论述在每个层级上面临的重要外交事件。在每章中尤其重视重要外交分歧点的"选择"和"决策"在今天的意义。

《第 3 卷　外交思想》对近现代日本的国际秩序和对外认识相关的思想、言论，在政治脉络和理论构成这两个方面进行讨论。不是把外交思想限定为狭义的对外关系，而是联系同时代的价值意识和社会秩序进行把握，以此查明近现代日本的言论空间的位相。此外本卷也没有机械地分为战前和战后，而是注意挖掘隐藏的连续性，努力使正义战争论、帝国论等在冷战后的国际关系思想方面被提出的诸多问题的历史谱系浮现出来。

《第 4 卷　对外政策　地区篇》我们不把世界各地区、不同国家的日本外交看成单一的两国关系，而是放在整个地区、全球的相关关系中考虑。不从历史叙述的角度，而是从现在的角度，以战后外交的重建，尤其是冷战后 1990 年代之后为中心进行阐述。无论在描述哪个地区时，都重视对美关系的相关性。此外，对于承担了各个地区外交的多重行动者，动态地把握决策过程，考察日本外交的愿景和课题，包括外交的基盘和舆论等，比如：是政治主导还是官僚主导？

《第 5 卷　对外政策　课题篇》把焦点对准安全保障与纷争、市场与环境、历史与文化等不同课题的外交，留意课题相互间的关联性，考察现在需要做选择的诸多问题。阐述从传统的安全保障领域到历史、文化等软实力所能到达的领域中日本的实力和不同课题外交的各种关联，本章主要由理论研究者执笔。

《第 6 卷　日本外交的重建》，在第 1～5 卷的单独讨论的基础上，以更宏观的视角，阐明在全球化时代中日本外交重建的方向性。本卷重视第 4、5 卷中未讨论详尽的现代日本外交的国内政治背景，重视这十几年间发生的国内体制变化尤其是保守统治的动摇和政权交替对日本外交带来的影响，一并提出现在日本外交的课题。此外，在追问外交中政治指导含义的同时，对市民社会和日本外交的相互作用也做了充分的关注。

编辑委员希望本系列的出版发行，对"日本外交重建"出现的新的场域有所帮助。

本系列出版后，我们获得了多篇珠玉之作并公开发表。因为不能在此处一一介绍，故只介绍其中两篇。

一篇是《第 2 卷　外交史　战后篇》的编者波多野澄雄所撰写的《旧金山和约体制——其遗产和负债》，根据公文书馆在美国的调查，对战后日本的议和体制的形成过程及其带来的遗产和负债进行了考察研究。冷战以前所构想的对日和约的形式，是战时美苏合作的延续，伴有一种意欲消除日本再发动侵略可能性的非武装永久中立构想，属于"凡尔赛型"，含有第 9 条 [1] 的《日本国宪法》就是在这种理念下制定的。但是随着冷战的深化，吉田首相率领的日本政府在美国的占领政策下有志转向"冷战型"，决心和多个国家议和。因为这个选择，形成了美国对"非武装日本"负有安全责任的日美安全体制。这个永久中立和全面议和，成了改革派对抗保守力量的依据，一直含有一种对支持"和平国家论"的现状进行批判的意味。战后日本选择了"冷战型"议和，留下了众多领土和疆域问题，包括和苏联的领土问题，中国台湾地区的地位问题，冲绳、小笠原的地位问题，等等；也留下了对战争受害国的战争赔偿问题、对韩国和中国台湾的殖民统治清算问题，尤其是个人的请求权问题，被认为导致了战后处理的不彻底。

　　《第 3 卷　外交思想》里收录的小畑郁的论文《投降与占领管理中的秩序思想——关于占领初期的外务省和横田喜三郎》让我们注意到，在这个"凡尔赛型"议和体制的背景之下，国际法学者横田喜三郎提出的由占领期的世界国家论、国际民主主义论、广域秩序论等理论所支撑的日本回归国际社会的构想的意义。

　　另一篇是《第 6 卷　日本外交的重建》中 Gerald Curtis 所写的《变化的东亚中日本的外交政策》（横山司译）一文，也许作者是外国人的缘故，让我们注意到外交中日本人行动样式的特质。不只是

---

1. 日本宪法第 9 条，是《日本国宪法》（又被称为"和平宪法""昭和宪法"）中较为著名的一条，主要内容是"放弃发动战争的权利"。

战后，即使是在图谋成为军事大国的战前，过去1个世纪的日本外交的传统，是为"配合外部环境变化而调整步调的务实主义"而制定外交政策的"对应型外交"。其特征不是"设定国际性的讨论，创设游戏规则，扩展特定的意识形态"，而是关注"把国际形势看成前提，将对日风险最小化，将利益最大化"这种实用主义的外交政策。说来的确如此，日本似乎并不擅长描绘宏大战略，高举理念，带动周边各国。而是看清世界潮流的形势，顺应时代趋势，读懂对方国家的立场和本意，一步一步扎实地积累外交成果。如今我们应该冷静地做成一张平衡表，看清自己的资产有什么，缺什么，在这种外交的职业化里巧妙加入公众外交和市民社会等的软实力，乘着世界潮流的巨浪前进。这才是聪明之举。

图书出版后，我接受了《读卖新闻》和《东京人》的采访。

读卖新闻文化部的记者小林佑基先生在采访编辑委员井上先生和我之后，以"岩波的外交史 现实主义的布阵"为题，针对执笔作者队伍，发布了内容提要说："月刊杂志《世界》等因为左派立场而被人所知，但作者阵营与该社的左派形象大相径庭，令人意外。"这位记者的反应代表了读书界和论坛的一般印象。

井上寿一先生指出，他感受到了岩波书店决定新路线的决心。其实，据说有相当多的研究者也惊讶于作者班底。

我询问了该社编辑部马场公彦副部长这样做的意图，马场先生回复说没有改变社里的方针，而是"以学院风为基础，采用正面攻击法，没有标新立异"。

"最开始我牵挂着对日美安全体制的评价，也担心过是否会达成一致，但最后还是决定从历史的视角描写决策。为此我断定仅仅依靠《世界》的人脉不能完全涵盖。所以我把目光投向日本国际政治学会，挑选实证研究者作为执笔者。

结果，之前的对抗轴心也能包含进来，冷静的验证终于成了可能。"

（略）

马场副部长充满自信地说："过去的外交议论动辄被日本国内政治舆论所影响，现在的议论更为由衷。"编辑委员们也都持有"历史研究沾满了左右的意识形态"这一认识，积极评价该社的措施。井上先生说道："本系列汇集了能成为历史讨论基础的、可以信赖的尖端研究。在日本，言论空间的冷战体制终于逐渐走向终结。"

战后的日本，因为坚持左右对立，使得政治课题讨论无法深入。本系列的发行，可以说是超越战后日本的尝试之一。（《读卖新闻》2013年4月22日）

《东京人》以"打造连接综艺节目和学术界的'智慧平台'！"为题，刊登了对我的采访。

——全6卷中3卷以历史为主要对象，很独特。

马场：仅仅依靠对现状分析的汇总去分析日本外交会存在界限，历史的视角是不可缺少的。历史绝不是已经过去的故事。外交有对象。过去面临的课题和选择，会成为记忆储存下来，连接着今天。

我们把全系列的一半定为外交史相关内容，并且制定了强调历史视角的编辑方针，是因为对于各位执笔者在论文中表明的政治立场、主张和评价，我不想摆出为出版社和《世界》的路线做代言的姿势置喙。所以我认为历史事实和资料证明会成为担保。外交如果趋炎附势，走感性路线，做选择时就会产生困惑，选择方向时会产生错误。一家出版社能为日本外交的起死回生所做的，就是组织和动员学术界的最优的力量。

图书出版后，读书界和学术界都没有出现关于本系列出版意图和作者阵容的异议或者反论。正如《读卖新闻》记者所说，大多数作者是国际政治学会等相关知名学会的会员，任何一位都是有丰硕的研究成果、在学术管理上享有盛誉的人物。

更令我在意的是社里的反应。我事先在全体大会上介绍了策划的概要，大体明白了社里员工的态度。出版后，只要听不到外部传来的公开批评，社里的不和谐音应该也不会出现。从这个意义上来说，两家报纸杂志的报道的确令人感激。

（何勇　译）

### 主要参考文献及引用

歳川隆雄．「"ムネオパージ"で見失った外交・外務省改革」．『世界』，2002 年 5 月号．

歳川隆雄，栗野仁雄．「劇場型政治の中根腐れていく外務省」．『世界』2002 年 8 月号．

佐藤和雄，駒木明義．『検証　日露首脳交渉――冷戦後の模索』．岩波書店，2003 年．

佐藤優．『国家の罠――外務省のラスプーチンと呼ばれて』．新潮社，2006 年．

佐藤優．『獄中記』．岩波書店，2006 年．

井上寿一，波多野澄雄，酒井哲哉，国分良成，大芝亮．『日本の外交』全 6 巻．岩波書店，2013 年．

第九章

# 作家中薗英助的小说世界

## 一、来往欧亚大陆的回力镖旅行

市面上有许多编辑编写的编辑论或出版论。其中的大部分作者是文艺编辑，内容多半或是他们与作家的交往记录，或是书写名作的秘诀，又或是打造出多本畅销小说的成功故事。

我不是文艺编辑，是一名朴素的学术图书编辑。我既没有与作家朋友在新宿的金色胡同畅饮到天明的经历，也没有编辑过的文学作品荣登畅销书榜首或获得知名文学奖的履历。从出版界的排名来看，或许我这样的编辑位于底层。不过即便如此，我也与少数作家有过交集，也曾经编辑过他们的作品。

比如，我曾编辑过畅销书作家佐藤优的《狱中记》（2006 年），这本书与《国家的圈套》（新潮社）并称佐藤先生首发的单行本。我与佐藤先生的交集始于他还在外务省工作时，那时我在《世界》杂志编辑部工作。此外，我还编辑过岛尾伸三的小说《星星居住的岛屿》（1998 年），这本小说描写了他在故乡奄美的少年时代的生活。

身为作家岛尾敏雄长子的岛尾伸三既是摄影师，又是随笔作家。我不仅与他建立了联系，还与他身为摄影师的妻子潮田登久子和女儿有了交集。

除此之外，我还与作家中薗英助有过来往，从与他结识开始一直到他去世，一共策划编辑了他的单行本 3 本（含遗作），他让我的编辑生涯变得丰富多彩起来。考虑到他不喜欢被人称呼为"老师"，在他生前我一直称呼他为"中薗先生"，本文里面请允许我省略称呼。

我与中薗的相识缘于 1993 年，我拜托他在《岩波讲座　近代日本与殖民地》的每月报告中加上他的短文。那时，我在岩波书店，还曾引进翻译出版原公司东方书店购买的一本中文书。那本书是由中国人民政治协商会议北京市委员会、文史资料研究会编写的《日伪统治下的北平》（1987 年，北京出版社），日文版出版时我给起了《北京の日の丸——体験者が綴る占領下の日々》的书名，于 1991年九一八事变 60 周年时出版。由于中薗已有的代表作是《夜空下击打铜钹》，我想他一定会对这本书感兴趣，所以给他寄了原书的复印件，希望他能就此书给出评价。

果然，中薗不负期待地写道："历史不容空白，能通过这本书从北京听到这样的声音我很高兴"，并将它在每月报告中发表。

中薗时常邀请我到东横线沿线的大仓山站附近的一家地中海餐厅（中薗家附近）畅谈，我与他的数次会面都是在这家餐厅。这家餐厅所在的商业街名为"希腊大道"，始于大仓山站，整条商业街的店铺外墙都刷成白色，在阳光的照射下洁白如玉。虽然大仓山站只是一个仅有普通电车停靠的小车站，但给人一种远离城市、洁白无垢的感觉。在大仓山站检票口前，中薗总是满面笑容地与我握手道别，握手的力道之大令我动容。

作家也有众多类型，小说的风格与品类也各异。中薗是一名与众不同的社会派作家，作品多围绕社会问题和国际形势展开，他开创了"国际间谍小说"这一新型的日本小说流派。日本的小说多为阴郁类的心境小说，而中薗的小说则与之不同，富有活力、干净利落，与堀田善卫和开高健有某种程度上的共通之处。

中薗对国际问题非常关心，这源于他在 1963 年至 1974 年的经历。当时，他作为亚非作家协会（Afro-Asian Writers' Association）事务局日本代表，多次参加国际作家交流活动。亚非作家协会由野间宏发起，堀田善卫与岛尾敏雄也参与其中。活动的目的是加强亚洲和非洲作家之间的交流，按照中薗的说法就是重复一场场长达数月的环欧亚大陆的"回力镖旅行"。

中薗与岩波书店的渊源颇深，他被时任《世界》杂志主编的安江良介（后为岩波书店社长）发掘，自 20 世纪 60 年代初开始投稿给《世界》。当时他在《世界》上发表的纪实作品如下。

《共营党·新岛》（1961 年 5 月号）

《日本海时代》（1964 年 3 月号）

《"法律上的地位"的朝鲜人像》（1965 年 9 月号）

《寂静的大村收容所》（1965 年 11 月号）

《在日朝鲜人·教育的重生》（1966 年 5 月号）

《"新秩序"下的印度尼西亚》（1967 年 2 月号）

《西伯利亚，从噩梦到未来》（1967 年 9 月号）

《被驯服的西伯利亚》（1967 年 10 月号）

《在西伯利亚的"首脑城市"》（1968 年 10 月号）

《国境废除的始末》（1973 年 1 月号）

《变化中的策马奔腾的梦幻诸国》（1973 年 7 月号）

撇去日韩问题、朝鲜问题以及韩国的难民问题不谈，这些作品的背景主要是在苏联、东欧诸国和埃及、印度尼西亚等国家。当时他所写的小说作品以纪实性长篇小说和国际间谍小说最为热门。出版的作品有描写印度尼西亚总统苏加诺与日本政商界关系的《密书》（1961 年，恒文社）、取材于收容韩国难民的大村收容所的《炎中船》（1962 年，三一书房，后书名改为《无国籍者》）、《密航定期便》（1963 年，新潮社）、以七三一部队为题材的《夜的培养者》（1968 年）、描写金大中绑架事件并被拍成电影的《绑架》（1983 年，光文社）、描写加拿大外交官赫伯特·诺曼受到麦卡锡主义运动的压迫被迫在赴任地点开罗跳楼自杀事件的《奥林匹斯支柱下的阴影》（1985 年，每日新闻社）等。

## 二、"历史不容空白"——北京的"殖民者"中薗英助

20 世纪 60 年代到 70 年代中期，中薗虽然频繁地来往于欧亚大陆，但却未能步入中国。那时的中国与日本尚未恢复外交。

中薗与中国之间的关系源远流长。1920 年中薗出生于福冈县，1937 年中学毕业，年仅 17 岁就穿着校服前往中国东北游学。用当时的话来说，就是"流浪满洲""漫然渡满"。1938 年中薗来到北京的语言学校学习，之后在张家口的铁路局就职，20 岁又重返北京，进入北京的一家日本报社《东亚日报》报社工作，身份是学艺部记

者。同时，他还加入了北京一家名为"燕京文学"的文艺杂志社（带头人是引田春梅），开始了创作活动。该杂志于 1939 年创刊，直到 1945 年日本战败才终止发行，其成员与由竹内好担任主编、以武田泰淳为首的"中国文学研究会"有重复，包括冈崎俊夫、饭冢朗等。

中薗在中国的这段时间正值侵华战争时期，他 17—26 岁疾风怒涛般的青春期是在中国东北等沦陷区（当时日本称为"和平区"）度过的。

1943 年，23 岁的中薗发表了小说《第一回公演》，获得了"北支那文学奖"，评委之一是林房雄。这部作品描写了在日军占领下的北京中青年演员陆柏年与中薗的友情。陆柏年在当时的沦陷区北京主演了果戈理的《钦差大臣》。之后，据传闻，陆柏年在上海被日本宪兵队逮捕，死于狱中，中薗听说后非常自责，恨自己一点也未帮助他。

中薗在回忆与陆柏年在北京的会面时这样写道：

"你能不能站在人类的立场上？"他单刀直入地问道。我与他经常谈论艺术，我们之间的谈话也都带着几分书生意气。可是如果一谈到日本人或

中薗英助《北京留恋记》

中国人等民族观，那么他必然会将话题上升到人类层面，可是被这样直接质问还是第一次。我当时的回答应该也是尽可能周全的吧。可是，事到如今回想起来，如果他是站在人类的立场上被杀害的话，那么还活着的我们就不可能是站在人类的立场上的。（《青春墓志铭》，《北京留恋记》第 86 页）

中薗将没有机会回报的异国友情与无法挽回的青春悔恨形容为"精神的残留孤儿"，并决心在战后不再回到铭刻着"青春墓志铭"的中国。

在中薗以北京为背景的作品中，有好几个与陆柏年一样经常登场的当地作家出现。

其中一人是朝鲜人金史良，他创作了日文版的《在光中》，这部作品因成为 1940 年上半期芥川赏获奖候补作品而广为人知。作为《东亚日报》的记者，中薗曾向金史良约稿。没想到约稿的第二天金史良就作为从军报道班一员逃到了坚持抗日的八路军所在的延安。当然，这件事金史良也没有事先告知中薗，稿件也因此中断了。而就在约稿当天，中薗还与金史良一起与朝鲜人白铁喝酒，"话题也谈到了八路军以及参加八路军朝鲜义勇军的半岛志愿兵"。（中薗英助《寄留者之歌》，1988 年，第 240 页）中薗回忆，战后之所以创作关于韩国及朝鲜问题的作品，是为了"补偿青春期在中国发生的故事"。

另一位经常出现的中国作家是袁犀，其本名为郝维廉，当年他经常与中薗在北京辩论文学。袁犀在沈阳时就曾参与中国共产党的地下抗日活动，在东北不能展开活动后他来到了北京。他的作品《贝壳》于 1943 年获得了由日本文学报国会颁发的第一次大东亚文学奖的二等奖，据说是由横光利一推荐的。因为这件事，解放后他被打上了"反动文人""汉奸文人"的烙印，1979年在北京写作时骤然死去。

实际上，在获得大东亚文学奖二等奖后，《贝壳》就因被批书中内容描写的是颓废的青年人、有违"大东亚精神"而遭到否定，且没有被译为日文。

还有一位是女作家梅娘。梅娘出生于吉林省，与同是东北出身、担任华北作家协会会长的丈夫柳龙光一起从事文学创作。

说到当时中国的文坛，既有郭沫若、老舍等转移到抗战地区的文人，也有描写上海时髦生活的孤岛文学。除此之外，还有出身东北地区、跨过长城来到北京创作的梁山丁和古丁等提倡"乡土文学"的作家，以及袁犀、梅娘等。中薗与这些"沦陷区"的作家们交友，醉心于他们的作品世界。中薗这样写道："他们就像是为了填补转移到抗战地区的知名文人的空隙，坚持创作情感丰富的抵抗文学，哪怕遇到再多挫折也要咬紧牙关匍匐前进，他们在进行艰苦朴素的战斗。"

作为一名描写当时中国的作家，中薗在北京时期的立场算得上奇特。当时以近代之后的中国为题材进行创作的作家主要分为三大类。第一类是在中国旅游并描写当地风俗文化的"中国通"，即描写"中国风情"的芥川龙之介、谷崎润一郎、佐藤春夫、后藤朝太郎等。描写上海摩登而混沌的文化的吉行英助，金子光晴也可以算作这一类。第二类是随着战线扩大，作为从军作家描写战地情况的"笔部队"，如菊池宽、尾崎士郎、横光利一、久米正雄、吉屋信子等。第三类是作为士兵直接参与战争的军旅作家，如火野苇平、石川达三以及战后的武田泰淳、富士正晴等。

中薗不属于上述这三种作家类型，他生活在被日军占领的沦陷区，在当地从事文学创作，可以称为殖民者作家。作家广津和郎称当时的日本侨民为"装腔作势穿着'协和服'的野蛮日本人"，认为日本在日俄战争之后之所以在中国遭遇失败就是因为被送到中国的日本人都是这些"无赖"。对此中薗尤为激愤，点名广津和郎他们才是虚张声势的、假装"中国通"的"旅游文化人"。

中薗不是在北京旅行的人，也不是定居北京者，他自称是丧失故乡、漂泊伶仃的"寄留者"。因此，在他以北京时代为题材的作品中表现出来的是人们如无根之草般的茫然，他们以自由奔放的表象掩饰自己的空虚，却又于刹那间自我幻灭，在他们身上表现出对于前程的不安和被洪流翻弄的无力感，以及与危险相伴的狼狈与逡巡，文风含蓄内敛。

1945 年 10 月，日本战败后不久，中薗与出生于中国的登势子结婚，1946 年 5 月乘船归国。他这样记录自己当时的心境："我无限眷恋我战败的祖国，这个祖国不是扩张至大东亚共荣圈的'日本帝国'，而是以四座岛为中心的宁静的日本国。比起当初，通过在中国生活的这八年，我终于找到了'民族'的原点。"

归国后，经埴谷雄高介绍，中薗在埴谷雄高创刊的《近代文学》1950 年 2 月号中发表了小说《烙印》。这部小说在《第一次公演》的基础上全面改写，可以说是一部全新的作品。在战后的文学创作中，中薗仍旧还是以他北京时代中断的友情为创作主题。

侵华战争刚结束时的日本文学基本上是"政治与文学"或"人与文学"这两大流派之间的斗争。中薗因为与共产党的活动有所关联，被卷入了残酷的政治斗争中。当时他写的自传小说《遭遇诬蔑时》由杂志《批评》连载，其中第一、二部由现代社于 1959 年发行，可是至今尚未完结。

前面提过，中薗自 1960 至 1974 年因亚非作家协会活动长期来往于欧亚大陆。1985 年，以创作《奥林匹斯支柱下的阴影》为契机，中薗开始彻底查阅日本被占领时期日美两国的证人资料及微缩胶卷记录的 GHQ 公开资料，并在此基础上根据自己的经历从殖民者和被殖民者双方的视角着手创作占领史。他的研究成果在杂志上连载长达 4 年，最后以《私本·GHQ 占领秘史》为名出版。为了创作本书，他翻阅了 2 000 多页的微缩胶卷，并因此导致单眼失明。

中薗的作品分为三大类，分别是殖民地文学、作为战后第三世界活动家的纪实文学、作为被殖民者当事人的同时代文学。这些作品脱离了以往的日本文学史流派，正因为如此，中薗作为先锋作家的地位才得以凸显。可是因与日本文坛水土不服，在我看来无论在当时还是现在，在日本现代文学研究圈子里，中薗始终没有被充分理解、合理评价。

## 三、不能忘怀的过去：时隔 41 年再访中国

虽然原本下定决心不再去中国，可是中薗却遇到了到访上海和北京的机会——他受邀与 TBS 的导演取材班一同前往中国为电视纪录片节目做采访。这次再访中国距离上一次从天津离开中国已经过去了 41 年。这次的节目采访是为了探寻侵华战争时期在中日两国都很流行的《何日君再来》的起源。此次中薗调查和采访的成果通

过时事通讯社发行的《世界周报》连载了 40 回，之后还以单行本《何日君再来物语》出版。

采访的同时，中薗心系中国老友，到处打听陆柏年与袁犀的信息，并因此在北京的京伦饭店与袁犀的夫人——作家姚锦见了面，可是却没有得到陆柏年的确切消息。之后中薗将对陆柏年的思念以及追寻亡友灵魂的过程以静默叙事的手法写成了《于北京饭店旧馆》，这部作品荣获了读卖文学奖。此后直到晚年，中薗都在持续创作，将北京时代的追忆化成小说。

因为此次的中国再访与《于北京饭店旧馆》的评奖，许多原先不甚明朗的事情变得清晰起来。根据松浦恒雄和杉野元子等对中国文学研究者的调查，中薗得知陆柏年并不是在上海被宪兵队逮捕入狱而死，而是进入解放区后在与日军交战中被流弹射中而死。同时通过此次到访，中薗还从饭冢朗的儿子饭冢容手里拿到了《燕京文学》的以往刊物。

而袁犀在 1949 年后以李克异为笔名创作了晚年作品《历史的回声》，于 1981 年由中国青年出版社出版发行。而他早年的作品《贝壳》于 1984 年通过沈阳的春风文艺出版社以《城春草木深》为题再版了（《北京留恋记》，第 117—134 页）。如他一般因曾在沦陷区活动而被定为反动作家的这批人的作品在 20 世纪 80 年代迎来了新机遇，得到了重新评价。这一重新认识沦陷区作家作品的势头一直在持续，青年研究者张泉曾出版过《沦陷时期北京文学八年》（和平出版社，1994 年），1998 年广西教育出版社还出版了由钱理群主编的《中国沦陷区文学大系》共 7 卷 8 册。此外，袁犀的《历史的回声》经过中薗的监译于 1991 年通过德间书店翻译出版，日文版为《大地の谺》。中蔺与袁犀的缘分并未就此断绝，1991 年袁犀的女儿梅元元作为留学生来到日本学习日本文学，袁犀与中蔺的缘分得以延续。

我与中蔺的相识，得益于中蔺的那次北京再访。我希望将中蔺在战时、战后和现在的北京体验策划成一本书，希望将他除小说以外的主要作品收集起来，出版一本随笔集。这个时候令人头疼的是书名怎么起，中蔺执着于"沦陷""历史的回声"等汉语表达，就连最终定下来的书名《北京留恋记》也用了"留恋"这一汉语词汇。这一词汇充分体现了中蔺对北京的恋恋不舍——一想起北京就让人眷恋，同时又背负着处于侵略者阵营的愧疚。

这本书出版之后我的工作调换到了《世界》编辑部，在这里我策划了中蔺与竹内实的对话访谈栏目，竹内实与中蔺一样也是以殖民者身份在中国山东省出生长大的，是一名中国文学家，访谈的结尾如下：

中蔺：中国人不论是表面，还是发自内心，确实是协助了日本人，不过他们都是为了个人的安全才这么做。如果不能意识到当时的中国人是时刻生活在死亡的边缘，却在拼命地活着的话，就不能说自己去过了中国。（略）像写出了《沦陷时期北京文学八年》的青年研究者张泉就在盯着当时的作品，还有那些与我们有过交往的作家们。他们认为这种看法对于日本的研究者来说也具有参考价值。我想他们是不是想把在沦陷区活跃的作家也纳入中国文学的主流。

竹内：中蔺先生认为中国人想把这些作家的作品纳入中国文学的主流，不过我认为主流也好支流也好，只要文学史能把一个人的所思所想弄清楚，那么这段文学史就很宝贵。

中蔺：是的，重要的是不要让历史留有空白，而这需要中国和日

本通力合作。(《对谈：让我们走出中国印象地图——迷宫北京》,《世界》,1996 年 6 月号)

这次访谈之后，中薗着手创作的是鸟居龙藏的评传。鸟居龙藏作为人类学家特别有名，不过在其他领域知名度并不高。鸟居龙藏人类学家的职业始于在东京帝国大学人类学教研室任标本管理员的时候，中途他辞去了该校助教的职务，以民间实地研究者的身份展开调查。因为这份履历，他一直以来没有受到正确的评价。与博物学家南方熊楠和植物学家牧野富太郎一样，他也是自学成才的专家。中薗并非人类学方面的专家，他选择鸟居龙藏作为评传的对象有其必然性。

鸟居龙藏在 1939 年被聘为燕京大学的客座教授并来到北京赴任。可是这时二战爆发，北京被日军占领，燕京大学封校，教授被驱逐出校。1942 年发生了一件事，日军接管的北京协和医科大学保管的北京人头骨化石失踪了。这时作为《东亚日报》记者的中薗就针对这一离奇事件做了一期采访，采访对象为与这件事有关的在北京的人类学家。可是，中薗未能见到被软禁在市内的鸟居龙藏。鸟居龙藏实地调查的区域十

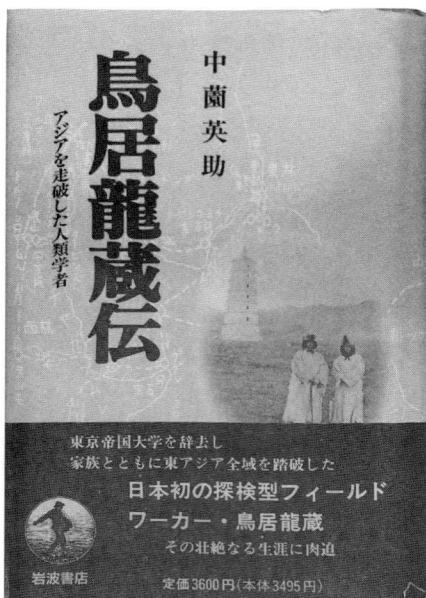

中薗英助《鸟居龙藏传》

分广，日本国内去过包括冲绳诸岛在内的所有国土，国外包括朝鲜半岛、中国西南部、西伯利亚等区域。足迹遍布之处与中菌在战时和亚非作家时代踏足的地方相重叠。

鸟居龙藏的评传在《世界》上连载了19回，题名为《鸟居龙藏传——踏遍亚洲的人类学家》，我担任这部书籍的编辑。1994年11月底，为了出版这部作品的单行本，我特意同中菌奔赴鸟居龙藏的故乡——德岛县鸣门市，与德岛县立鸟居龙藏纪念馆馆长——鸟居龙藏的次子鸟居龙次郎会面。我还特意找到收藏有鸟居龙藏拍摄的珍贵的实地调查照片的东京大学综合研究资料馆，借了馆藏照片将其刊登在重要版面。此外，我还特意征得了国立民族学博物馆的许可，将其制作的鸟居龙藏实地调查地图刊载在各章的辑封背面。令人高兴的是，这本书最后获得了大佛次郎奖。

这本大作完成之后，中菌改变了一贯的作风，开始将创作的重心转移到历史小说和描写与其爱人日常生活的小说中。可是，他作为作家的灵魂之火尚未熄灭，时不时还会在《世界》上连载他的自传小说，似乎是想要将20世纪50年代未创作完成的《遭到诬蔑时》写完。

不过在那之前，他还是要把青春时代和中年时代与异国友人作家的旧事写出来。自2001年初，中菌以《远人近交录》为名开始连载他与异国友人作家的故事，第一章名为"抗日名伶陆柏年"，第二章名为"与金史良的一夜"，可是创作这本书时他已经病魔缠身，连载才持续了5回就断了。剩下的第6章写的是他与福冈县立八女中学时期的英国笔友的故事，题为"永远的笔友——罗利"，写这一篇时中菌已经无法执笔，所以这篇是由中菌口述、其妻子记录完成的。这 6 章再加上中薗以前创作的 2 篇其与友人的故事的作品最后由我编辑，以《过不去的时代，忘不掉的友人》为书名出版发行。商量书名时中薗的病情已经恶化到无法参与讨论的状态，当时我大声地对着躺在病床上的中薗的耳朵喊着有关本书书名的提案，当中薗报以微笑时，我想他应该是认可了。中薗写这本书是为了告慰他消失在历史尘埃中的友人，因此我在这本书的内容说明中写了下面这段话："本书以战时、战后的欧亚大陆为舞台，描写了作者与异国他乡的作家们在激辩中发展的友情。他们虽然在某一天会消失在历史的尘埃中，但那时所背负的时代课题却也在历史上留下了深刻的烙印。本书是时代的证词，通过与数位作家的故事揭示了 20 世纪的各种问题。"

中薗英助《过不去的时代，忘不掉的友人》

与这本书同一时期创作的追溯中薗家族历史的长篇小说《南蛮佛》最终只创作了终章，这成了中薗的绝笔书，于 2002 年由新潮社出版。他秘而不宣想要完成的自传小说因其死去也未能创作完毕。

我在拜访中薗位于大仓山的书斋时，在一张小桌子上面的墙壁上看到了中薗书写的サミュエル・ウルマン（Samuel Ullman）

的《青年》的一节，那是他在去世前 3 年写的。我认为这是他默默立志要继续创作的表现之一，创作的源泉是他埋藏在心底的北京岁月——那充满希望又令他无比悔恨的青春时光。因此，我将《青年》的一节作为中薗的遗作《过不去的时代，忘不掉的友人》的后记刊登在了本书上。

《北京留恋记》收录的最后一篇文章名为"自文学沦陷区重生——没被清算的占领体验"，文章的末尾这样写着："我有一个梦想，希望日本在下一代之后能够实现日中文学家的'全体聚会'蓝图，我知道这一想法很冲动，我实在难以抑制兴奋之情。"

我对中薗所走过的地方无比关注，亲自描摹了中薗的足迹——近代日本的殖民地、战后被美军占领时期的日本、20 世纪 60 年代的第三世界。我亲自编辑了与中薗相关的系列书和单行本，之后还以研究者的身份写了数篇论文和图书，从这一点来看中薗可谓我职业生涯和研究领域的先驱。大仓站前中薗与我握手的力道和热度令我难忘。我总算理解了中薗所做事情的重要性，并下定决心从他手里接过接力棒，我想他也会对我能成为他的精神的接班人感到欣慰。

2019 年的某一天，我再次来到了曾与中薗先生散步的大仓站前的希腊大道　令人遗憾的是，车站旁边的地中海餐厅已经不在了。如今我也搬到了大仓山站相邻站附近居住。

## 主要参考文献及引用

中薗英助 .『中薗英助エッセイ集　わが文学的フロンティア』. 研究社，1977 年 .

中薗英助 .『何日君再来物語』. 河出書房新社，1988 年 .

中薗英助 .『寄留者の歌 』. リブロポート，1988 年 .

中薗英助 .『私本・ＧＨＱ占領秘史 』. 徳間書店，1991 年 .

中薗英助 .『北京飯店旧館にて 』. 筑摩書房（讀賣文学賞受賞），1992 年 .

中薗英助 .『定本　彷徨のとき──中薗英助・初期中国連作小説集 』. 批評社（巻末の中
　　薗英助年譜を参照した），1993 年 .

中薗英助 .『わが北京留恋の記 』. 岩波書店（大佛次郎賞），1994 年 .

中薗英助 .『鳥居龍蔵伝──アジアを走破した人類学者 』. 岩波書店，1995 年 .

中薗英助 .『北京の貝殻 』. 筑摩書房，1995 年 .

中薗英助 .『過ぎ去らぬ時代　忘れ得ぬ友 』. 岩波書店，2002 年 .

第十章

# 巨大灾难后的启示

## 一、东日本大地震和关东大地震

2011 年 3 月 11 日，东京时间下午 2 点 46 分，当时我正在公司附近车站旁边的大厦顶楼 21 楼的餐厅用餐。突然，一阵剧烈的摇动袭来，连人都无法站稳。我瘫软在地板上，通过窗户往外看去，发现周围的高楼大厦就如同海底的海藻一般晃来晃去。远方腾起了白烟，附近的 JR 秋叶原站人满为患，看到这一幕，我意识到电车也停运了。同时，通信也因为停电断绝了，震源在哪里，受灾程度如何，对这些我都一无所知。电梯停了，许多人都从 21 楼走楼梯下去。餐厅酒架上的酒瓶都掉地上砸碎了，周围都是绍兴酒的甜香。

回岩波书店的途中，耳边传来消息，日本东北地区的三陆冲遭遇了严重的海啸。回到社里我又接到通知，因为公共交通全部停运，通知员工早点下班回家。从公司到我家大概 8 千米，途中我在一个大屏幕里看到了东京湾千叶县附近的一家炼油所里的油桶燃烧的画面。路过隅田川桥时，桥下水势凶猛，颜色乌黑，水面上还布

从 21 层拍摄地震发生时的场景，远处发生了火灾。2011 年 3 月 11 日，东京

满了漩涡，令人毛骨悚然。好不容易徒步回到家中，发现书房里的书散落了一地，幸好已放学回家的大女儿平安无事。当时，就读初中一年级的小女儿的学校通知我她已经一个人走路回家了，可是直到天黑也没见她回来。她到底去哪儿了？她学校离家比较远，坐地铁需要一个多小时。我骑着自行车疯了一样地在她放学必经道路及周边来回寻找。她的学校附近有一家公立体育馆为回家困难的人开放了，我便在拥挤的人群中挨个寻找，结果也没找到。小女儿半夜回家了。原来她在途中也没搞清楚行车路线就上了一辆公交车，后来还是问了同车的乘客才好不容易自己回到了家。

电视上播放的画面中，海啸就如同整面墙一样扑面而来，摧毁了沿海的村落，房子被冲垮了，车子被冲走了，看得我脊背发凉。更令人胆战心惊的是，电视报道福岛核电站被海啸破坏，电源关闭了。这样一来，如果燃料棒变热而引发核电站爆炸该怎么办？

地震的第二天是周六，我往我所负责部门的编辑家中一一打电话，确认他们安全。电视还在播放着福岛核电站的画面——1 号机因氢爆发而引起爆炸，空气中释放的核辐射超高，因此禁止人员外出。我从来没有感到福岛离我如此近，近到让我战栗。

因为发生了核电站事故，当时的首相菅直人于 3 月 16 日发表声明，"如果福岛第一核电站事态发展到最严重的程度，我们必须做好放弃东日本的准备"。霎时我的脑中闪现日本"破灭""灭亡"的词汇。3·11 之后我们还能生活在与昨天一样世界吗？

为了预防核辐射污染，地震发生后第二周的周一上班时我戴上了帽子和口罩，一到公司，我立马向《通往东海村临界事故之路——必须支付的安全成本》一书的作者，就职于 NHK 的、熟悉核电站问题的七泽洁先生打电话咨询了最新状况。因为我担心电视新闻广播为了防止恐慌和谣传而不透露真实信息。七泽先生说将会发生炉心熔融的可能性很高，甚至有可能已经发生了。而我另一位朋友是大型民营广播公司导演，她告诉我，广播现场从未经历过如此大的惊慌，她

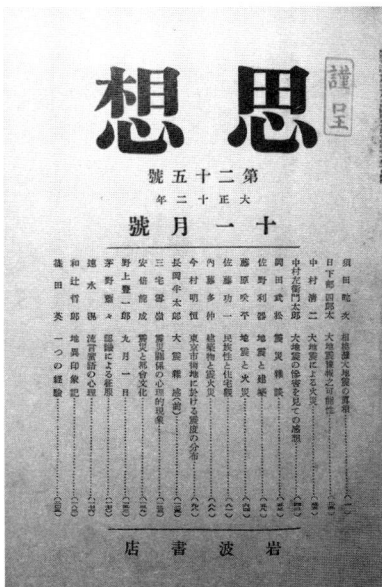

关东大地震后发行的震灾特集，《思想》1923 年 11 月号

并不知道受灾地实际情况如何，更不知道停电的核电站现在究竟怎样。

七泽先生在地震灾害发生三天后进入了福岛的受灾地，加入了以科学家们为中心的、测定福岛核电站周边核辐射对人体的影响及土壤污染程度的调查小组，目的是制作核辐射污染地图。最后，这一过程与结果被制作成 ETV 特辑节目"网络绘制核辐射污染地图"，在福岛核电站事故发生后 2 个月的 5 月 15 日开播，直到 11 月 27 日，共 4 集。

4 月 1 日，政府将此次特大地震命名为"东日本大地震"，据之后的调查显示，此次地震震级高达里氏 9.0 级，是世界观测史上最高震级，地震造成的死亡和失踪人数多达近 2 万人。

3 月 25 日，岩波书店召集各位编辑开了一个紧急编辑会，商讨作为出版社能为此次大地震做些什么。商讨的结果是，作为应急方案，出版社可以将过去《世界》《科学》等出版物上刊载的有关地震、海啸、核电站等的文章印成 PDF 版本，放在岩波书店的官网上免费公开。之所以是 PDF 版本，是因为日本东北地区的公路和铁路遭到破坏，不能确保纸质书运输及时，也不方便后续流通。

3 月 30 日，我在自己担任主编的编辑部门中，就策划东日本大地震相关的选题事宜召开了编辑会议。那时，有一位属于自然科学编辑部的编辑提出了一个有意思的方案。岩波书店曾在 1923 年 9 月 1 日的关东大地震之后出版了一套"普及讲座：防灾科学"，共 6 卷。那位编辑拿着这套书说我们是否也可以策划一套类似的书，这套书是在关东大地震发生后的第 12 年出版的，全 6 卷所涉及的灾害不仅包括地震，还有风灾、地震、水灾、雪灾、火灾、其他灾害。我查阅《岩波书店百年》，发现最初策划这套书时设想的方案是气象学讲座书，最后因种种原因这套书涵盖了全部的灾害内容。因为这套书的内容简单易懂，类似于灾害启蒙图书，所以将其与"岩波讲座"区分开来，命名为"普及讲座"。据说书名中的"防灾科学"的书名是受寺田寅彦启示。

之后，我也调查了一下关东大地震时期岩波书店的历史。根据记载，由于地震，位于神田神保町的店铺、仓库及印刷厂都遭遇了火灾，烧掉了一大半。幸运的是，不管是出版社社员还是创始人岩波茂雄的家族都没有一人遇难。地震发生后不久，月刊杂志《思想》只休刊了一期就刊发了多达212页的11月刊，令人惊讶的是，尽管刚刚遭受了地震，这一期中早早就编有关于地震的特辑。这一期的卷末的"谨告"中写道，由于地震的原因，《思想》的过期刊物已全部烧毁，将无法满足读者的订购。而在另一则以岩波茂雄名义写的"谨告"中这样写道："感谢此次试炼，我将为建设光辉的帝都大业奉献余生。以白手起家创业10年的热情，勇往直前，为新文化建设粉身碎骨。"

这次特辑的阵容十分强大，作者及作品如下。

| | |
|---|---|
| 须田晥次 | 相模滩大地震真相 |
| 日下部四郎太 | 大地震预报之可能性 |
| 中村清二 | 大地震引起的火灾 |
| 中村左卫门太郎 | 观大地震的惨状有感 |
| 冈田武松 | 地震灾害杂谈 |
| 佐野利器 | 地震与建筑 |
| 藤原咲平 | 地震与火灾 |

| | |
|---|---|
| 佐藤功一 | 民族性与住宅观 |
| 内藤多仲 | 建筑物与地震、火灾 |
| 今村明恒 | 东京市城镇地震烈度分布 |
| 长冈半太郎 | 大地震杂感（前） |
| 三宅雪岭 | 地震灾害关系与心理现象 |
| 安倍能成 | 地震灾害与都市文化 |
| 野上丰一郎 | 9 月 1 日 |
| 茅野萧萧 | 依据认识得到征服（断想三章） |
| 速水滉 | 流言蜚语的心理 |
| 和辻哲郎 | 地异印象记 |
| 筱田英 | 一种经验 |

作者遍布各行各业，以跨学科、综合性的视角概括分析了应对地震的方法和经验。在这么短的时间内，策划出如此优秀的内容，联系到如此多的作者，收集到如此多的稿件，没有足够的热情和努力是办不到的。

社史中是如此记载当时的岩波茂雄的。

岩波茂雄非但不痛恨这次大地震，反而对这次地震让自己重新变得一无所有致谢。因为只有这样他才能重新鼓起勇气，为了日本文化事业更加发奋努力，并将这种决心写在了拜帖里发给社会各界。他把当时地震后遗留下来的唯一的一辆自行车作为自己的专用车，骑着它早出晚归拜访各位作者，在努力做好新书出版的同时还设立了许多新计划。（25 页）

除了《思想》特辑之外，地震发生那一年（1923 年）的 12 月，岩波书店还出版了东京商科大学一桥会编写的“复兴丛书”（全 5

卷，于 1924 年 5 月完成），1924 年 2 月还以出版今村明恒口述的《地震理论及今后的东京地震》为契机推出了"科学普及丛书"（全 6 卷，1928 年 5 月完成）。

　　看到岩波书店创始人们在地震发生之后的行动和表现出来的勇气，我倍受鼓舞，并下定决心，作为出版人，我也要努力做到自己能做到的一切。至此，虽然我对家族前景的不安和恐惧并没有完全消失，但是通过与编辑部同事们的谈话，再回首过去前辈们面对灾害表现的豁达与勇敢，我也从中收获了灾难下的处世为人之道或精神准备。例如，寺田寅彦在 1935 年遭遇浅间山火山爆发时就写下了名言"须正确地应对恐惧"。此时，我开始反省自己在福岛核电站事故发生后想要完全隔离外界空气和尽可能往西边逃的短见。另外，我获知此次地震发生的第二年正值鸭长明的《方丈记》问世 800 周年。《方丈记》中生动鲜明地描写了古都京都遭遇特大火灾、龙卷风、饥荒、大地震等的灾难场景，表达了生命无常的观点。加之这篇文章是短篇，阅读起来不费时间，所以我打算重新阅读一番。

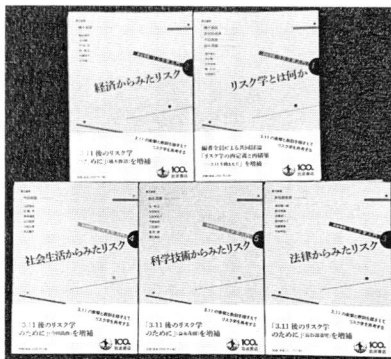

《风险学入门》全 5 卷　　　　　　　　　　《通识论》

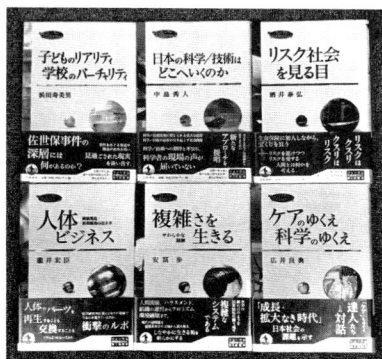

## 二、巨大的灾害带给日本社会的冲击及其意义

关于这次地震，我想起了同编辑同事们商量具体的图书策划方案来出版印张、价格、装订方式统一的丛书。地震发生 7 个月后的 2011 年 10 月，岩波书店还跨部门召开了扩大编辑工作会议。特别令人期待的是由自然科学图书编辑部的员工提出的具体方案。我希望像过去出版的"普及讲座：防灾科学"丛书一样，邀请专家编写富含专业知识但又适合普及的读物。这样一套书不仅涉及地震预知、防灾科学、地质学等理科知识，还涉及政治学、经济学、法学、社会学等文科知识，需要相关作者通力合作，所以也需要各个编辑部门携手完成。因为编辑们也同样是受灾群众，所以大家对地震相关的选题充满热情，士气高涨。会议一开始，我就在会上呼吁这套书要于地震一周年的 2012 年 3 月出版发行。

此前，我经手过两套跨学科的丛书。一套是《通识论》，该丛书于 2005 年 10 月开始出版，至 2006 年 12 月出版完毕，全套共 7 册。另一套是橘木俊诏、长谷部恭男、今田高俊、益永茂树编写的《风险学入门》，全套共 5 卷，是讲座形式的文集，自 2007 年 7 月开始出版，同年 11 月出版完毕。现代社会由工业社会升级到后工业社会，重重风险难以预料，风险跨越阶级和国界步步升级。《风险学入门》的策划就是为了让读者理解"风险社会"的实际状况，寻求"风险交流（risk communication）"的方法来解决问题，通过风险的定义、分析和管理等方面的分析，巩固跨学科的基础知识。由于本丛书是在东日本大地震发生前出版发行，所以书中并无专题论

述地震预知或减少灾害的文章，但书中有关所有自然灾害的"风险学"的内容丰富，也十分适用于东日本大地震，内容通用性极强。本书脱销后，于2013年3月出版了修订版，新版本在全卷原书的基础上，增加了4名编委在东日本大地震后提出的新论点和座谈会内容。除此以外，未在原书上做任何修改。

这两套丛书是由自然科学图书编辑部总主编和当时做学术图书编辑部总主编的我共同编辑，而关于地震灾害的此次丛书策划的方案也是由我俩共同倡议。会议上编辑们的讨论热火朝天，各种观点云集，如核电站问题、包括补偿等内容在内的灾害特别法案、支援与关心受灾群众、灾后重建计划（从废墟清理、重建计划到实施）、财政（受灾总金额及补偿、重建所需的资金）、恢复正常生活（渔业、农业的重建与企业及社区的重建）、地震后人们的生活方式（能源节约型政策、环境保护型产业体系、经济思想等）、信息公开及媒体和科学家的作用、重温古典作品、国际救援的运用、如何将灾难的经验和教训传承给下一代。

最终之所以决定每位作者负责一本图书，是希望每个作者能将分配到的内容紧凑、快速地完成，而想要出版论文集或讲座书尚且为时过早，根本不可能于地震一周年出版，而如果时间拖得太长则读者的关注度会大大降低。

会议定下了丛书的框架与每本书的题目及编者。最终本套书分为11册，我与自然科学图书编辑部总主编及另外3名编辑负责各自提案的书的编辑出版工作，策划的目标如下：

"今年正值3·11东日本大地震一周年，值此之际我们不禁自问，我们能从地震及核电站事故中得到什么启示？为了让后代铭记受灾事件，选在一周年这一时间点出版记录东日本大地震的实际情况的图书。针对广大人民群众所关心的、强烈要求解决的诸多课题，我们在书中提供参考对策和防灾手段，并就灾后重建提出建议。本丛书不仅涉及地震学、地质工程学、核物理学、放射线医学等自然科学方面的知识，还广泛关注了迄今为止较少提及的都市计划论、财政学、媒体学、灾害风险论、社会学等社会科学领域的内容。"

　　丛书广告语是"巨大的灾难给了日本社会什么样的启示"，丛书名定为"地震与社会"。我个人认为其中的"社会"特别重要。实际

《震灾与社会》全 11 卷

上，自地震发生后，出版界出版了无数种有关地震的图书。岩波书店的书从中脱颖而出，4月8日首发的月刊杂志《世界》5月号刊载了特辑"东日本大地震：核电站灾害特别篇　活吧！"，这期杂志反响异常好，重印了2次。同年7月前后，地震相关的单行本和岩波新书陆续出版。因此，这套丛书从策划开始就要与已出版的图书有所区别。由于已出版的图书作者大多有自然科学领域背景，涉及社会科学领域作者很少，所以会议定下要以这一点作为突破口。另外，以我个人的能力来说也只能从这方面入手。

丛书各卷构成如下。

石桥克彦（神户大学名誉教授）《为南海海沟特大地震做准备》

吉冈齐（九州大学比较文化学府教授）《通往无核化国家的道路》

越泽明（北海道大学研究生院工学研究院教授）《大灾害与复原、重建计划》

高端正幸（新潟县立大学国际地域学部副教授）《重建与日本财政道路》

高野明彦（国立情报学研究所教授）、吉见俊哉（东京大学研究生院情报学教授）、三浦伸也（独立行政法人防灾科学研究所客座研究员）《媒体如何报道了》

长坂俊成（独立行政法人防灾科学研究所项目董事）《记忆与记录　3·11纪实档案》

广渡清吾（专修大学法学部教授，日本学术会议前会长）《身为学者可以做些什么——以日本学术会议进展为例》

田边文也（社会技术系统安全研究所所长）《炉心熔融——核辐射泄漏这样发生》

今中哲二（京都大学原子炉实验所助教）《遭受低线量放射线毒害——从切尔诺贝利到福岛》

鹫谷いづみ（东京大学研究生院农学生命科学研究科教授）《地震后我们该如何与大自然相处》

滨田政则(早稻田大学理工学部土木工学科教授）《液化现象的威胁》

### 三、不同人的不同受灾感悟与在各自工作领域能做的事

丛书如原定计划一样，在地震一年后的 3 月出版发行了，其中只有《为南海海沟特大地震做准备》一书由于写作需要花费很长时间，所以是在地震发生 3 年后的 2014 年 3 月 11 日出版完毕。这套书中由我负责的一共有 4 本，分别是《大灾害与复原、重建计划》《媒体如何报道了》《记忆与记录：3·11 纪实档案》《身为学者可以做些什么——以日本学术会议进展为例》。

实际上，在 2011 年 9 月准备策划地震相关的系列书时，我曾利用休假的时间到受灾地做志愿者。这个志愿者基地位于岩手县远野市，我坐着摇摇晃晃的夜行巴士去远野，然后开往东部沿海地区，经由釜石市到达海啸受灾特别严重的大槌町，途中行车线路避开了道路损毁的沿岸。在釜石市的新日铁制铁厂周围，无论是道路还是周边都没有任何的变化，可是再往港口靠近一点，场景就迥然不同，到处是地震和海啸的痕迹。到了大槌町，除了町政官厅的厅舍外，沿岸所有的建筑物都被冲毁，唯一残存的厅舍也是惨不忍睹、在风雨中飘摇。地震发生后不久，大型船只被冲上岸搁浅、道路四分五

裂，不过当我们志愿者到达时船只已经被移走。原本位于沿岸的铁路山田线的铁轨也弯曲了，被海水和海风腐蚀生了锈，有的地方甚至整段轨道都不见踪影，只留下了枕木。参天大树的枝丫上挂满了鱼漂，向我们诉说着当时海啸的高度。

　　沿岸处从毁坏的房屋中冲出的瓦砾已经被清理干净。作为志愿者，3 天内我能做的事也只有清理残留房屋的地基部分、收集照片和日用品等遗留物品，我们还在河川入口处的河滩上种植向日葵的种子以纪念曾在这里被海啸和泥石流冲走的人和房屋。不过即使能做的不多，在挥锄流汗的过程中，我还是感受到一丝充实。虽然事后冷静思考，那只不过是一种自我满足罢了。

　　著有《物语岩波书店百年史》的红野谦介针对关东大地震和东

参加志愿者活动访问了地震后的岩手县大槌町。摄于 2011 年 9 月

日本大地震做了如下评述：

1923 年末，当时岩波书店的员工只有 22 人。他们一起高谈阔论面向复兴的企图，因为岩波书店本来就对风险有着一定的反弹能力。而且地震发生后，人们求知若渴，对出版物的需求也大大增加。东日本大地震给出版界带来的影响就如同 88 年前的关东大地震时一样，当时作为出版中心的东京遭到了毁灭性的破坏，图书和杂志的供给急剧下降。日本的物流网建成是在 20 世纪 20 年代，首次利用轨道运输的地方小书店因为担心店里的书和杂志不够，因而订单暴增。（红野 272 页）

在此次受灾地的日本东北地区太平洋沿岸，书籍流通网遭到了严重的破坏，沿岸的书店有些整个被冲走了，有些则商品被水浸毁。据说当时卡车形式的移动书店和临时书店里的书都是一售而空的状态。因为对于身体疲惫、内心荒凉的人们来说，书籍是必需的营养元素，而这一现象也是"求知若渴"的最有力的证明。

我有点难以想象受灾群众一口气看完"地震与社会"这套书及有关地震的图书，我觉得他们当时应该更想看治愈心灵的小说或童书。但作为经历过东日本大地震这种特大自然灾害的人，我立志要针对这些在本职工作领域发挥一点作用，我也确实这样做了。

**主要参考文献及引用**

安倍能成 .『岩波茂雄伝　新装版』.岩波书店，2012 年 .

紅野謙介 .『物語岩波書店百年史 1 「教養」の誕生』.岩波书店，2013 年 .

株式会社岩波書店 .『岩波書店百年』.岩波书店，2017 年 .

第十一章

# "帝国学识"能成为东亚的知识遗产吗？

## 一、亚洲问题意识的觉醒——《现代 亚洲的肖像》和《亚洲新世纪》

前文已经提过，进入岩波书店后，我于1993年顺利完成了第一次系列策划"岩波讲座　近代日本和殖民地"，之后在日本，日本殖民地研究成了学术界的研究潮流。这的确是应该庆贺的事情。但是我却觉得有些腻烦，搭某种流行趋势的顺风车，在他人的策划之后跟风，这并不符合我的性格。殖民地讲座结束后，我没有过多拘泥于日本殖民地研究。虽然注意到在讲座中未被提及的研究空白，但是我并没有胆量去出版关于这些研究空白的专题研究。我的策划构想是，把在殖民地讲座月报部分展开的殖民地亲历者们的回忆作为证言，以文集的形式出版，思考有哪些合适的执笔人，按照前殖民地、占领地的不同地区划分目录，甚至定下了标题《帝国日本——败局的记忆》。然而，一想到邀请国内外作者执笔的繁杂，以及翻译要花的工夫，出版的念头终究无法战胜实务操作的辛苦，策划没

《现代亚洲的肖像》内容简介

能实现。当时原计划要委托执笔的作者们现在几乎都已离世，我只好后悔当时没能拼一把。

不过，我把曾给殖民地讲座投过稿的编辑委员和执笔者们的相关著作整理了一下，编辑、出版了以下 3 本书。

后藤乾一《近代日本和东南亚——南进的"冲击"和"遗产"》，1995 年

驹込武《殖民地帝国日本的文化统合》，1996 年

三谷太一郎《近代日本的战争和政治》，1997 年

讲座结束后，我把关注点转移到亚洲新动向上（日本也是亚洲的一部分，不能把日本和亚洲严格区分开）。亚洲各国各地区尤其韩国、新加坡、中国台湾、中国香港等新兴工业经济体的飞跃发展，以及与此相关联的东南亚各国的经济发展，特别是中国，于 1992 年邓小平发表南方谈话之后，经济高速发展，让亚洲的发展成为全世

界的焦点，也吸引了我的注意。

于是我开始把视线转移到亚洲这边，从亚洲的视角出发把握近代之后的现代史。亚洲各国遭受了西方列强与日本帝国的侵略和殖民统治，一直忍受着这种桎梏。而且战后受冷战体制束缚，在朝鲜半岛、越南，亚洲成了真正的战场，展开了激战。亚洲身处严酷的内外环境之中，是如何获得独立与解放，推进经济开发，迎来飞跃发展的时期呢？

我对战后亚洲的兴起产生了浓厚的兴趣，于是想把焦点放在亚洲各国的领导人身上。他们的从政生涯，完完全全就是一部从二战到战后的冷战时代不断推进国民统合和国家建设的亚洲各国奋斗史的缩影。这促成了"现代亚洲的肖像"这个一人一册的丛书的设想，随后这一丛书于1996年年初开始每月出版。

"出版前言"中这样写道：

战后的亚洲束缚于严酷的冷战体制，正如朝鲜战争、越南战争所看到的那样，冷战屡屡转为热战，和日本安定富足的生活截然不同，这些战争中的国家被迫做出选择：是选择贫穷而光荣的孤立，还是屈从于某个大国？

这个也许应该叫作现代亚洲《创世记》的苦难剧，正确地了解它，我们才能构筑起邻近各国的友爱和共存，才能展望"亚洲时代"。这部剧的演出者正是亚洲的这些领导人，他们视解放、革命、独立的光荣为财富，把怀着民族自决夙愿的国民动员起来，谋划建设崭新的国家。

"现代亚洲的肖像"系列，将焦点置于代表近现代的东亚、东南亚、南亚各国的领导人身上，挖掘被视为禁忌的事实，追踪被神化的历史真实。

冷战时期亚洲各国的领导人以强烈的个性让国民倾倒，其中有很多人作为革命英雄和强权独裁者，有时又作为暴君，发挥着领导力。所以本系列图书按国别编写，效果很好，一人一册的纪录片式的单本形式正合适。战后亚洲研究，因为各国各地区研究积累了丰富的成果，研究者众多，所以挑选执笔人时并没有费多少工夫。15名作者中，6人是殖民地讲座的投稿人，也算之前积累的一些人脉派上了用场。

这套书出版后的销路和反响都不错。因为丛书的各卷是独立的，所以大多数书评都是针对单卷，但也有一些书评对整个丛书进行了评价。

本丛书从大局着眼，把20世纪这个尤其充满动荡和变化的时代纳入视野，论述在当时的时代环境中思考和行动的政治领导者，重构各国的历史像。这是一个难度很大的课题。以跨度较大的时代为对象，完成20世纪的历史像而不是一部通史，我认为这是一个需要强大构思的工作。总之，这套书基于各种一手史料展开对政治领导人论述，内容易读，具有独创性，具有相当高的水准。（日本国际政治学会编《国际政治》116号，1997年10月）

评论者首藤元子（驹泽大学）真是切实地领会了我们的编写意图。

在《现代亚洲的肖像》即将开始出版的1995年后半年，我因为社里的人事调动，被安排到了月刊杂志《世界》编辑部。

《世界》编辑部的主要工作就是针对时事性的主题，向人约稿（单篇稿件）并刊登，同时，就一些正在或即将引领时代新潮流的事物，以特辑的形式设定主题，收集相关报道文章。我也参与了特辑策划，其中亚洲题材的特辑非常多。以下就按时间顺序罗列一部分和亚洲相关的特辑名。

- 1995 年 12 月号《连接的亚洲》（随着亚洲各国中产阶级的日益庞大，各国在生活方式上可以看出共性，受此启发而做）
- 1996 年 3 月号《中国威胁论的虚实》（有感于中国的经济发展和军事力量扩大）
- 1996 年 12 月号《亚洲环境报告 生存和发展的两难困境》（随着亚洲的经济成长，各国都出现了关于环境破坏和资源枯竭的危机报告）
- 1997 年 2 月号《记录 香港回归——布局大中华》（香港回归中国前后的动向）
- 1998 年 3 月号《论坛 经济危机的构造》（有感于亚洲金融危机）
- 1998 年 8 月号《来自印度尼西亚的声音》（有感于苏哈托政权倒台和印度尼西亚的民主化）
- 2001 年 3 月号《如何应对中国——在全球化当中》（如何对待加入 WTO 后日益强大的中国）

20 世纪 90 年代后半期至 21 世纪初，亚洲大踏步地走向了世界史舞台的正中。虽然形式不定，蠢蠢欲动，但这个地区散发着充满跃动感的强烈气息。其特征很难用一句话来准确表达。用一种自相矛盾的说法，那就是"具备一体化和多样化的全球性力量"。

对于跃动的亚洲——这股力量的方向性，我想赋予它书籍的形式，于是我在《世界》编辑部任职的同时策划了这个系列，就是于 2002 年年底开始刊行的《亚洲新世纪》全 8 卷。原有的作为西方文化地理、地缘政治学的对比概念而存在的亚洲形象正在溶解，无法更准确地去把握。因此，在这个系列当中，我们放弃了原来讲座按照主题和领域编成的定型编辑方式，和8名编辑委员协商决定了如下的各卷编成。

第1卷　空间——向亚洲的提问（从时间、空间、认识的多元空间中取样看亚洲）

第2卷　历史——亚洲的操作法和被操作法（经历了侵略和殖民统治的苦难与抵抗，在去殖民地化、去冷战化之中逐渐多样化的亚洲印象历史地图）

第3卷　身份认同——解体与再构成（以民族、离散、两性差异为轴，国籍、身份认同的去构造，身份认同多元化的迫力）

第4卷　幸福——变化的生活样式（在中产阶级人数增加、生活样式改变的大潮中，从个人的幸福感和社会的幸福感的罅隙里产生的新亚洲）

第5卷　市场——跨国化的信息和经济（市场经济的全球化如何重构了原来的网络，基于新的价值观又生产出了哪些文化产品）

第6卷　媒体——言论和表象的地缘政治学（新媒体工具的普及，改变了言论状况和表现方法，由此产生了新的言论界、文学和艺术的潮流）

第7卷　力量——亚洲的凝聚力（被欧美批判为裙带关系、强权独裁的亚洲政治文化中变和不变的部分）

第8卷　构想——迈向亚洲新世纪（把握21世纪的关键主题、多样的亚洲现实，想象直面地球诸问题的亚洲未来像）

这样的编成结构，是想在8个位相上展示亚洲的多样性，把多样的事物如实表达。而且，为了避免多样的观点受到限制，我们向亚洲各地区的 20 多名当地投稿人约稿。各卷的内部也是由座谈会、论文和稍短的专栏风报道等多种形式构成。

这是一个非传统的充满意欲和野心的系列。然而系列的焦点扩散了。虽然有先驱性，但是很难说清这个系列的意图和创见是什么。通过每个月刊行，最终顺利结束了该系列，可是并没有很强的底气说我们切实把握了亚洲的迫力。结果是，对该系列并不太合适于报纸上的书评以及各个学会的集体评议。

## 二、回归"帝国"日本

在着手出版《亚洲新世纪》的同时，我注意到别的动向。那就是亚洲对日本历史的关注开始复苏。

我因为出差或者参加研讨会而访问中国的时候，目的地大多是首都北京，接下来比较多的就是广州。这里有孙中山创办的中山大学，岩波书店也一直把自家出版发行的图书赠送给该校中央图书馆。此外，作为作者和我有长期往来的东京大学滨下武志先生在离职后，在中山大学新开设的亚洲太平洋研究学院担任院长。还有广州市社会科学院主办的双月刊

中山大学中央图书馆收藏的汉译日本书籍，2007年3月

学术杂志《开放时代》，因为和总编吴重庆先生（现中山大学哲学系教授）有深交，所以也有多次访问的机会。

中山大学拥有众多研究人员，资金雄厚，目标是称为"国学"（日本称为"汉学"）的一大基地。不仅仅是研究基地，也是收集国学相关经典并将其数据库化的知识财产的基地。某次和历史系教授桑兵会面时，得到了他的著作《国学与汉学——近代中外学界交往录》（1999 年，浙江人民出版社）。这本书里收录了大量日本近代以后的汉学成果。

在日本我受到了《亚洲新世纪》编辑委员、京都大学山室信一的大作《作为思想课题的亚洲——基轴、连锁、筹划¹》的启发。这本书把统合近代以后多种亚洲概念的凝聚力汇总为三个关键词。

第一个关键词"基轴"，是指亚洲各国在直面现代化这个实践课题时，存在着吸收西方现代先进文明、对抗西方人种主义、构造民族的志向性的倾向。第二个关键词"连锁"，是指西方的认识体系（"西方学"）通过现代的教育系统和出版机构等通道在亚洲范围内流通并被接受后，使得亚洲文明的一体感开始觉醒。第三个关键词"筹划"，是指在外交、贸易、言论等场合，由作为地区主义的亚洲主义酝酿创造出的积极的意志和行动。

尤其引起我注意的是"连锁"论，就是把作为"东方学"的近代日本的学识定位为"让'西方学'回流至亚洲知识回路的环结"这一事实。山室先生对此进行了缜密的调查，包括近代日本针对亚

---

1. 日文原文"投企"，是德国哲学家海德格尔学说里的一个名词，德文 Entwurf，对应中文术语为"筹划"。

洲留学生的教育活动、把日本发行的图书有组织地翻译成当地语言的翻译活动、由日本带到亚洲并固定下来的西方近代概念的翻译等。从处于亚洲"知识回廊"环结位置的日本的角度看来，亚洲这个认识空间，是随着帝国日本控制亚洲、日本人的活动领域扩张而形成的。

为了详细说明这个问题意识，在山室先生担任编辑委员的前述《亚洲新世纪》第 1 卷《空间——对亚洲的疑问》收到的投稿《关于空间亚洲的认识的扩张和变化》中描绘了大致的轮廓，告诉我们，通过与日本的军事行动和政治统治以及通商活动同时进行的调查研究，亚洲的知识体系是如何被制度化、固定化，作为统治的工具被战略性地使用的。向《亚洲新世纪》第 1 卷投稿的田中耕司的《生态学的亚洲地图》也从亚洲的风土、气候和与之相适应的农业为基础的生态学性质的文明史观的框架中选取亚洲的空间认识，颇有意趣。

在追踪日本帝国对外扩张的过程后，山室的这个问题意识也许立刻会蒙受"这就是东方主义"的批评。山室先生的大作出版之前，《亚洲新世纪》的编辑之一、东京大学的姜尚中把近代的权威知识体系称作"日本式东方主义"，在《走向东方主义的彼方——近代文化批判》一书中尖锐地批判说"近代日本把西方发祥的东方主义反转作为日本最初的西方主义，以此把对亚洲的殖民统治正当化，把对亚洲的'未开化'意识和污蔑感作为帝国意识培养起来"。

岩波书店的综合学术杂志《思想》的小特辑《近代东亚的科学思想》（905 号，1999 年 11 月刊）之中佐佐木力的《西洋的科学革命和东亚》一文，是把在中国各大学及研究机构的演讲整理之后写成的，文中指出，鸦片战争以后的东亚世界是由"科学帝国主义"所统治，并让我们注意到在西欧近代科学的古代、中世纪起源里存在着比西方更先进的阿拉伯科学以及中国的科学技术。文章严厉地批判道，近代日本成了科学帝国主义的"代理人"，殖民统治中国台湾和朝鲜，并且侵略了中国。

正如姜尚中和佐佐木力所言，把日本在帝国统治之中构筑起来的近代学问定罪为"用于统治的工具"并全面否定，这样合适吗？的确，作为目的在于统治的国策研究而被动员这件事是真实的。但即便如此，不去了解内情，而是认为"总之它就是罪恶的"，并因此将其作为"失败者的言论"扫入历史的废纸篓里，贴上"小心处理"的标签放置一旁，那么也许早晚有一天"帝国"日本的学识会被忘却，被认为从来没有存在过。流行的后殖民地研究曾处于某种风潮之中，即动辄把东方主义批判作为一个非常方便好用的标签随心所欲地拿来使用。但是当我们想到在中国的"国学"中日本"汉学"的影响，以及在山室信一的亚洲知识回廊中"东方学"里日本的作用的时候，我们无法抹去这样一个空虚的念头：在尽数消除近代日本的学识之后，近代亚洲还会有什么样的学识剩下呢？

近代日本吸收了欧美的先进学术体系后，在针对亚洲的对外扩张中构筑起了何种认识空间？在去殖民地化、冷战和美国影响下，和战后学问制度的形成又有何种联系？我情绪高涨，想要获得对于涉及当今的亚洲认识的构造性的理解。

"回到10年前讨论过的殖民地统治问题吧。作为《近代日本和殖民地》的后续策划，用和岩波讲座一样的形式做吧。"这样的强烈念头不断地涌上心头。

讲座这个形式要有牢固的框架才能得以实现体系化。作为支撑这次讲座的理论支柱，我想到了两个研究动向。

第一个是"亚洲学"的局势。2003 年，当时在早稻田大学以毛里和子为研究代表的 21 世纪 COE 项目"现代亚洲学的创立"——这项宏大的 5 年共同研究项目启动，3 月我旁听了在早稻田召开的纪念公开讨论会。《亚洲新世纪》第 8 卷里，我们邀请了毛里先生以及早大研究项目成员小林英夫先生，和 4 位编辑委员一起举行了名为"亚洲学的构筑方法、亚洲的构筑方法"的座谈会，内容也一并刊登了。

第二个是新"帝国"论。2001 年"9·11"恐怖事件发生、2003 年伊拉克战争爆发时，"冷战后"这个词早已退居幕后，全球化和无国界化已是世界共识，呈现美国单极统治化和单极统治消亡同时交错的局面。超越民族主义和民族国家，摸索冷战后世界秩序形成的动向变得显著，"无国界化"成了这个时期的常用套话。欧盟的东扩也被认为是这种动向之一。而且，某个特定的国家成为全球力量发挥霸权的"帝国"时代——这样的说法开始出现。同时，对于少数群体和两性差别的人种主义歧视，强调身份政治的风潮高涨。这些乍一看完全相反的、朝向有志于单一主权的全球力量的收缩，和去中心、去领土的多元化网络的扩散这两种动向，被一个概念涵盖，那就是在言论界热闹非凡的"新'帝国'论"。而迈克尔·哈特、安东尼奥·内格里的《帝国——全国化的世界秩序和民众的可能性》（2003 年，以文社）也一时成为言论界的话题。

### 三、做一本"帝国"日本的学识财产目录

就在这时，《思想》里的特辑《帝国、战争、和平》（945号，2003年1月号）吸引了我的注意。策划该特辑的东京大学酒井哲哉，对"把全员战争时代的20世纪的政治思想史，作为封闭的共同体（该共同体由以民族国家为中心的同质的成员组成）的故事进行描述"的妥当性提出了疑问。特辑中刊登了多篇论文，文中主张，作为殖民地帝国日本的统治工具的殖民地政策论，应该作为国际秩序论、国际法被展开，并关联到战后的国际关系论。

我从酒井哲哉的构想以及山室信一的成果中得到灵感，于是和他们两位讨论，能否进行《近代日本和殖民地》的后续策划。开始我们把讲座的标题临时定为《近代日本和亚洲学》。叫"亚洲学"是因为我一直想着前面所说的早稻田大学的研究项目。另外也是因为一向给我强烈思想影响的竹内好希望我能响应他曾极力提倡的"亚洲学"。竹内好在他编辑的《为了提倡亚洲学》中，如此说道：

如果亚洲学成立，它作为文明观的改写，作为把以近代欧洲为蓝本的学术体系从内部进行变革的学问，只有在不断反问其姿态的自我变革的过程中才成为可能。（第14页）

关于"亚洲学"的具体内容，我们考虑把以下内容作为立足点，即把殖民帝国时代日本构筑起来的"东洋学（Oriental Study）"和"东亚研究"的积累作为对象。关于东洋学，我们和东京大学的岸本美绪（她从史学史的角度研究日本的中国史学）进行了探讨；关于东亚研究，我们和东京大学的末广昭（他对整个亚洲的地区研究

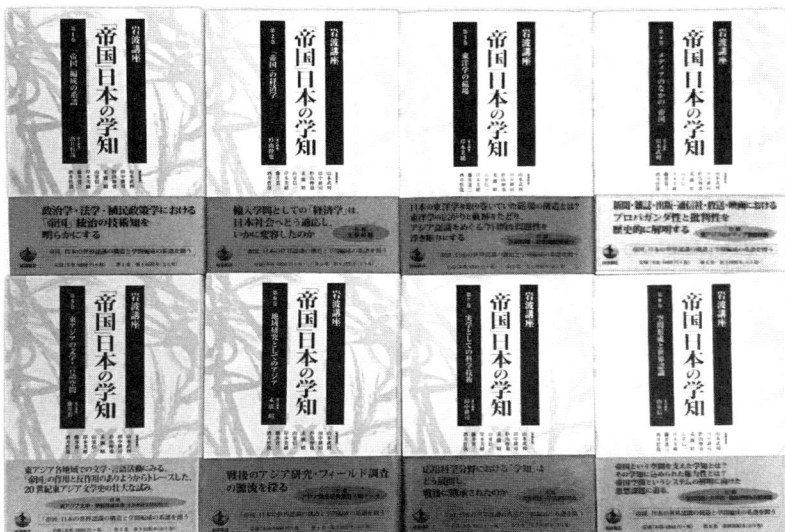

《岩波讲座 "帝国"日本的学识》全 8 卷

非常关注）进行了探讨。在切实把握前人学术史的基础上，不彰显
前人，但也不轻易地套用萨义德的东方主义批评给前人的研究"定
罪"，而是对两人的实证性的研究姿态保持信任。

　　我们邀请了以下几位担任编辑委员，从学术领域来看，有研究
政治学的酒井哲哉，研究东洋学的岸本美绪，从事地区研究的末广
昭，研究自然科学、科学技术的田中耕司，提出空间认识论的山室
信一，还有几个必需的领域，于是又邀请了研究经济学的杉山伸也
（庆应大学）、研究媒体论的山本武利（早稻田大学）、研究文学的
藤井省三（东京大学），共八人。确立了各编辑委员分担责任的编
辑体制之后，最终编写出全 8 卷的讲座。

　　从 2003 年年末至次年 4 月，这八位聚在一起召开了 4 次编辑委

员会。在讨论过程中，该会决定消去"亚洲学"这个构想以及命名。之所以这样，是因为这个讲座的目标是要查明作为帝国日本的支撑世界体系的认识空间，学术的对象是全世界，预先并没有亚洲这个框架；还有一个原因是编辑委员中有人表态，认为近代日本即使有"亚洲研究"也没有"亚洲学"。

此外，关于早稻田大学的"亚洲学的创立"，在项目结束的2007 年，作为共同研究的总结，以毛里和子为编辑代表，我们整理了《东亚共同体的构筑》这个全 4 卷的论文集，我负责编辑，之后由岩波书店出版。定位是，这套书不触及"现代亚洲学"的整体构筑，而是作为其成果一部分的关于东亚共同体的共同研究。也许要构筑"亚洲学"还为时尚早。

即使放弃了"亚洲学"的想法，我本人还是有一个不变的想法，就是想编辑一部由帝国日本所编制的近代学术的财产目录。因为我有一个更大的企图或者说野心。日本的学术界有着学者安于所属的特定学术领域的风气和框架，理所当然一般从事专业领域的学会活动，看到这个状况，我越发想要在技术化、专业化、个别化的学术风气上砸开一个口子。日本的这种学术风气，丸山真男曾经称为"萝卜坑化"，在《日本的思想》（1961 年，岩波新书）中进行了尖锐的指摘和批判。我认为，应该从内部打破被细分化的专业壁垒。看似理所当然地出现在眼前的日本的学术领域，在近代以后是如何被人为地、政策性地构筑起来的，将其产生和发展经历暴露于光天化日之下是最有效的。这样一来，被制度化的知识可以批判性地重新把握，这也许会成为夺回学术原本的批判性和全体性的契机。所谓帝国，不管其实情如何，如果对善恶可否的价值判断置之不论，那么自然会产生"好歹也算是世界体系的结构因素"这样一种觉悟，以及与此相伴的世界认识。

以日本的大学为中心的高等教育机构，在文科省推动的独立法人化的改革中，尤其是人文类和一部分社会科学类的学术专业，被置于预算削减、岗位缩减、入学人数减少、说是濒死也不为过的状态中。于是乎，哀叹人文科学、社会科学衰退，将责任归咎于日本文教政策的错误的风潮蔓延于大学人士之间。而对于在大学取得终身职位、只要没什么大事就不用担心失业的教员，难道不应该通过自己的研究活动和学会活动，表明主动改变此状况的决心吗？我一直抱着这种义愤的心情。

发掘帝国日本的学术学识这件事，理所当然地会产生批评。比如，被动员利用于侵略和统治亚洲的工具，有什么价值吗？难道没有想到被统治的亚洲一方的牺牲以及残存至今的伤痕吗？这样的编辑行为，不就是日本式东方主义的重演吗？等等。

对于很容易就能预料到的批评，我脑海中一直保留着前述桑平先生等人虚心坦然地参考近代日本学识的学究式的姿态。另外，根据之前《岩波讲座　近代日本和殖民地》的编辑经验，我有非常肯定的预感，中国台湾和韩国的研究者们肯定会很关注。

殖民地讲座中未能充分展开讨论的学术领域里，有一个文化人类学。我的一个朋友、人类学家叫中生胜美（现任职于樱美林大学），我受到由他提倡的日本殖民地的"殖民地人类学"启蒙之后，他给我介绍了首尔大学全京秀教授。全教授受中生胜美之邀当时正在对日本曾经统治的亚洲各地区中日本人类学家在战前的研究活动进行调查研究。全教授行动力极强，2002 年 11 月，在首尔大学召开了"日本的殖民地主义和东亚人类学"论坛，邀请了来自韩国、日本、中国台湾的人类学、历史学的研究者，召开了研究发表会。我也受邀参加了论坛。

日本的学术界也对殖民时期的学术抱有较大的关注，这一点我深有体会。

1962 年，为了实现日本国内的朝鲜研究的组织化，日本成立了朝鲜研究所这样一个民间研究机构。我查阅了当时发行的《朝鲜研究月报》，发现创刊当时设立成员讨论的，是东京帝国大学[1]、京都帝国大学[2]的东洋史研究，"满铁"历史调查室的"满洲"（中国东北）、朝鲜历史地理研究，京城帝国大学的社会经济史研究，等等。

此外，帝国日本也存在着后藤新平（他在之前的殖民地讲座中成为数篇论文的研究对象）那样提倡基于科学见解的统治，先后担任台湾总督府民生长官、"南满洲铁道"（"满铁"）总裁，通过旧例调查、当地教育、研究机构的科学调查研究等，提倡、规划适合当地实际情况的统治体系并付诸实践的政治家。

进一步说，我的母校，北海道大学的前身——札幌农学校，第 1 期毕业生、曾任该校校长以及北海道帝国大学校长的佐藤昌介，于 1890 年在札幌农学校开设了日本第一个殖民学的课程。曾任北海道大学教授、讲日本近代史的、我北海道大学时代的学长井上胜生，给了我佐藤昌介的殖民论课程笔记的复印件和相关论文的选印

---

1. 东京帝国大学，建立于 1886 年，是明治维新后日本帝国在东京建立的第一所帝国大学。最初被命名为"帝国大学"，后来随着其他帝国大学的增设而改名为"东京帝国大学"。现为东京大学。

2. 京都帝国大学，是日本帝国继东京帝国大学之后设立的第二所帝国大学。现为京都大学。

本。我对于佐藤昌介吸收了西方的殖民学而构筑起来的缜密又宏大的殖民学体系惊叹不已，并且切身感受到其后日本的殖民地政策学的源头明显就在这里。

"帝国"日本的学识并没有被一片空白地历史化。有一群人正在追寻它的学识。而且受到过统治的亚洲的当事者们也想要了解它。通过编辑委员会议，讲座的主体脉络逐渐地呈现出来。首先并不是泛泛的后殖民主义批判，而是要彻底坚持实事求是的实证研究。在实证之前不轻易做价值判断。绝不为了把讲座编写成对于现在的读者来说简单易读的东西而进行简化或者妥协。把事实原封不动地摆到读者面前，是评论，还是定罪，价值判断全权交给读者。此外，全书以学术论文集的形式进行编写，这就是我们制定的编辑方针。

《岩波讲座　"帝国"日本的学识》全8卷从2006年2月开始刊行。8位编辑委员一起讨论，商定了各卷开头的《写在编辑之际》的措辞，文章如下：

本讲座是受1992年至1993年刊行的《岩波讲座　近代日本和殖民地》的启发，想把近代日本学识的产生和发展在历史发展脉络中进行定位的产物。在《岩波讲座　近代日本和殖民地》中，我们想把帝国日本的殖民地化的过程，以及对此进行抵抗的殖民地民族主义的论理，用世界史的视角进行把握。

战败后的日本处于美国的占领下和冷战下的远东战略之中，被编入"远东""亚洲太平洋"这些地区概念里。但是以冷战结束为契机，促成亚洲共同体构想的热潮高涨。而且，在全球化中，为了认识新的世界像，对曾经的帝国性的世界体系的关注也逐渐高涨。作为帝国性认知空间的先行经验，对在殖民地帝国日本被构筑起来的学识进行的再次质问，在不同的学术领域，或者说超越了领域，大范围地萌芽。

（中略）

本讲座基于 20 世纪 90 年代以后的研究状况，再一次将焦点放在开国时期[1]以吸收欧美学术的形式起步、在日本的"帝国"化过程中被构筑起来的日本的诸类学问的形成过程上，即本讲座的目的是查明帝国性认识空间的位相。所以本讲座的目标，既不是单纯地引进学术的移植史，也不是诸多学术在国界内扎根下来的学说史。对于"学识"这个问题设定，我们抱着"基于学问的内在理解，同时在知识实践的脉络中对其准确把握"的多视角的观点。在亚洲广域的秩序中反刍近代日本的经验，把日本的学识作为和亚洲各地区相互交流的场所进行把握，通过这些审视今天我们作为前提接受的理论学说和作为实践指针、制度的学问的样态，将其转变为用以构思新学识的领域和体系的材料，这些就是本讲座的目标。而且这样也许能矫正那种动辄将战前与战后的学术截断开来思考的惰性，同时从冷战后的今天的视角出发，谋划对近代日本的学识进行批判性继承。

《岩波讲座 "帝国"日本的学识》，其目的不只是进行意识形态批判，我们希望这套书能通过对近代日本学识的历史性审视，成为一个跳板，面向未来，探究新的智慧的可能性。在用以应对全球化的国家战略中，作为各门学问的"科学管理学"的再编成正在推进。虽为小作，但如果本讲座的刊行能帮助大家找回对作为"人性学"的学问和知识的信任，那么身为编者是再高兴不过了。

---

1. 开国，即废除原有的闭关锁国政策，开始对外交往。

末尾的"科学管理学"可以说正是表达了被独立法人化之后的大学改革不断摇摆的大学学者的不安心理。

全卷构成及各卷目录如下。

第一卷　"帝国"编成的系谱（法学、政治学、殖民政策学等运用帝国政治系统的实践性技术和知识脉络）

（序章）帝国里的政治学、法学、殖民地政策学　酒井哲哉（东京大学·编辑委员）

札幌农学校和殖民政策学的诞生——以佐藤昌介为中心　井上胜生（北海道大学）

变奏的统治——20世纪初中国台湾和朝鲜的刑罚、治安机构　梅森直之（早稻田大学）

保护下韩国的条约修改和帝国法则——破裂的日韩两国内法的地区主义结合　浅野丰美（中京大学）

殖民地的法学者们——"近代"乐园的私生子　吴豪人（中国台湾辅仁大学）

宇宙世界——京城学派公法学的光芒　石川健治（东京大学）

"原始"和殖民地的政治学——1940年代的中村哲　苅部直（东京大学）

向谁诉说——"大东亚战争"和新秩序的言论　有马学（九州大学）

"帝国秩序"与"国际秩序"——殖民政策学中的媒介论理　酒井哲哉

第二卷　"帝国"的经济学（国内环境和国际环境的动态交涉中

日本经济学的展开）

（序章）国际环境的变化和日本的经济学　杉山伸也（庆应义塾大学·编辑委员）

经济立国的日本的经济学——涩泽荣一和亚洲　岛田昌和（文京学院大学）

明治经济的再编成——日清战争[1]之后的经济构想　佐藤政则（丽泽大学）

经济法的整饬——条约修改的政治经济学　小泽隆司（札幌学院大学）

黄金解禁的争论——井上准之助和世界经济　杉山伸也

日本资本主义争论——制度和构造的发现　中林真幸（大阪大学）

"帝国"的技术者——供给、移动、技术形成　泽井实（大阪大学）

"大东亚共荣圈"的经济统制和企业　疋田康行（立教大学）

战后复兴的经济学——殖民地丧失后的日本经济　中村隆英（东京大学）

第三卷　东洋学的磁场（以日本为中心的东洋学，吸收汉学的遗产和西欧的学术方法，在亚洲的位置上摸索自己的历史认识形成的系谱）

（序章）东洋之中的东洋学　岸本美绪（东京大学·编辑委员）

---

1. 即中日甲午海战。

日本"东洋学"的形成和构图　中见立夫（东京外国语大学）

"东洋史学"的形成和中国——桑原骘藏的情况　吉泽诚一郎
（东京大学）

东亚考古学与近代中国　吉开将人（北海道大学）

近代佛教学的展开和亚洲认识——作为他者的佛教　下田正弘
（东京大学）

战前日本的"回教徒问题"研究——以回教圈研究所为中心
臼杵阳（国立民族学博物馆）

中国中间团体论的系谱　岸本美绪

侵华战争前夜的中国分析——"再认识论"与"统一化争论"
西村成雄（大阪外国语大学）


第四卷　媒体中的"帝国"（报纸、杂志、广播、照片等各种媒
体的历史展开和其在帝国统治中的作用）

（序章）担起"帝国"的媒体　山本武利（早稻田大学·编辑
委员）

"帝国"日本的新闻学　土屋礼子（大阪市立大学）

德富苏峰和权力政治家——帝国日本兴隆之路　佐佐木隆（圣
心女子大学）

体制改革与信息战——从社会民主党宣言到象征天皇制　加藤
哲郎（一桥大学）

综合杂志的盛衰与编辑者的活动　植田康夫（上智大学）

同盟通讯社的"战时报道体制"——战时的通信系媒体与国家
里见脩（秀明大学）

"帝国"和广播——伪满洲国的"活在政治中"　川岛真（北海道大学）

外地[1]的电影网络——以 1930—1940 年代朝鲜、中国被占领地区为中心　川崎贤子（文艺评论家）

日本军的媒体战术、战略　山本武利

第五卷　东亚文学与言语空间（以多语言、多民族的帝国空间中创造出的文学为对象，探讨超越国民文学的广域文学的可能性）

（序章）东亚的各"国语"文学和"国民"电影　藤井省三（东京大学·编辑委员）

殖民地、占领地的日语文学——中国台湾、东北、内地的双语作家　山口守（日本大学）

关于周作人、鲁迅的日中文化交流　伊藤德也（东京大学）

战后的日语文学——对在外日本作家和中国文学研究的影响　阮斐娜（加利福尼亚州立大学伯克利分校）

中国的普通话文学——对日本文学、中国文学研究的影响　藤井省三

南洋的普通话文学　荒井茂夫（三重大学）

朝鲜近代批评的成立和挫折　川村凑（法政大学）

东亚各城市的战后电影交流史——以五六十年代越过香港、东京边界的女性为中心　黄淑娴（香港岭南大学）

---

1. 二战前后日本对侵占的殖民地的称呼，和日本本土（内地）相对，称为外地。

第六卷　作为地区研究的亚洲（通过将焦点集中于调查这个技法，凸显亚洲研究的系谱，同时探讨战前的海外情况调查和战后地区研究的继承关系）

（序章）作为他者理解的"学识"和"调查"　末广昭（东京大学·编辑委员）

亚洲调查的谱系——从"满铁"调查部到亚洲经济研究所　末广昭

农业农村调查的谱系——北京大学农村经济研究所和《齐民要术》研究　田岛俊雄（东京大学）

柳田民俗学的东亚展开　鹤见太郎（早稻田大学）

统计调查的谱系——殖民地的统计调查系统　佐藤正广（一桥大学）

近代日本的海外通商信息战略和东南亚　清水元（早稻田大学）

二战时期商业高等学校的亚洲调查　松重充浩（日本大学）

华侨、华人调查——经济力调查、排斥日货、抗日运动调查　滨下武志（京都大学）

长期经济计划和产业开发——从"生产力扩充计划"到"经济自立五年计划"　冈崎哲二（东京大学）

日本的中国调查机构——以国策调查机构设置问题和"满铁"调查组织为中心　井村哲郎（新潟大学）

调查机构、团体及其资料　末广昭


第七卷　作为应用科学的科学技术（以农学、公众卫生学、卫生工学等为中心，近世日本的应用科学被近代自然科学继承，然后

传播至亚洲各地区的过程）

　　（序章）作为应用科学的科学技术　田中耕司〔京都大学·编辑委员〕

　　日本农学的源头、变化、再发现——向着心土不二的世界　德永光俊（大阪经济大学）

　　创造农业技术的人们——昭和的技术者群像　西尾敏彦（特产农产物协会）

　　殖民地经营和农业技术——中国台湾、中国南方、"满洲"　田中耕司、今井良一（京都大学）

　　钉螺的故事——日本血吸虫病与近代日本的殖民地医学　饭岛涉（青山学院大学）

　　实现世界第一长寿社会的近代日本的进程　松林公藏（京都大学）、奥宫清人（综合地球环境学研究所）

　　"帝国的卫生"——从卫生工学到环境学　小野芳朗（冈山大学）

　　从声音看日本的近代——"音乐的"变化与"噪声"的排除　平松幸三（京都大学）

　　今西锦司与野外科学　斋藤清明（综合地球环境学研究所）


　　第八卷　空间形成与世界认识（鸟瞰贯穿近代日本学识的时间性和空间性的拓扑学，提供朝向新世界认识的观点）

　　（序章）空间认识的视角与空间的生产　山室信一（京都大学·编辑委员）

　　国民帝国、日本的形成与空间认知　山室信一

　　哲学与世界认识——西田几多郎的"东洋"与"世界"　藤田正

胜（京都大学）

战前日本马克思主义哲学的到达点——三木清与户坂润　平子友长（一桥大学）

都市空间的创造与社会生活　藤田弘夫（庆应义塾大学）

关于近代日本国土空间生产的计划化思想及其实践——地方利益与都市利益的冲突　水内俊雄（大阪市立大学）

建筑的越境与殖民都市建设　西泽泰彦（名古屋大学）

作为历史空间的海域世界　早濑晋三（大阪市立大学）

文化圈与生态圈的发现　应地利明（滋贺县立大学）

本讲座在每卷都设置了平均 50 页左右的附录。包括政治学、法学、经济学、哲学、历史学、文学、语言学、地区研究、自然科学等各个领域的主要文献的信息及简介，研究机构的沿革，研究、学说史年表，等等。我们的本意就是出版一本"帝国"日本的学识的财产目录一览，以方便后来人发掘历史并将历史作为研究对象。

这套书从 2006 年 2 月开始逐卷刊发，编辑实务是由我和另外一位编辑部主编 T 共同完成，大家想方设法完成每个月的刊行，各卷附录的编辑工作虽然复杂但最终也顺利完成，总算是把这个成果交给了社会。

各种各样的书评也出现了，但略为遗憾的是，各个学术领域的专家几乎都是只针对和自己专业一致的某一卷做评论，很少有针对整套讲座的评论。虽然如此完全听不到类似令人担心的"帝国统治的再现"等评论。

## 四、"扶摇上青天"——在首尔大学论京城帝国大学

刊行结束的第二年，2007 年 6 月，在首尔大学全京秀教授的呼吁下，继前文所说的 2002 年的论坛，在首尔大学又召开了国际研讨会，主题是"帝国的学识与京城帝国大学的教授们"。日本方面除了我，还有曾给岩波讲座投稿的作者参加：投稿第 1 卷的石川健治和投稿第 6 卷的中生胜美。

在讲座上刊登的石川先生的论文《宇宙世界——京城学派公法学的光芒》，内容洋洋洒洒，用了 120 张原稿（每面 400 字），直到校对完毕的日子才终于拿到原稿，非常辛苦。但论文内容的写作手法非常精湛，只能亲自阅读体会。他这样写道：

他们身为卓越的理论家，其工作成绩绝不是来自日本本土的直接进口品。他们的工作是京城学派自身追求思索的成果，用一个冷僻词说就是"半岛学识"。在他们眼中并不存在东京帝国大学。在朝鲜半岛的大陆性风气中，悄悄地将柏林大学视为对手的京城学派气度非凡。他们在京城时代用德语撰写了大量论文和书评。他们想站在 20 世纪社会科学的最前沿与欧洲同僚们为友、钻研学问。他

首尔大学收藏的京城帝国大学时代的法学类图书

们甚至想通过在朝鲜半岛磨炼出来的思索成果，打破"帝国"日本的学识所带有的岛国狭隘性。当然，这正是"身在朝鲜，就肩负着义务去思考朝鲜"的"超常重压"使得他们局踏不安而产生的相反的表达。在这种表达的字里行间，充满了空虚的昂扬感，从中隐约可以读出深浅莫测的懊恼与自欺。

在殖民地的帝国大学，在"帝国"的思索的成形过程中，"帝国学识"被构筑起来。从石川的论文中，我们可以读出关于"帝国学识"的复杂生成过程的暗示。即在知识从欧美到殖民地、从殖民地到中国大陆再到日本本土，超越国境不断环流的过程中，将柏林大学视为对手的普遍性，和作为"半岛学识"的现场性（在受到"民族牢狱"重压的被统治者视线中形成），被混沌的时局翻弄，同时又有一种使其复原至内部规则（nomos）秩序的论理愿望，这种称为"帝国的"宇宙世界性的多重智慧行为在同步进行。

石川在首尔大学以《"半岛"的内部规则——尾高朝雄与京城帝国大学法律系》为题发表了论文。"半岛"是指遭到日本帝国殖民统治的朝鲜半岛，当时"半岛""半岛人"这种剥夺了朝鲜民族（韩民族）的民族认同的压制性表达方式经常被使用。在那里的大学执教的法律系教授尾高虽然也站在支持殖民统治的立场，但在极易展现出"混沌"样态的"半岛"里，他思索了存在于法律和政治秩序最底层的内部规则（nomos）。论文的开头如此写道：

20世纪30年代，日本的法学在首尔的天空下，形成了世界社会科学的最前沿。令人遗憾的是，这个事实在之后被遗忘得干干净净，猬集在京城大学法律系这个梁山泊里充满野心和才能的年轻法学者们，也受到了朝鲜半岛的国际性风土的影响，他们把柏林大学而不是东京帝国大学视为对手，通过相互间密切的学术交流，日夜切磋琢磨。这传说般的京城学派的领头人，就是本书稿的主人公尾高朝雄。

石川先生的导师就是京城学派其中一人清宫四郎的门徒樋口阳一，石川自己也清楚地表明了自己继承京城学派的学术传统。

在研讨会期间，石川被带领参观了首尔大学的中央图书馆。据说那里有藏书 250 万册，其中有 40 万册继承自京城帝国大学。藏书中有 12 万册是西方图书，18 万册是日本图书、东方图书，存放在贵重图书库里。石川看到了法学相关图书，惊叹道："维也纳学派的基本图书全部以原书的形式系统地保管在这里。就好像京城帝国大学法律系的公法学者的大脑原样再现一般。"

我来首尔之前，熟读了京城帝国大学的同窗会发行的建校 50 周年纪念文集《扶摇上青天》。文集里记录了尾高朝雄所教授的法律系法律专业毕业生横越英一的如下回忆，也印证了石川的上述见解。

京城，和当时的内地（日本本土）尤其是东京在某种程度上是剥离的，但在某种程度上又不剥离。某种程度上剥离，所以避免了卷入各种各样的杂音、杂物之中，某种程度上又不剥离，所以可以给我们一些适当的刺激。尤其是随着日本进入大陆，人员往来大增，这样的刺激不断地会产生。京城大学的目标不是东京大学而是柏林大学，教师群体的这种抱负也必然影响了学生。的确，和柏林大学虽然远远相隔，在陆地上却是连通的。远大抱负在大学的师生之中口口相传，让我觉得这所大学真是了不起。（《扶摇上青天》424 页）

根据当时学员的切实感受，我们可以在被殖民的学员身上确认以下两点：借助追求学术普遍真理的豪迈精神而跳出殖民地圈子的意志，和"帝国学识"的跨境性。

首尔大学研讨会上发表的石川健治。最右是全京秀。摄于 2007 年 6 月 23 日

　　那么作为被殖民的学员又是怎样的呢？在文集中，我翻到了法律系法律专业一期生俞镇午的采访录。俞镇午还记得岩波文库的《朝鲜短篇小说选》（1984 年）上刊登了他的小说作品《金讲师与 T 教授》（1939 年发表）。根据文库的介绍，俞镇午在解放后，离开了文学界，历任 1948 年大韩民国宪法起草委员、1951 年高丽大学校长、1960 年日韩会谈主席代表、1967 年在野党新民党总裁等职务，是韩国学界政界的关键人物。

　　他的小说的主要情节如下：左倾的大学讲师金万弼，因为看似善良的日本人 T 教授的策略，设立民办大学的构想失败，被一个总督府官僚盯上了。金万弼虽然在日本人设立的国立大学接受了教育，然而因为日方阻碍韩国设立自己的教育机构，抑制韩国的民族意识，所以对日方抱有敌意。但是之后由于没办法明显表露本意，而不得不作为合作者行事，为此他深感矛盾。

俞镇午的确是制定了成立民办大学的计划书，但未能实现。战争结束，迎来了解放，原京城大学的毕业生大举参加了韩国的市立专门学校升级为大学的事业以及成立民办大学的事业。

《扶摇上青天》里，俞镇午说道：

假设没有这所京城大学，那么我认为在韩国的建国过程中，肯定会遇到更大的困难。可以说京城大学在某种意义上，对今天的韩国是有贡献的。

所以我希望日本的各位知道一点，因为以上事实，日本人之中普遍存在一个想法，认为对于朝鲜的现代化，日本人或者总督府是有大贡献的，比如之前的韩日会谈上引起争论的久保田的发言就是这样。釜山至新义州的铁路是日本人铺设的，这是事实。但是，从我们的立场来说，听到这样的话委实生气。这是因为我们想做这样的事情，日本人不让我们做，而是由他们自己来做。从我们的立场来说，总督府建造京城大学是事实，但如果总督府没有妨碍我们亲手创办民办大学或高丽大学，我们原本可以更早更积极地办好教育，韩国的现代化会更加发达。（《扶摇上青天》411—412 页）

日本的"帝国学识"对韩国现代化有做出贡献的一面，但也阻碍了民族的自主独立，日本殖民者的压制行为伤害了韩国的民族自尊心，这也是事实。所以，正如《岩波讲座 "帝国"日本的学识》的全卷前言里表明的那样，拥有"基于学术的内在理解，同时在知识的实践脉络中重新把握的多角度视点"非常重要。通过"在亚洲的广域秩序中反刍近代日本的经验"，"把日本的学识作为和亚洲各地区相互交流的场合进行把握",批判性地继承"帝国学识",这才是我们需要做到的。

我真没想到,首尔大学的研讨会上,听众当中的一位学者居然是俞镇午的孙女,在我发表言论之后,她自报了家门。身处一个超越国境和时代、各种视线和身份认同交错的认识空间的现场,我不寒而栗。

"帝国学识"能成为东亚共有的知识遗产吗?我再一次思考起这个问题的沉重性。

（何勇　译）

## 主要参考文献及引用

京城帝国大学創立 50 周年記念誌編集委員会 .『紺碧遙かに——京城帝国大学創立 50 周年記念誌』. 京城帝国大学同窓会,1974 年 .

竹内好編 .『アジア学の提唱のために』. 論創社,1985 年 .

姜尚中 .『オリエンタリズムの彼方へ——近代文化批判』. 岩波書店,1996 年 .

山室信一 .『思想課題としてのアジア——基軸・連鎖・投企』. 岩波書店,2001 年 .

青木保、姜尚中、小杉泰、坂元ひろ子、莫邦富、山室信一、吉見俊哉、四方田犬彦 .『アジア新世紀』全 8 巻 . 岩波書店,2002—2003 年 .

山本武利、田中耕司、杉山伸也、末廣昭、山室信一、岸本美緒、藤井省三、酒井哲哉 .『岩波講座「帝国」日本の学知』全 8 巻 . 岩波書店,2006 年 .

第十二章

# 如何编辑东亚通史

## 一、重新思考东亚近现代史

回顾东亚近现代史，2010 年是值得纪念的一年。

170 年前的 1840 年，清朝和英国之间爆发鸦片战争，这是西方列强依靠武力进入东亚的开端。150 年前的 1860 年，搭载着胜海舟、福泽谕吉等遣美使节团的江户幕府军舰——咸临丸进入旧金山港，由此日本打开了国门。100 年前的 1910 年，日本强制合并韩国，这是帝国主义在东亚分割的开端。60 年前的 1950 年，印度支那战争之后，又发生了朝鲜战争，第二次世界大战后亚洲的冷战演变为激烈的战争。1960 年，在日本反日美安保的国民运动日益高涨的同时，安保条约被修订。

2011 年则是辛亥革命 100 周年，太平洋战争 70 年，《旧金山和约》签署 60 周年纪念之年。

各界媒体也纷纷公布相关策划，唤起日本国民的注意。

《朝日新闻》从 2007 年 6 月到 2008 年 3 月，连载了《历史有生命力：东亚 150 年》共 20 期。该连载中，负责编审之一的山室信一曾经担任《亚洲新世纪》和《"帝国"日本的学问》的编辑委员。

NHK（日本放送协会）从 2009 年春天开始，打着"企划日本"（Project Japan）的旗号，在日俄战争《朴茨茅斯和约》105 周年（2010 年）之际，相继播放大型节目。其整体宣传语是：

我们处在波涛汹涌的历史漩涡之中。在这个任何事都有可能发生的时代里，日本的处境越来越不明朗。日本将走向何方，我们将选择怎样的生活方式？

展望未来。

就如英国首相丘吉尔曾说："如果回顾过去时看得更远，就能更看清未来。"看清未来的钥匙隐藏在历史中。横滨开港，日本走向世界已过 150 年。那一刻日本迎来了转机，也是那个时候日本选择了一种未来。世界注视着一个不同的日本。那里有我们不知道的"JAPAN"的图景。历史绝不仅仅是一个国家的历史。

我们是怎样生存在这个世界上的，今后，又将如何生存？

该企划的最大看点是，因为原作作者司马辽太郎生前不同意所以被认为不可能影像化的大作《坂上之云》被拍成电视剧。作为"NHK 特别电视剧"，从 2009 年 11 月开始到 2011 年分 3 部分共播出了 13 集，每集 90 分钟。投入巨额制作费用，汇集著名演员，搭建大规模的布景，使用先进的 CG 技术计算机动画，完美呈现其内容。另外，日本为纪念"合并韩国"一百周年，从 2010 年 4 月开始，共放映了 5 集系列节目《日本和朝鲜半岛》。印象深刻的是，在 4 集系列节目《日本初次登场》中的第一集，汇集了当时的影像和在当地对当事人的采访内容，反映了甲午战争（日本称"日清战争"）后日本对中国台湾的殖民统治实情。

如果稍微回溯一下历史，20多年前的1990年，海湾战争爆发，日本被国际社会要求以"国际贡献"的名义与多国部队合作。海湾战争成为东亚各国向日本提出历史认识问题的契机。鉴于对日本再次成为军事大国的担忧，第二年海部首相出访东南亚，并表明了对侵略战争进行反省的决心。同年，原韩国"慰安妇"出面起诉日本政府，要求补偿。在日本人中间，高喊"自虐史观"的排外主义和民族主义情绪日益高涨。

此后，关于南京大屠杀的历史评价、教科书问题、参拜靖国神社问题，以及围绕独岛、钓鱼岛的领土问题等历史认识问题，作为东亚最大的课题，成为遮蔽和解与合作未来视野的乌云。2010年9月在钓鱼岛发生的中国渔船碰撞事件，使中日外交受挫，加剧了两国国民之间的不信任。

另一方面，在东亚地区，曾经在韩国被批评为施行压制体制的朴正熙总统，又被评价为国民团结和经济腾飞的主导者。济州岛的"四三事件"、中国台湾的"二·二八事件"等鲜为人知的屠杀事件的真相也逐渐浮出水面。随着亚洲近代历史的空白被填补，历史评价也出现大幅转换的趋势。

东亚地区的历史认识问题与20世纪80年代的教科书问题完全不同，比起政府的对立，不仅国民和公众舆论高涨，学术界的争议也愈演愈烈。然而，在对立和反抗中也逐渐形成了寻求和平与和解的潮流。因此，从20世纪90年代开始出现各种以达成和普及两国或东亚多国间共同的历史认识为目的的对策。例如，由教育界主办的日韩或中日韩联合历史教科书论坛，受中日两国、韩日两国政府委托并由民间研究人员共同进行的历史研究等。具体的出版成果有：中日韩三国共同历史教材委员会编写的《开创未来的历史——东亚三国的近现代史》（2005 年，高文研），刘杰、三谷博、杨大庆等的《跨越国境的历史认识——中日对话的尝试》（2006 年，东京大学出版社），川岛真、服部龙二的《东亚国际政治史》（2007 年，名古屋大学出版会）等。

2006 年，我完成《"帝国"日本的学问》之后，又着手编辑有关美军占领时期日本的五卷丛书——《占领期杂志资料大系》（共 2 篇，各 5 册）。该丛书从 2008 年 9 月开始出版发行。在即将发行丛书的繁忙时期，在媒体和学术界的热烈推动下，我渴望策划出版包括东亚百年历史以及未来亚洲形象的构想的书籍，以此在读书界掀起波澜。

除单行本以外，我也负责和参与了《近代日本与殖民地》《现代亚洲的肖像》《亚洲新世纪》《"帝国"日本的学问》《东亚共同体的构筑》等与亚洲相关丛书的出版。除了《东亚共同体的构筑》这一共同研究成果以外，其他的都是基于问题提出这种独特的切入点和方法论进行编辑的。接下来想做的与亚洲有关的作品中不想涉及有争议的内容，只希望做出正统的、能够被学术界所信赖并作为标准的系列作品。

2008 年正当我有这种想法的时候，在亚洲，对历史事实和历史认识的争议和立场的差异越来越明显。在日本国内，提倡自由主义史观和批评自虐史观的新右派势力越发壮大，与左派史学家之间的争论日趋激烈。这已经是迫在眉睫需要解决的问题了。

解决问题的办法就是营造一个居住在东亚的任何人都可以自由

参考，被正确、客观地记述的东亚历史的知识环境。所以，我想尝试制作东亚历史的各国共享版。

各国国民超越国境共享历史认识，这在题目上看似非常简单，但却是一个远大的目标。在欧洲，专门研究德国和法国历史教科书的研究所（格奥尔格埃克特研究所，Georg Eckert Institute）从建立到使用新教科书，经历了半个世纪。只知道消费者的需求，很难生产新产品，还必须具备开发新产品所必要的条件和方法。

## 二、建立东亚史学术标准

没有出现共享版东亚史的最大原因就是民族主义。每当发生有损于国家尊严、损害国家利益的外交问题时，民族主义就会激发国民的排外民族感情，将人们束缚在僵硬的本国历史框架中。

超越国境和地区共享历史认识究竟是否可能？各国的主权问题，国与国之间能否达成共识，至少现在是无法想象的。

日本能不能提出基于正确的历史事实，而且各国可以相互参考的历史认识呢？对此，我想到的就是"提出有关东亚历史认识问题的学术标准"这一口号。为了这个"标准"，我决定举办岩波讲座。

于是我开始调查近年日本出版的东亚近现代史相关期刊和图书。

《中央公论》1953 年 3 月号的特辑中就有《现代亚洲史》。《现代亚洲史》虽然是杂志特辑，但却是一种记述整个亚洲历史的尝试。之后，于 1956 年，大月书店出版了由上原专禄、仁井田升、饭冢浩二主编，坂本是忠、本桥渥、鹤田三千夫、野泽丰、古岛和雄等担任编辑委员的《现代亚洲史》（共 4 卷）。1955 年的印度尼西亚万隆会议以后，1950 年代中期被称为亚非时代。亚非各新兴独立国，用民族自决论打破帝国主义和殖民主义。中国总理周恩来与印度总理尼赫鲁提倡和平共处五项原则，提倡非同盟中立，向国际社会显示第三世界的存在感。当时是亚洲民族主义光芒四射的年代。《现代亚洲史》以后，只有历史学研究会编辑（野泽丰、板垣雄三、金原左门、佐佐木隆尔、田中正俊、中村义、中村平治、矢泽康祐担任编辑委员）的《亚洲现代史》全 5 卷（青木书店，1979—1985 年）和《讲座：东亚近现代史》全 6 卷（青木书店，2001—2002 年）。于是我想试着做一些不同于它们的企划。

在战后的日本历史学中存在提出历史唯物史观和人民斗争史观这样的记述历史的理论。尤其是，1969 年至 1974 年由岩波书店发行的第一期《岩波讲座　世界历史》全 31 卷中，帝国主义统治和民族主义抵抗的思维倾向尤为突出。而《现代亚洲史》的监修者上原专禄就持有"从世界史的视角看亚洲"这一历史观。上原强调，获得自由和独立的亚洲其他民族要与受到帝国主义束缚的过去诀别，成为创造世界史的主体。

从那个亚非各国民族主义放光芒的 20 世纪 50 年代以来，已经过去了半个多世纪。虽然亚洲仍然面临各种矛盾，但基本上克服了50 年代的贫困，已进入经济快速增长、物质丰饶的时代。东西方世界之间的隔离墙倒塌，苏联解体已经过了二十多年。冷战结束后，提倡国民国家相对化的呼声日益高涨，民族主义反而受到否定性的评价，把社会主义当作国家方针的国家接连消失。尽管如此，亚洲还遗留有冷战秩序和摆脱殖民统治的课题，民族主义刺激国民感情，亚洲近现代相关的历史认识问题成了矛盾的火种。

　　要想描述新的历史，就应该抓住与过去不同的时代潮流，找出新的方法论。日本的历史教科书问题成为日本重新认识近代历史的契机。不仅在日本，在中国也围绕本国的近代史，在原有的人民革命史观和近代化史观两个潮流相互碰撞中进行着历史的改写。根据怎样的贯穿整个东亚的立场和方法论才能描绘出共享版东亚历史呢？

　　全球化历史是当时历史学界的潮流。"超越一国历史""跨境"之类，直到现在都是一种流行语。对此我不持异议。然而，在历史唯物论丧失有效性，还没有出现一种公式化的可以解释所有历史事件的基本理论的情况下，什么是能保证"全球的"呢？

　　于是我想到自己企划发行的《近代日本和殖民地》和《"帝国"日本的学问》。这里的关键词就是"帝国"。那么，是否可以将"帝国"作为切入点呢？而且，也不能是单纯的诸帝国兴亡史。如果是那样就成了历史读物一类的皇帝英雄传。是否可以用各帝国时期的地域概念人为制造出"亚洲"这一设想，描述东亚的全球历史呢？亚洲绝不是单纯的地理意义上的区分单位。亚洲是被制造出来的，也是需要制造的。这个构想在我曾经负责的《亚洲新世纪》第二卷（2003 年）中已用标题"历史——亚洲的被造方法·制造方法"明确恰当地表述。第二卷的卷首论文是木畑洋一（东京大学）的《帝国内的人流和独立运动》，其中从英帝国的视角，阐述了亚洲的世界史。另外，我参与编辑的《东亚共同体构筑》（全 4 卷）的编辑代表毛里和子的方案认为，东亚这个地域是被造出来的，也可以自由伸缩。

这样，可以与一直以来以统治这一地域的各帝国为研究对象的具有代表性的历史研究者沟通交流，并委托他们担任编委会成员。最终确定下来的名单是：研究俄罗斯帝国和苏联的和田春树（东京大学名誉教授），研究日本军政下的东南亚史的后藤乾一（早稻田大学），将日本规定为"国民帝国"而进行研究的山室信一（京都大学），研究大韩帝国时期的赵景达（千叶大学），研究美国支配菲律宾的中野聪（一桥大学），研究从清朝过渡到中华民国的川岛真（东京大学）。山室在《作为思想课题的亚洲》（2001 年，岩波书店）中，提出了东亚思想连锁的观点。赵景达也强调了东亚共同的民众史观点。并且，也不能忽略关于亚洲的大英帝国的观点，因此决定从第三次咨询会议开始也让研究大英帝国控制下的南亚、马来西亚史的木畑洋一参加会议。

年纪最大的和田与年纪最小的川岛相差整整 30 岁，组建了老壮青各年龄段齐全的编委会。另外，虽说执笔者可以广泛撒网，不论国籍和居住国家，但是编委会成员仅限于在日本居住的研究者。要想编辑东亚共同的近现代史，邀请东亚各国的历史学家，通过共同讨论制定编辑方针一定是理想的做法。但看到在此期间组织的东亚共同历史教科书编纂，中日韩三国历史研究者历史论坛等，往往是说起来容易实现难，于是放弃了这一念头。将经过反复的讨论，达成协议的成果转化为出版这一形式的全过程，对于民间出版社来说，无论是从费用上还是时间上来说，都很难承受。

就因为这样，没有海外编辑委员的情况下，推行"东亚近现代史"的编辑工作，就有可能受到"这是日本学院派独断独行的做法"的评价。但是，说实话，我反而抱有从日本学术界向亚洲发出通用的学术标准的野心。日本的历史学，即使介绍给世界学术界和读书界也不会丢面子，其中包含众多研究人员和庞大的学术资产，缺的只是将其公之于世。从这个意义上说，也许我的民族主义志向很强烈。

结果，虽然组建了7名编委会成员组成的编委会，其实其中至少1名编委会成员需要启用日本近现代史专门的研究人员。如果编委会里没有日本史编辑委员，就会被认为是亚洲各国史的集合，史学界会将其划入"东洋史"。如果是这样，就会眼睁睁地失去众多日本史的读者。但是在编委会成员们的众议后没能找到合适的人选，大家认为虽然山室的研究领域是比较法制思想、文化思想连锁论，但在广义上也可认为是日本史的研究，所以没必要补充其他人员。可以说，在日本学术界，至今还没有能够充分顾及亚洲的日本史研究者。虽说全球史一经流行将打破专门史的壁垒，但无日本史的亚洲史及无亚洲史的日本史仍然占据主流。

2008年5月12日，除木畑以外的6名编辑委员在公司里进行了两个半小时的自由讨论。

一开始，我表明了自己的想法：要解决争论不休的历史认识问题，需要建立值得信赖的学术标准。这个标准无段顾虑各国情况的平衡主义，而是从日本发出，并且包括外国作者，即使算不上通史，也要成为完成通史前的助跑性的成果。如果说之前出版的类似《岩波讲座 世界历史》（31卷）中提出的东亚史体系结构已经过时了，那么采取像"鸦片战争—甲午战争（日清战争）—辛亥革命……"这样按课题设定问题的问题型历史叙述方式，就可以顺利进行历史记述了。

　　我的本意不是拼凑东亚近现代各国史，也不是像教科书那样罗列编年史实，而是要实现"通史"的形式。于是，为了刺激编辑委员们的自尊心，故意试探性地表示不可能实现通史的想法。

　　的确，编辑委员们相继表明叙述跨地域东亚历史的种种困难：现在没有像以前那样的基本理论；虽然有很多跨境联系的现象，但对此，民众和精英、统治者和被统治者的观点却不同；如果没有主轴，叙述就会杂乱无章，各不相同；找不到既不是帝国主义，也不是民族主义的亚洲的东西；如今，与其说"亚洲是一个整体"，倒不如说"多样的亚洲"这样的走向日趋明显，等等。

　　讨论的氛围也并不全是沮丧的、低落的，也有收获；根据以种稻为业的中日韩小农社会论，就可以编写三国的比较史；大正现代、上海现代和台湾的新女性等着眼于同时代相同现象的历史的共时性；日本的大正民主与朝鲜的三一运动、中国的五四运动是有联系的，吉野作造受到了当时的朝鲜和中国同时代历史的强烈影响，从民众史角度可以说明"共时性"这一连锁现象；以世界战争或革命为视角，可以写出能够呈现横跨全亚洲的具有世界史性质的划时代性和联动性的历史。尤其是关于最后一个视角，有关日俄战争，山室于 2005 年推出了岩波新书《日俄战争的世纪——连锁视角看日本和世界》。而从《坂上之云》的电视剧受到启发的和田氏提出了从世界历史的视角重写日俄战争的构想。不久，这一构想获得实现，即《日俄战争：起源与开战》（上下册，分别出版于 2009 年 12 月和 2010 年 2 月），由我担任策划。和田在第一期《岩波讲座　世界历史》的第 24 卷中刊登了《俄罗斯革命》，第 30 卷（别卷）中刊登了《历史学与马克思主义（2）——列宁的世界史认识》两篇论文。

经过短暂的讨论之后，编辑委员们异口同声地表示："不是编问题史，而是要编纂东亚近现代通史"。当时我暗暗自喜，偷偷地拍了一下大腿。

## 三、如何编写"通史"

"历史"和"通史"。

在《东亚近现代史》和《东亚近现代通史》中只多了一个"通"字，其编写难度就变得特别大。既然标榜"通史"，就应该找出贯通近现代的方法和视角，形成不仅在时间和空间上相通的，而且可以纵观全局的历史叙述。

促进新历史叙述的新时代潮流是什么，答案很明确。摆脱遗留在这个地区的冷战影响和殖民主义，实现和平繁荣，强化信赖和相互依存关系，打造一个着眼于东亚共同体的和解与合作的未来。东亚的 20 世纪是战争的百年。目前战火已熄灭，对话的气氛正在高涨。

那么，是否已具备叙述新历史的基础条件了呢？冷战结束后，在东亚各地的档案馆正在进行对历史档案的电子数据化和历史当事人的口述资料的收集。虽然各国的历史观各不相同，但是公开、准确、客观地认定历史资料的体系正逐步完善。使用这种资料的个别史研究虽然还存在地区或主题上的差异，但是也不断地积累着这类研究成果。研究者或学会之间进行国际交流的机会也在日益增多。

问题是叙述通史的方法论。

在第一次和第二次会议上，为寻得历史联系，与会者讨论了如何将连锁反应和网络观点应用到方法论上。因此提倡从世界、广域圈、国家、地方 4 个层面探讨亚洲近现代的动态及其直接原因，进而多视角、多层次地叙述历史。另外指出，作为历史通史化的理论框架，要关注系统 / 角色 / 意识形态三个要素组成的那个时代的精神。

所幸的是，岩波书店从 1993 年开始就出版了日本通史第二期《岩波讲座　日本通史》(全 22 卷，别卷 3 册)。其主要部分的每一卷都是由呈现通史性概况的"通史"、从文化的角度论述时代特性的"文化论"、从这一时期的重要历史事件中设 5 个共同主题来论述其时代特征的"评论"、以值得关注的个别研究为主题的"特论" 4 部分构成。进入 20 世纪 90 年代，冷战构造倒塌，许多人开始怀疑马克思主义的有效性，不像第一期《岩波讲座　世界历史》那样在单一的根本理论的基础上提出历史构造，而是要通过将多个问题系用同一种框架多层排列来显露时代的特性。这次的"东亚近现代史"不是第一期的"世界历史"型，而是从关系史、相关史的角度出发，旨在提炼出各个时代的跨地域的主题。与《日本通史》一样，第二期决定设定全卷统一的内部构造。分三部分编写，第一部分是描述所编写时代的东亚整体情况的"通史"；第二部分体现各时代特征、以跨境性、连锁性、共时性为主题，描述东亚共同体验的"通空间论"。第三部分是按划时代的事件和多地域的实际情况，分两部分共 12 篇论文构成的"个别史和地域史"。另外，作为专栏，决定附上 5 篇以敏锐地反映时代事件为内容的"话题栏"和 5 篇以体现时代精神的人物为内容的"人物栏"。

召集全体编委会委员的会议，从 2008 年 5 月到 2009 年 4 月不

到 1 年的时间里（决定企划前 5 次，决定企划后 8 次）共举行了
13 次。

在第 8 次有其他编辑负责人加入之前，与编委会成员交涉、委
托执笔者、准备编委会会议、主持会议和制作会议记录等费劲的工
作，还有前述《占领期杂志史料大系》的编辑和发行以及几本单行
本的编辑工作等都是我一个人完成的。这并不意味着我想独占企划
或出版的功劳。独占与这些大名鼎鼎的学者一起工作的机会，对晚
辈的培养来说，企业并不赞成这样的做法。

对以上编辑方针的商定内容可归纳为以下 6 项。

（1）试图从以往的明示结构型通史，转向将关系史、相关史相
结合，重视历史经历的跨地域连锁性和共时性的具有网络论性质的
主题史。

（2）以各新旧帝国重叠与错开的世界史为背景。

（3）以分卷形式重视东亚的世界史联动性和划时代性，关注战
争和革命将怎样为亚洲的时代精神增添色彩，并且被刻上世界史上
具有划时代意义的印记。

（4）我们需要弄清楚驱动亚洲的系统和角色，从全球、广域圈、
国家、地方 4 个层面把握亚洲的现实和动向。

（5）应打破以国民历史为主的叙述方式，采纳民众史、女性史、
少数民族史等多方面发出的声音和观点。

（6）执笔者的观点不代表所属国家或民族，只代表个人立场。
明确所依据的史料和先行研究，评价各国各地域一般公认的史观。

围绕确定具体叙述范围和分卷问题，遇到了三大课题。

第 1 个课题是确定"东亚近代史"的起点。过去以西方列强进

军东方并引发"冲击—反应"模式为根据，把鸦片战争视为近代的开端。这次讨论则将时间推后，一种观点将甲午战争（日清战争）作为东亚近代起点，另一种回溯到帝国系统内部开始崩溃、试图摸索新域内秩序的、乾隆帝去世以后的 18 世纪末。假如决定东亚近代始于中日之间的对立，那么必定导致日本史中心史观，无法显示东南亚近代的存在，也会消去各种历史展开的可能性。最终，将第一卷设定为"东亚世界的近代"，从乾隆皇帝驾崩到甲午战争的约一百年设定为前近代时期。

第 2 个课题是如何处理第二次世界大战后的战后史问题。迄今为止没人尝试编写东亚史中的战后史。就因为如此，只增加近代部分的叙述内容，也不能满足现代人的兴趣。因此决定将全 10 卷中第 7 卷以后的 4 卷设为战后史部分，在缺乏前期研究的领域内尝试通史叙述，挑战如前所述的世界、广域圈、国家、地方 4 层。那么如何设定"东亚现代史"的终点？当时，正值"9·11"之后，阿富汗和伊拉克还进行着反恐战争。如果以此为终点显然不合理，于是决定以构想东亚共同体的现代为终点。除别卷以外，最后的第 10 卷的标题定为"向和解与合作的未来——1990 年以后"。

第 3 个课题就是如何看待中国这一巨大的存在。设定东亚近代起点的 19 世纪初，中国的 GDP 占世界的 3 成，到现在中国和印度的 GDP 合起来估计超过 3 成。是否可以将这期间的 150 年，视作充斥着侵略和屈辱，以及与之相应的抵抗和革命的历史呢？即便如此，过分强调大国中国的威胁，结果又要用围绕霸权的力量转换理论记述这一地区的历史。在中国国内也存在革命史观和近代化史观的对立，使得中国近代史的叙述处于动摇之中。而中国正发生巨大的变化，我们无法看透其变化的方向。最终，商议从连锁的角度出发，通过对个别事例的应对来反映亚洲区域内如何应对中国的冲击这样一个命题。

至于对中国近代史的这个看法，在我后来参与《新编原典中国近代思想史》全 7 卷的策划时，成为编委会成员围绕编辑方针的争论焦点。

从第 3 次编辑会议开始，会议重点转向划分卷数、确定主题和选拔执笔者等实际编务工作。根据因战争和革命而发生的东亚体制变革这一实际情况划分时代，并进行分卷。除积极起用海外投稿人以外，编委会还注重男女及年龄的平衡。结果收到包括 28 名海外投稿人在内，总共 250 名投稿人发来的 280 篇论文。各卷通史由编委会成员执笔。7 名委员的年龄跨度之大、学界人际关系之广、国际信任度之高，使推荐的执笔者团队具备丰富而鲜明的特色。

第 13 次编委会会议结束后，向执笔者候选人发出委托书，经同意确定为执笔者后，我和另一名编辑部人员，与编委会成员一起，又举办 15 次编辑会议。

编辑会议主要是执笔者和编委会成员参与，有时编辑部之间围绕编辑部委托的概要，调整执笔内容。除了东京以外，在仙台、札幌、名古屋、京都等地都开过会议，除了国外居住者以外，几乎所有的执笔者都参加过这些会议。就这样，2010 年 10 月 5 日，这套书迎来了发行日。

分卷情况如下：

第 1 卷，东亚世界的近代　　　　　　　　　19 世纪

通史执笔者：川岛真

第 2 卷，日俄战争与合并韩国　　　　19 世纪末—1900 年代

通史执笔者：和田春树

第 3 卷，世界战争和改造　　　　　　1910 年代

通史执笔者：赵景达

第 4 卷，社会主义和民族主义　　　　1920 年代

通史执笔者：川岛真

第 5 卷，探索新秩序　　　　　　　　1930 年代

通史执笔者：山室信一

第 6 卷，亚洲太平洋战争和"大东亚共荣圈"1935—1945 年

通史执笔者：后藤乾一

第 7 卷，亚洲诸战争时期　　　　　　1945—1960 年

通史执笔者：木畑洋一

第 8 卷，越南战争时期　　　　　　　1960—1975 年

通史执笔者：中野聪

第 9 卷，经济发展和民主革命　　　　1975—1990 年

通史执笔者：和田春树

第 10 卷，向和解与合作的未来　　　1990 年以后

通史执笔者：全体编委会成员

别卷，亚洲研究的由来和展望

　　各卷的开头，以编委会全体成员的名义，刊载了可称为主旨声明的"当编辑之际"作为前言。

当编辑之际

　　迎接日本"合并韩国"100 周年（2010 年）和辛亥革命 100 周年（2011 年）的东亚即将进入新时代。曾经，日本趁清帝国灭亡后的国内

混乱侵略中国，使中国陷入亡国危机之中。但是，现在的中国已经取得惊人的发展，日本作为东亚第一经济大国的时代已经结束。世界经济的相互依存关系越来越强，超越国民、国家的联系正迅速地改变着东亚各地社会和文化的面貌。

另一方面，与因苏联的解体和冷战结构的解体加快地域统一的欧洲不同，东亚还存在国家的分裂，殖民主义和战争、冷战的伤口尚未得到痊愈，历史认识问题和领土问题又激起相互对立情绪。各国的历史学仍局限于本国历史的框架中，构建"和解与合作的未来"的历史认识仍然是艰巨的课题。全球化有时反而起着"封闭力量"的作用，引发鼓吹民族主义的现象。

现在正因为处于这样的政治和知识环境中，所以更需要着眼于侵略与斗争、支配与抵抗的局面，能够展望和解与合作的、超越一国史的东亚地区史视角。本书系出于这种问题意识，为了实现面向新时代的历史认识，展现21世纪东亚近现代史的开放式学术标准，首次以东亚通史的编写方式进行尝试。

本书讲述从东亚各国由盛转衰的18世纪末到冷战秩序发生动摇，探索共同体构想时期的东亚历史。这里所说的东亚，除包括东北亚、东南亚以外，还包括远东西伯利亚和南亚。每一卷由通史、通空间论题、个别史/地域史三部分构成，从整体和个别两方面将当前研究的最高水平通俗易懂地展现给读者。在别卷中通过讲述亚洲研究的由来和展望，探索通史中无法涉及的主题和新课题。

希望本书能成为形成面向未来的历史认识和实现超越国境、民族的对话的出发点。

2010 年 8 月

这里不赘述各卷的目录和论文构成，只对别卷的内容进行介绍。别卷的构成与本卷完全不同，由"亚洲研究和我"及"东亚研究的前沿"两部分组成。本卷中主题的大部分内容是政治史、外交史、经济史，而有关文化史、社会史的内容尽可能以专栏的形式提及，但也受限于各卷中所提到的那个时代的个别问题。这里主要收集了跨地域性和通史性方面没能充分述及的人口、卫生、建筑、交通、宗教、教育、媒体等不同领域的 9 个问题，构成"东亚研究的前沿"。

此外，我精心安排了编委会成员对一直以来引领日本亚洲研究的 10 名各界泰斗进行采访，构成"亚洲研究和我"。

下面列其目录：

姜在彦：寻找朝鲜近代史形象

森崎和江："无名"的人们编织出来的各种历史现象——接近"亚洲"的"闻录"方法

野村浩一：近现代中国的连续性和非连续性

中村平治：被尼赫鲁所吸引——向亚洲中的南亚研究

入江昭：寻找超越国界的历史形态

田中克彦：从蒙古草原注视亚洲近现代史的真相

宫田节子：如何开始没有后继者的学问——遇到朝鲜总督府的人和资料

西川润：从研究、实践、教育场合向"民众的亚洲"提出问题

石泽良昭：柬埔寨的文化复兴

池端雪浦：作为"固有领域"的东南亚史研究

森崎先生在山室先生的陪同下回到福冈县宗像神社旁边的自己

的住宅。这次了解到她出生的殖民地时代在朝鲜的生活，以及在筑丰"小组村庄"周围村落的活动。宫田先生是朝鲜近代史研究的开拓者，这一研究是从偶得朝鲜总督府资料而开始的。池端先生是菲律宾研究的大家，想不到他出身于当时的殖民地首尔，他讲述的参与大冈升平的代表作《莱特战记》原稿有关的经历非常有趣。

我在自己的著作《战后日本人的中国观》（2010 年，新曜社）中也尝试采访很多战后第一代中国研究者。想通过把这种想法和手法应用到战后第一代代表日本的亚洲研究者上，搜集最好的亚洲观察者们时代证言的精华。

《岩波讲座　东亚近现代通史》全 10 卷和别卷 1

之后编委会成员共同执笔完成各卷卷首共 10 篇的通史部分，这些后来收录于由我企划并创刊的岩波书店的新系列——"岩波现代全书"中，并分为两册，以《东亚近现代通史——从 19 世纪到现代》为书名，于 2014 年出版。

在规划阶段想在各卷中夹进月报。其内容：①"我和亚洲"，不仅限于学者，还包括各界知识分子与亚洲的关系。②"我看到的那一瞬间"，附一张照片的同时加上"文化大革命"、朝鲜战争开战、菲律宾的人民革命、昭和天皇的招待会、邓小平的逝世、越南战争的西贡沦陷等现场的记者和相关人员的证词。③"巡游亚洲的博物馆、档案馆"，韩国独立纪念馆、侵华日军南京大屠杀遇难同胞纪念馆、日本冲绳县和平祈念资料馆、澳大利亚战争博物馆、靖国神社游就馆、平壤朝鲜革命博物馆的介绍。月报由此3部分构成，还确定了计划参与的执笔者。但是这个构想没能实现，虽然我和另外2名编辑人员一起尽力完成了编务工作，但是只因主体部分的编辑工作实在太繁琐而无暇顾及，只能认真遵守每个月的发书规定，满足读者的期待。

距完成该书系过去大概8年时间。在此期间，日本与中国之间的领土问题、东日本大地震、朝鲜核开发问题等给东亚的前途蒙上了阴影。中国从那以后也不断地增强经济实力和军事力量，东亚力量转换更加稳健地进行着。但是，从支配与抵抗、对立与抗争的亚洲当下，放眼和平与稳定、和解与合作的亚洲未来，这一长期目标丝毫没有动摇。如果读者认可这套书的这一宗旨并能从中获得历史类的合适的素材，那么预期目标就已经达到了。

（宝锁　译）

**主要参考文献及引用**

和田春樹，後藤乾一，北畑洋一，山室信一，趙景達，中野聡，川島真編『岩波講座　東アジア近現代通史』全10巻別巻1.岩波書店，2010—2011年

中日
出版交流

第十三章

# 寻找中日共同的文化财产

## 一、使中国人对日本印象固化的 4 本书

我既是一名编辑，也是一名研究员，我的主要研究方向之一，就是中日两国相互认识的变迁史。对两国相互认识的研究，以民间交流为中心，探索其发展轨迹，并慢慢向中日关系史深入。我至今主要围绕第二次世界大战后到 20 世纪 90 年代这一时间段，著书立说。自近代有了直接交流后，两国关系曲折不断，虽说研究的是相互的观感，但我能做的也只是从日本人的角度谈一谈对中国的认识，只是单方面的研究，无法透彻做好双向的研究，对从中国人的角度谈对日本的认识尚且力有不逮，这一方面希望中国的研究者能参与进来，如果双方合作共同研究自然再好不过。

我的研究总结起来就一句话，"人只看自己想看到的东西"。日本人对中国的认识，概括起来就是"日本人只看自己想看到的中国"。这一点在拙作中谓之学术研究，从脑科学的角度可以表达为：

"从有关中国这个外部世界的庞杂信息中，留意特定的信息并对

其发生兴趣，并有选择性地接受，然后通过一定手段将复杂、不明的编码在大脑中转换为有意义的信息进行传递，通过某种认知方式形成意义空间，最终使大脑有意识地感觉到中国的存在。这一过程也就是对中国的认识过程。"

这种"模式化的空间认识"很容易出问题。因为观察角度不同，由此形成的认识也各式各样。而观察对象也不是一成不变的，它也在与时俱进。遗憾的是，人一旦形成认识，即使认识对象的内里已经发生翻天覆地的变化，也无法转变原本的认识。思维定式一旦形成，很难转变。比如，日本人一听说中国游客，马上会想到"爆买"，脑海中就会浮现他们在银座的商场或者街边的药妆店疯狂购买名牌商品或者日用品的情景；路上遇见中国的旅行团，就会想，这些人又要闹哄哄地去大买特买了。但实际上，现在会疯狂扫货的中国游客已经很少了，人家都去小地方的温泉或度假民宿享受悠闲愉快的度假生活了。对中国人的偏见，一旦与爆买这种行为结合起来，就会形成思维定式，难以轻易根除。

同样的，很多中国人，一提到日本人就会想到安倍晋三，因为作为现任日本首相，他经常出现在中国的媒体镜头下，但同时他们也会不由自主地联想到东条英机。我很希望中国人能摆脱"日本＝军国主义、日本人＝军国主义者"的印象。因为在人口密集的现代日本，其实根本看不到抗日电视剧里出现的穷凶极恶的军国主义者。别说在街上遇见吵架斗殴的，即使在人挤人的公交车里也很少看到大声说话的日本人。

日本言论NPO每年进行的"中日关系舆论调查"显示，日本民众认为，在历史问题上中国应该解决的最大问题是"反日教育和教科书内容"，老师在课堂上直接告诉孩子日本是军国主义国家，是现在两国因历史问题造成冲突的最大原因。但是，课堂和教科书真的有这么大的影响力吗？倒不如说是媒体报道推波助澜的结果。

现在问题的根源在于，学术界已经形成了固化观念，"日本人骨子里就是军国主义者，因为他们崇尚武士文化"。表面上谦逊有礼、谨小慎微，但这并不能掩盖他们内心深处军国主义者的本质。为什么？因为他们觉得日本人具有双重性格，既有平安王朝的细腻优雅之美，又有战国武将雄浑粗犷之风，不知道什么时候就会发生骤变。这种固化的观念，正是《菊与刀》中阐述的内容。

日本是一个表面彬彬有礼、内心崇尚武力的国家，与这一认定相对的，是中国人认为，自己是一个崇尚中庸之道的礼仪之邦。这种固有观念的形成，与中国人广泛阅读的 4 本描述日本的书息息相关。按照写作时间先后，依次为宫本武藏的《五轮书》（1645 年）、新渡户稻造的《武士道》（1899 年）、戴季陶的《日本论》（1926 年），以及影响最大的鲁思·本尼迪克特的《菊与刀》（1946 年）。

这些书，无一不是说日本人尊崇武士道精神，日本武士随身携带武士刀，平常稳重有礼，但一旦涉及忠诚、道义，或损害到自身名誉，就会立刻拔刀相向，从而向世人树立起日本人这样一种民族形象。日本在近代，侵略中国，对中国造成了很大的伤害。这是不容否认的事实。也正因为这一事实的存在，使中国人认可日本人武士性格的实证，从而进一步固化了原有的认识。

这四本书中，最受欢迎的无疑还是《菊与刀》，根据中央大学及川淳子副教授的调查，迄今至少有 5 种中译本问世。但其实作者是 1946 年隶属美国战略服务局（OSS）的一位从未来过日本的美国人，他根据当时手头的资料和听到的调查信息写成此书。《武士道》也有 3 种中译本。《日本论》有 2 个版本，是国民党创始人之一的戴季陶根据日本留学经历所写，揭露了当时日本统治者对外侵略的野心，深刻地描绘了当时战时体制下的日本人的样态。但是如果将这种样态延续到战后甚至现代日本人身上，是极其危险的。《五轮书》仅网络搜索就至少有 5 种中译本。

2018 年 12 月，我来北京出差，参加由新经典文化有限公司主办的、在 PAGEONE 书店进行的新书签售会。岩波书店推出的 13 本新书，其中 6 本被翻译成中文出版，取名"新经典·岩波新书精选"系列，这是一件划时代的盛事。截至 2018 年末，岩波新书已翻译出版中文简体字版图书 164 种，中文繁体字版图书 87 种，韩语版图书 374 种，但中文简体字版的图书直接沿用"岩波新书"的品牌名称，尚属首次。6 本图书中有一本《日本文化关键词》（2017 年），作者藤田正胜（京都大学名誉教授）也在现场举行了讲演和签售会。

藤田先生写作这本书的意图，正如他在书中前言里所写，是要通过与异文化的交流，重新认识本国文化。在这一情怀下，他把这次与中国读者的交流，当作与异文化对话的重要机会，因此欣然接受了邀请。他在书中提到理解日本文化的关键词有 5 个，分别是西行的"心"、亲鸾的"恶"、鸭长明和吉田兼好的"无常"、世阿弥的"花"和 松尾芭蕉的"风雅"。这 5 个词囊括了日本文化的精髓，但它们的文化特性与"武""武道"没有任何关系。

二战后，日本人写了很多关于本国文化、本国国民性格的书，其中不乏名作。随意列举一些，就有南博的《日本人的心理：日本的自我》（岩波书店，1953 年）、加藤周一的《杂种文化》（讲谈社，1956 年）、丸山真男的《日本的思想》（岩波书店，1961 年）、中根千枝的《纵向社会的人际关系》（讲谈社，1967 年）、梅棹忠夫的《文明的生态史观》（中央公论社，1967 年）、土居健郎的《日本人的心理构造》（弘文堂，1971 年）、山崎正和的《柔和个人主义的诞生》（中央公论社，1987 年）、青木保的《"日本文化论"的变容》（中央公论社，1990 年）等。这些二战后涌现的作品，虽然都有中译本，但所造成的影响却远不如之前提到的 4 本讲述武士道日本论的书在中国深入人心。

同样的问题也出现在日本人对中国人的印象上。日本人对中国人的印象固化，也是缘于书本。这些影响了日本人的书有美国传教士 A. H. 史密斯所著的《中国人的性格》（原书 1894 年出版，根据岩崎菜子的说法，1896 年由涩江保翻译，博文馆出版，1940 年由白神彻翻译，中央公论社出版。最新的日译本由 2015 年石井宗皓、岩崎菜子翻译，中央公论社出版）、鲁迅的《阿 Q 正传》、埃德加·斯诺的《红星照耀中国》（日译本有 1946 版和 1964 版两版）。史密斯和鲁迅笔下塑造的是不讲卫生、懒惰、圆滑、世故的人物形象，而斯诺笔下塑造的是自力更生、艰苦奋斗，为革命事业勇于献身的中国人形象，这两种形象其实很难统一在一起。

目前在中国国内，让民众对日本有一个正确认识的基础条件已经成熟。

根据日本国立研究开发法人科学技术振兴机构中国综合研究交流中心的报告，虽然中国国内真正开始对日本的研究是最近几十年的事情，历史较短，但仅仅是实体的专门研究机构，就有中国社会科学院日本研究所、北京外国语大学日本学研究中心、吉林省社会科学院日本研究所、东北师范大学日本研究所、辽宁大学日本研究所、南开大学日本研究院、天津社会科学院日本研究所、复旦大学日本研究中心、浙江工商大学东亚研究院 9 处。开设日语专业课程的高校达到 466 所，这个数据仅次于英语的 935 所，居第 2 位，遥遥领先居第 3 位的俄语（118 所）。截至 2012 年，中国国内日语学习者已达到 400 万人。专业的日本研究类学术杂志有 17 种。2015 年在中国知网（CNKI）以"日本"为关键词进行检索，显示论文超过 2 万篇。

在出版界，不断有日本的名著和优质的学术专著被翻译和出版。我因为笹川日中友好基金会的关系，加入了中日出版人的圈子，平时能接触到中国知名的出版社和其中的编辑。该基金会从 2009 年到 2018 年，协助策划完成了"阅读日本书系"项目，主要是将日本国内出版的日本文化类书籍翻译介绍到中国。中国参与的出版社有社会科学文献出版社、生活·读书·新知三联书店、北京大学出版社、南京大学出版社、世界知识出版社、新星出版社、上海交通大学出版社 7 家，总计出版发行图书 106 种，印刷发行超过 45 万册。拙作《战后日本人的中国观》也有幸被选入其中。

除了上述 7 家出版社，据清华大学王中忱教授所言（2014 年 1 月），商务印书馆在 20 世纪 80 年代开始策划出版的品牌项目"汉译世界学术名著丛书"中，也收录了福泽谕吉的《文明论概略》、中江兆民的《三醉人经纶问答》、幸德秋水的《社会主义神髓》、西田几多郎的《善的研究》等作品，在 2005 年的"日本学术丛书"中收录了冈仓天心的《东洋的理想》、和辻哲郎的《风土》、内藤湖南的《日本历史与日本文化》等作品。

学术、教育、出版各方面既然有如此深厚的文化基础，又为什么依然不能消除中国人心中日本人崇尚武士道的固有印象呢？实在令人费解。而在另一端的日本，学术界和教育机构，可以说接受外来文化的条件已经非常成熟，但是正如本书多次强调的，在出版上有关中国，特别是近代以后有关中国基础文献的翻译出版绝对数量尚显不足。有关中国的书籍不能说不多，但是大多带有偏见，有些学术书，则是日本的研究者面向日本人写的，从中国引进翻译出版的图书实在是少得可怜。

## 二、寻找中日共同的文化财产

中日两国互相认识的过程中，既然双方先入为主的固有观念已无法消除，那么，找到能为彼此印象加分的优质文化内容，使之传播不失为一个有效的改善方法。在构建中日友好关系上，双方印象都比较深刻的作品有什么？首先就会想到鲁迅的《藤野先生》（1926年）。它在日本也非常有名，太宰治的《惜别》（1945年）就是由它改编而来。然后呢，还有吗？没有了。老舍、巴金，甚至到莫言，有写过以日本为题材的小说。但是他们的作品里，即使有日本人，也是残暴的侵略者形象吧！我们到底到什么时候能摆脱"日本鬼子"的假面具呢？日本倒是有作家以中国为题材创作作品。但要么是战争小说，要么是自我优越感浓厚的歧视性作品，都难以承担国民学习书籍的大任，阅读的时候要学会取舍。中日两国之间的民间交流源远流长，为什么讲述友情、促进世代友好的书这么少呢？不，也许是我认识有限。那再找找吧！

　　与我的寻找需求相伴随的是一股焦躁感。为什么？因为 2010 年以后中日因为领土纷争而导致关系急速恶化。我们这一代人，既经历过中日断交期，也知道民间的中日友好运动以及友好商社间进行的民间贸易，既经历过中日邦交正常化时的"熊猫热"，也体验过 20 世纪 80 年代后的中日蜜月期。现在中日因为领土问题、历史问题而关系不稳，处在其中的青年一代，并不了解过去我们经历过的良好健全关系。21 世纪网络普及，网络空间里充斥着的是强烈的排他性质的民族主义风气，在这种氛围下长大的年轻一代，既没有修复两国关系的方法，也没有真正地去了解日本。寻找中日共有的文化财产，是我们努力推动中日友好的这一代人的责任和义务。正是这样的激情驱动着我去付诸行动。

　　在寻的道路上，我有幸遇到了两位志趣相投者，一位是明治大学的张竞，一位是东京大学的村田雄二郎，这两位学者均一直致力于中日关系方面的研究，著书立说、撰写书评，时间跨度覆盖整个近现代，熟知这方面的作者和出版物，造诣颇深。张竞偏重文艺研究，村田偏重思想研究。我主要侧重二战后日方的文献研究。我向他们提议沿着中日关系的发展轨迹编写一套文集，得到他们的热烈回应。2014 年 3 月，我们 3 人碰头后确定了大致的框架结构，并达成共识：不做中日关系发展史研究的资料汇编，要做让读者读来觉得有趣的作品集。我邀请两人加入编委会，参与作品甄选和录用，并撰写各卷的解说。恰好那时张竞也在整理连载于《日本经济新闻》上的战后日本作家的中国体验，包括武田泰淳、堀田善卫、谷崎润一郎、开高健、司马辽太郎、井上靖、山崎丰子等 18 位作家，在此基础上出版了《诗文往还——战后作家的中国体验》一书（日本经济新闻出版社，2014 年）。

2014 年年末，从第四回开始，我们又添加了新的编委会协助成员，分别是饭塚容（中央大学，研究方向为中国现代文学、戏剧史）、及川淳子（中央大学，研究方向为现代中国社会）、王雪萍（东洋大学，研究方向为战后中日关系）、小野寺史郎（埼玉大学，研究方向为中国近现代史）、篠崎美生子（惠泉女学园大学，研究方向为近代日本文学）、铃木将久（一桥大学，研究方向为中国近代文学）6 名成员。他们除了参与作品筛选，将中文作品翻译成日文外，还要做不同版本的校订、注释，并编写选用文章的作者简介。大家要在有限的时间内，按作品进行分工，完成多卷的工作，工作量相当大，对身、心都是一大考验。

在筛选作品时，面对庞大的作品数量，到底该选哪一个真是难以取舍。好作品太多，与其说该选哪一个，不如说该放弃哪一个，更让人费神。最终我们确立了以下方针：明治中期到清末，因战争或留学让中日两国人民开始有了直接的接触，以从这里开始，到今天大约 120 年时间里，发表过的作品为对象；排除政府文件、通告和思想意识形态方面的宣传作品；以人文、文艺类作品为主，学术类作品为辅；两国作品在收录数量上尽量保持均匀；以中短篇作品为主；作品若已有译本，也尽量要重新翻译。

编写第一卷的开头时，一时找不到中日甲午战争时期中方的作品，后来我在东京都立中央图书馆实藤文库中碰巧找到了缩微胶卷拍下的中日甲午战争时的一篇有趣文献，文章将日军称为倭寇，取名《策倭要略》。这篇有趣的文章现在被收录在第一卷中。

　　在确定按时间先后顺序编写本套书后，我们又使用 yahoo box，在 Excel 工作表栏里记下每位作者姓名和作品名，将被提名的作品转为 PDF 格式上传到云，设置为所有人可见状态，然后在编委会议上交换意见，一篇一篇确认，是否可收录。

　　选好作品后，我又招了年轻的编辑 N 过来帮忙实际编辑业务。要获得中日双方诸多著作权人的转载授权，涉及人员极多，工作极为繁琐。特别是中方著作权人的授权，虽然通过版权代理公司等方式最终达成了目的，但过程中或没有联络方式，或有联络方式但联系不上，各种困难实在是一言难尽。也有碰巧的，如巴金老先生的著作权事宜，正好碰上巴金故居的副馆长来岩波书店访问，我利用

《中日 120 年：文艺·评论作品选》全 5 卷

这个机会请他帮忙联系上了继承他版权的后人。

一年零四个月，经过 12 次编委会会议，2015 年 8 月，我们终于确定了目录，定下了出版计划。书名为《中日 120 年：文艺·评论作品选》。全 5 卷构成如下（以下各系列的中文翻译为王雪萍）。

第 1 卷　共和之梦　膨胀之野望　1894—1924

从甲午战争到辛亥革命，从第一次世界大战结束到北伐开始，通过日本人的中国游记和中国人的日本生活记录来展现中国人国民性和中国人的日本认识的原型。

第 2 卷　敌乎？友乎？　1925—1936

从看似国际秩序较为稳定的 20 世纪 20 年代到日中两国进入全面战争这一时期，有许多文人学者从日本到访中国，而在中国虽然民族主义日益高涨，但日本研究仍逐渐兴盛。

第 3 卷　辱华与抗日　1937—1944

侵华战争期间，在日本，文人被卷入赞扬武力扩张的体制之中，而在中国，对日本侵略的批判也已经到了空前高涨的地步。这种抗战到底的坚强意志和赞扬战争以安抚国民的傲慢鄙视的态度冲突无限。

第 4 卷　断交与合作　1945—1971

从二战结束到日中邦交正常化之前，在没有邦交的情况下，日本的访华团介绍了在新中国的见闻。通过反对日美安保条约的运动，日中两国民众之间产生了一种无形的亲近感，同时"文化大革命"也给日本社会带来了巨大冲击。

第 5 卷　蜜月与嫌隙　1972—至今

日中邦交正常化至今。日中两国间的经济关系不断加深，一度进入所谓的蜜月期。但围绕历史问题等的日中关系的嫌隙也相继发生，两国的国民感情逐渐恶化。中国经济发展后，两国迎来了关系多样化的时代。

岩波书店有关"出版说明"的前文，是我写的，内容如下：

日中关系在 1972 年邦交正常化之后，经过 1978 年日中和平友好条约的缔结和中国的改革开放，逐步进入了蜜月期。虽然在 20 世纪 80 年代因为教科书问题、靖国神社参拜问题、光华寮问题等使两国间产生了一些嫌隙，但 1992 年的天皇访华对冻结的日中关系转化为了年轻一代面向未来的两国新关系发挥了正面的作用。在民间交流方面，留学、就业、结婚、居住等人、物、资本、信息的移动等联系更加紧密，并逐步扩大至今。

但是在冷战结束后，民间的直接交流在不断扩大、密集的过程中却发生了日中关系逐渐恶化的现象。随着南京大屠杀和有关领土的历史问题逐渐突出，特别是在 2010 年围绕钓鱼岛的领土纷争恶化以后，日中关系也逐渐恶化。

为什么日中关系恶化至此呢？为了阻止再继续恶化下去，我们要构筑怎样的日中关系呢？两国"90 后"的一代年轻人，可以说根本就不知道日中两国之间曾有过不曾对立的时期。就算希望构筑不同的日中关系，像鲁迅的《藤野先生》（1926 年）那样能给人们带来启发的现代小说，据我们了解，在战后还没有出现。

在如此情况下，为了改善关系，作为日中双方的行动，我们认为把从日本脱离长期闭关锁国、中国解除海禁后双方开始直接交流到甲午战争前后的作家、文人、思想家、学者、革命家、政治家等各类人物书写的游记、随笔、诗、小说、评论、论文、文章等重新找出来展示给两国读者，并对它们进行重新评价，也是非常有益的行为。

　　甲午战争前后，陆续有大量大清国学生来日本留学，从这时算起，日中两国直接进行人际交流的历史已经持续了 120 年。让我们通过不同时期两国相关的文章，重新俯瞰这 120 年的历史，近代中国向日本学习，期待日本的帮助，但却被日本辜负。其后中国曾经停止这种期待和对日认识的过程，再度逐渐背离日本。相反，日本一直对中国保持高度的关心，对中国蔑视的背后有着敬慕和劣等感，畏惧与憧憬的复杂感情。

　　中国如何邂逅日本，日本又是如何认识中国、理解中国的呢？在各种情况下，人们如何错看，如果出现理解错误的呢？我们需要把认识重新降到生活感觉和民族感情的层面，重新审视双方相互认识的问题。而我们也希望这些近代以来的文献，能够成为增进日口两国相互理解的公共财产。

2015 年 12 月

岩波书店

　　推荐序由作家辻原登和余华赠稿。

　　日本对中国的认识一直在走下坡路，这是必然。因为现在的日本文人，根本没有读写汉文的能力。

　　这次岩波书店出版《中日 120 年：文艺·评论作品选》（全 5 卷），既让我们知道汉文化曾经对日本文化的缔造和发展起过多么重大的作用，同时也向我们展示了汉文化在日本逐渐没落的历史。

　　近现代国家与国家之间（中日）经常处于敌对状态，但我认为不必自扰。因为近代还有个人与个人之间关系的发展，在这里，我们看到了"友情"这一崇高感情的生成。即使在战争时期，也有孙文、鲁迅、郭沫若的存在，也有内藤湖南、北一辉、武田泰淳的文章，为我们打开另一扇窗，让我们看到另一片风景。

这些智者的洞察之眼，催生了我们今天这部作品选。（辻原登）

在中日关系极其困难之时，岩波书店出版 5 卷本的《中日 120 年：文艺·评论作品选》，令我感慨。我想起了公元 10 世纪的一个故事，康拉德三世率部包围他的仇敌巴伐利亚公爵，公爵拒绝投降，康拉德三世便要置他们于死地；但是允许妇女徒步出城，允许妇女将能够带走的都带走。结果康拉德三世看到一个动人场景，所有妇女走出来时都肩背她们的丈夫，他的仇敌巴伐利亚公爵也在其妻子的肩膀上，康拉德三世感动落泪，仇恨因此消散。有时候，柔软比强硬更有力量。我想岩波书店此举要讲述的就是柔软的力量。（余华）

收到两位重量级作家的手稿时，我终于体会到"我不是一个人在战斗"的豪迈，感受到"虽千万人吾往矣"的勇气。在中日关系恶化的现阶段，吾虽手无寸铁，但亦愿怀抱先人所留文学作品默然奔赴流言不绝、蜚语充斥的喧嚣斗技场。二战中，岩波书店创始人岩波茂雄在进入新书出版领域时，曾立誓要做"文化建设的一小兵""促进日本文化走向世界"。这份勇气和精神一直激励着我前进。

2016 年 3 月，第 1 卷出版，之后，每月固定发行，同年 7 月，最后一卷第 5 卷亦顺利完结。

## 三、《中日 120 年：文艺·评论作品选》带来的启示

虽然我们仅收录了 204 篇作品，但背后的材料盈千累万，我们忍痛割爱，做了大量取舍工作，其中的每一篇都凝聚着大家反复斟酌、深思熟虑的心血。我们希望给读者呈现的每一部文学作品，即使读者不了解作品的背景或者创作人的经历，也能欣赏和阅读。正

是因为有这样的想法，所以我们把作品解说和作者信息放在了每一卷的卷末。

我在日本的大学授课或开讲座的时候，会要求学生阅读收录在这 5 卷的作品后畅谈感想，并就此讨论中日关系的未来走向。学生以在日的中国留学生为主。我也曾在中国的几所大学里做过讲演。文艺作品的特点是容易产生代入感，在情感、生活感情上产生共鸣，读之似乎与作者置身于相同的情景之中。当然，先人的作品既有正能量的，也有负能量的，有能产生共鸣的，自然也有令人不快的。

这里从各卷中选取共鸣度较高的几篇进行短评。

第 1 卷　共和之梦　膨胀的欲望

梁启超《中国魂安在乎》（1899 年）：梁启超在上野散步看到"祈战死"的标语肃然起敬，进而意识到"为国捐躯，死得其所"这样的爱国之心是日本能够迅速建立近代国家的秘诀所在。

郭沫若《今津纪游》（1922 年）：孤独的中国留学生前往今津探访"元寇防垒"护国堤。在这一旅程中，斩断了过去过分美好的浪漫主义想象，发现日本也有侧街陋巷，不洁净不整饬之点后，心情豁然开朗。

白鸟库吉《论支那历代人种问题谈今次大革命的原因》（1911 年）：辛亥革命与中国之前的外族侵略或王朝更替有着本质的区别。在经历了甲午战争、日俄战争之后，它让先进的西方文明进入了中国人的视野，是中国精神上史无前例的一大革命。

周作人《日本的新村》（1919 年）：新村运动强调人类的意志在于生存与幸福，揭示了一种没有暴力、没有国家、通过改造个人和社会实现人类生存和幸福的理想状态。

第 2 卷　敌乎？友乎？

与谢野晶子《满蒙旅程》（1928 年）：应南满洲铁道株式会社的邀请，与谢野夫妇来到"奉天"旅行。深夜的旅馆，忽然"听到奇怪的声音"。那是张作霖乘坐的专列爆炸的声音。晶子"直觉上不喜欢，忍不住蹙起了眉头"。后得知爆炸使得昨夜尚受邀与其夫人共进晚餐的督军吴俊陞也死了。之后当地传出关于日本人的各种可怕流言，夫妇俩对时局的发展充满不安和担心。

郁达夫《雪夜》（1936 年）：一个下雪的夜晚，我在通往东京的列车内喝着酒，坐立难安，忍不住中途下车去红灯区嫖妓。丧失初夜后又忍不住黯然落泪，悔不当初。"太不值得了！太不值得了！我的理想，我的远志，我的对国家所抱负的热情，现在还有些什么？还有些什么呢？""弱国民族所受的侮辱或欺凌，感觉得最深切而亦最难忍受的地方，是在男女两性，正中了毒箭的那一刹那。"

周作人"谈日本文化的书信"（1935 年）：这是周作人写给正准备策划"日本与日本人"特刊的《宇宙风》杂志主编陶亢德的信。他在信中认为日本所谓的"英雄"身上没有日本文化可言，理解文化是一件困难而孤独的事情，是悲哀的分享过程。现实做不到，因此断定此事是要失败的。既然如此绝望，又为什么会决意留在沦陷区的北京大学继续任教呢？

"胡适与室伏高信往来书信"（1935 年）：两人围绕改善中日关系交换意见。"再问贵国是否努力使之消解过仇恨的种子？或者还是努力在培养？"（室伏）"如果一个强国乘人之弱，攻人之危，不但种下了仇恨，……敝国即有聪明圣智的'指导者'，恐怕也就无法劝导国民对那个国家'发生真正的友情'了吧？"（胡）

第 3 卷　辱华与抗日

竹内好《支那与中国》（1940 年）：与武田泰淳等人发起设立"中国文学研究会"的竹内，不再用"支那"而改用"中国"的称呼。但是在北京的时候，看到人力车夫汗流浃背的样子，被一种同病相怜的悲哀笼罩，"支那人"的称呼脱口而出。而作为士兵奔赴中日前线的武田，在一位中国农民的脸上读到了人类最深层次的爱。

巴金《给山川均先生》（1937 年）：山川因为通州事件的惨烈辱骂中国人"鬼畜"。"自己躲在上空挟最新式的武器攻击下面没有防卫能力的人民，杀死逃避战祸的母亲，流年轻儿女的血。"这样看来反而是日本"文明"，中国"野蛮"了。真有点伊拉克战争似的强词夺理。

周幼海《日本概观》（1944 年）：周幼海曾任汪精卫伪国民政府行政院副院长，是日本投降后被蒋介石逮捕后死于狱中的周佛海之子，写作这篇文章时 22 岁。"你知道'日本精神'吗？""我知道有所谓的'日本精神'，但不知道什么是'日本精神'。"能洞悉日本人尚且无法参透的日本文化之奥妙的有为青年，却因为中日关系毁了前途。

吉田东祐《心中的苦闷》（1944 年）：作者既属于上海的特务机关，又任职于汪伪政府的相关机构。这封信中吐露了被政府压榨，陷于生活之苦却无处诉说的普通民众的苦闷。字里行间流露出民众对政府腐败以及政权组织软弱无能的失望之情。

第 4 卷　断交与合作

实藤惠秀《致中国知识分子》（1946 年）：很多日本人认为，日本是输给了美国，而不是输给中国。实藤对战败原因进行了认真反思，认为知识分子被军队裹挟，"支那通""汉学者"错误的中国认识导致日本误读中国正向现代国家迅速成长的事实。侵华战争是"日本阻止中国蓬勃的民族意识发展"所导致的悲剧。

堀田善卫《何为惨胜》（1958 年）：侵华战争结束后留在上海的作者，看到的是战后的萧条、洪水、饥饿、内战、通货膨胀、失业、难民等一系列惨状，从而引发作者关于"惨胜"的深层思考。当时也有"解放""社会革命"的说法。"把惨败说成'战后'、占领军换成'进驻军'，用词上偷梁换柱，模糊严峻的事实，这种虚晃一招的做法，让人觉得怪怪的。"

小林勇《前往旧中国的旅人》：小林勇，岩波书店一员。1952 年开始受邀访华，曾因其在华经历及归国言论引发媒体强烈关注。他回想了自己 1944 年的中国之行，感慨中国人拥有的悠久而强大的文化，是狂妄的日本军队无法破坏的。"新中国不是一夜之间忽然成立起来的。那么，究竟是哪里迸发的力量在推动新中国这艘巨轮前进呢？"

谢婉莹（冰心）《日本纪行》（1955 年）：冰心女士经历过重庆的日军大轰炸，1946 年来日后旅居日本 5 年，目睹了日本战后的惨状。她还参加了第一届禁止原子弹氢弹世界大会，游历过广岛、长崎，主张禁核。

第 5 卷　蜜月与嫌隙

卫藤瀋吉《不阿大国不侮小国》（1972 年）：在中日邦交正常化之前，舆论争吵不息，各种观点层出不穷。大多围绕政治的利害得失考虑，要么是主张慎重考虑是否该邦交正常化，要么是从对华侵略的责任出发主张邦交。卫藤另辟蹊径，从幕府末期到明治时期日本对中国的认识出发，从历史的角度指出两国相依相存的过往。他认为中日之间是"唇亡齿寒""同生共死"的关系，但同时，又具有亲近感与近亲憎恶感共存的"爱憎症候群"特征。要想理清错综复杂的中日关系，使两国友好存续，应远离中日命运共同体的观念，静观事态变化，冷静应对。

阎连科《因为爱所以爱》(2013年)：中国作家早稻田大学演讲记录。1983年经历了"文革"后的中国正处于精神的荒野，这时川端康成、三岛由纪夫等一批日本文学大师的作品翻译进中国，如同天降甘露。阎连科至此爱上了日本文学，并油然生敬。今天的日本文学，以轻小说为代表，在中国读者间广受欢迎，但却没有了让人在黑暗中寻找光明、给人带来安慰从而让人深爱和尊敬的感觉。中日文学交流存在多个瓶颈，希望通过真心的交流，"构筑成熟、稳固、充满理解和爱的东亚文化圈"。正因为作者对日本文学有着深厚的爱，所以才有这番耿直、真挚的话语。

张承志《把解剖之刃对向自己》(2015年)：中日之间不幸的历史，使得两国两族之间"繁衍着顽固的不信任"。清算日本，中国唯有先"转过刀刃，解剖自己，把批判的尖锐，刺向自大的中华心理"。25年来往返于中日之间，对日本之美青睐有加的作家，在结尾这样写道："我们唯有忍受撕裂，这是一种痛苦的感觉。我们唯有在剧痛中，去追求彻底的人道主义。"

该套丛书出版后，出现了很多书评和采访介绍。其中，朝日新闻文化部的记者竹端直树采访后，发表了这样一则报道。

（前略）最近几年，中日关系紧张。本书在这样的背景下出版，意义重大。中日关系紧张，人们总是首先归咎于历史。但正如岩波书店总编马场公彦所说："问题也许出在相互认识上，因为固有印象导致的过于夸大或者缩小的判断，事实和印象的偏差，是导致双方不信任的主要原因。"

让我们通过回顾历史留下的文字，一起来看看双方是如何认识对方的？有哪些偏差？

明治大学的张竞教授，作为编委之一，说道："历史叙述是由事件组成的，但创造历史是以人与人的交往为基础的。时值现在须要回顾和归纳过去的看法、想法以及感情的归属了。"我们通过细读过去留下的文字，"发现中日 120 年，是一段交错的历史。双方用分歧的笔墨各自在叙事"。

另一方面，我们有很多新的发现。九一八事变前夕的 1928 年，人在奉天（今沈阳）的与谢野晶子当场亲自听闻张作霖被炸死的声音后，将这一事件写了下来。上海出版的杂志《宇宙风》曾在 1936 年刊登日本特集，邀请具有在日留学经验的知识分子写下了珍贵的日本论资料。（后略）（《朝日新闻》2016 年 4 月 20 日）

这里提到的《宇宙风》杂志，1935 年在上海创刊，1947 年停刊，共发行了 152 期，主编为林语堂、陶亢德，鼎盛时期销量达 4.5 万册。该杂志一大特色是经常刊载中日关系的报道，1936 年第 24、25 期连载"日本和日本人"特集，作者多由具有在日留学经验者组成，如郭沫若、郁达夫、周作人、丰子恺、谢冰莹、老舍、林语堂等，阵容堪称豪华。我在日本的大学图书馆里找到一些留存下来的《宇宙风》史料，阅读时还是为它撰稿人阵容之强、品质之高惊叹不已。

　　关于这一杂志的信息，我是从东北师范大学的朋友徐冰的专著《20 世纪三四十年代中国文化人的日本认识》中得到的。位于长春的东北师范大学由曾与郭沫若在日本成立革命文学团体创造社的成仿吾在 1946 年建立。

　　不知道是不是因为郭沫若和岩波茂雄的关系，岩波书店自 1947 年开始发起向中国赠书的活动，将岩波书店的所有出版物寄赠给中国 5 所大学或学术机构的图书馆，其中就有东北师范大学，该校图书馆于 1953 年开始加入赠书活动。因为这一缘由，我曾在 2013 年

岩波书店向东北师范大学寄赠图书 60 周年纪念拍摄，地点为东北师范大学中央图书馆大厅，时间为 2013 年 10 月。左一为徐冰教授，左四为刘万国馆长，右一为本人

10 月和 2016 年 9 月两次访问该校，与刘万国（东北师范大学中央图书馆馆长）、徐冰就关心的研究领域进行交流。

此外，原日本驻中国大使丹羽宇一郎先生对本书也给予了很高的评价，他说："读当时中国人的文章，他们将友好、亲善像口头禅似地老喊着，可是这样想来，在中国人心中种下仇恨种子的不正是日本人自己吗？当时人们的想法，即使在 80 年后的今天依然值得认同，只是我们先要让大家认识到这一点。"（《每日新闻》2016 年 10 月 14 日）

作家林京子寄给编委会成员篠崎美生子的感谢信里说，读了"出版说明"以及书中收录的郭沫若和芥川的文章之后，感受到了这套书沉甸甸的分量。林女士是出生并在上海长大的日本人，1945 年回到家乡长崎遇到了原子弹爆炸。2017 年 2 月，在我们这套书出版后的第二年不幸去世。

此外，还有一些书评，提出了增录更多作品，对作品中的注释进行订正和增补的宝贵意见（如吉田隆英，《集刊东洋学》第 117 号，2017 年 6 月）。在此希望能有人在新颖的编辑方针之下提出更多可以收入的作品，拓宽日中关系美好前景，原来对于中日 120 年的关系回顾，5 卷书容量实在太小了。还希望未来中国能够翻译出版《中日 120 年：文艺·评论作品选》，或者另辟蹊径，收录出版一些新的作品于其中。让我们静候那一天的到来！

（糜玲　译）

## 主要参考文献及引用

马场公彦著，苑崇利、胡亮、杨清淞译.战后日本人的中国观：从日本战败到中日复交

［M］.北京：社会科学文献出版社，2016.

徐冰.20 世纪三四十年代中国文化人的日本认识——基于《宇宙风》杂志的考察［M］.北
　　京：商务印书馆，2010.

及川淳子.「北京における日本関連図書事情——「日本論」をめぐる一考察」法政大学
　　国際日本学研究所.『相互理解としての日本研究』.法政大学国際日本学研究センター，
　　2007 年.

国立研究開発法人科学技術振興機構中国総合研究交流センター（CRCC）.『中国の日本
　　研究』.2016 年.

第十四章

# 探索中日出版交流的未来

## 一、结识中文书

1989 年 1 月，我进入现在的工作单位岩波书店开始工作。刚好在前一年日本天皇去世，年号由昭和改元为平成，而 2019 年 5 月年号又由平成改元为令和，我也即将退休。也就是说，平成整整 30 年间我都在岩波书店工作，再加上之前在东方书店工作了不到 5 年，我的整个职业生涯都是在出版界度过的，编辑是我赖以谋生的职业。在这期间，无论是作为编辑也好，还是作为研究人员也好，我案头常备的书中就有中国发行的书籍，即"中文书"，我的工作单位也一直在与中国的出版社进行版权贸易。在步入社会的 35 年间，我对中文书的阅读从不间断，与中国出版界的交流也持续了 35 年。

我与中文书的缘分始于 1979 年，当时我正读大三，从北海道大学的教养部转到文学部专攻中国哲学。我对先秦时代的诸子百家非常感兴趣，毕业论文的主题选择的就是从文献学、思想史的角度研究孙子兵法，研究资料来源于 1972 年山东省银雀山汉墓中出土的竹简资料。这时，含有《孙子兵法》《孙膑兵法》的译文和注释的中文书就成为我毕业论文的基础参考文献。我所参考的《孙子兵法》和《孙膑兵法》都是由银雀山汉墓竹简整理小组编写，分别于 1975 年和 1976 年由位于北京的文物出版社发行。

北海道大学文学部图书馆中馆藏的中文杂志较少，对我的研究有参考价值的杂志就更少了，幸好与论文有关的刊载相关出土文物资料的《文物》和《考古》每期都有。我第一次看中文书时正值 1978 年底，中国改革开放政策开始实行，我所接触的中文书与改革开放 40 年间中国出版发展的步伐一致。

大学毕业后我继续在北海道大学的文学部攻读硕士学位，研究中国哲学。1982 年，我初次到访中国，在中国短期留学学习中文，在北京停留了将近 40 天。

我的第一份工作是在东方书店的新刊书籍出版部，销售的主要产品就是中文书，销售对象为大学老师，主要集中于文学部中的文、史、哲研究者，所以我经手的中文书也几乎都在这三个领域。

在东方书店工作时，我所购买的大部头书有《鲁迅全集》，共 16 卷，书中注释特别详细。买到手时我立志要读完、读懂全套图书，结果在读第 1 卷时就放弃了，不过，不可否认的是，这套书值得信赖，编排精良。另一套大部头书是《汉语大词典》，共 12 卷。这套书可能用的是活字印刷，书中空白的部分特别多，直到我离开东方书店都尚未完成全 12 卷的出版。

东方书店与中国的好几家出版社有贸易往来，也从中国引进过图书翻译出版。不过，由于当时中国未加入著作权公约，不安定因素较多，中日版权贸易非常不稳定。

在东方书店工作的这段时间，我开始对道教产生兴趣，原因之一是日本的神道和民俗文化深受道教的影响。对《庄子》的现代译文和注释方面非常有名的福永光司创作了《道教和日本文化》（1982 年，人文书院）。那段时间我发现了程曼超编著的《诸神由来》（1987 年，河南人民出版社）和何新编写的《诸神的起源——中国远古神话与历史》（1986 年，三联书店），并购买了下来。《诸神由来》是一本小册子，虽然被收入中国出版发行的目录中，但是没有被东方书店购买，我拿到的那本是中国的一家合作书店的朋友送的。《诸神的起源——中国远古神话与历史》从文献学的角度以神话学的手法解读了中国的神话和传说。从这本书中我预感到了新学问的到来。

令我非常惊讶的是一套名为《走向未来》的丛书，这套书与日本的新书开本尺寸相同，封面是黑白两色的。正文里面到处都是整张的野兽派前卫风的插画，与正文内容毫无关联。翻看卷末的广告，里面记载着这套书首发于 1984 年，截至 1987 年已经刊发了 60 多种，卷首是如下的"编者献辞"。

《走向未来》丛书和读者见面了。

她凝聚着我们的心血和期望。

我们期待她能够：展现当代自然科学和社会科学日新月异的面貌；反映人类

《走向未来》丛书

认识和追求真理的曲折道路；记录这一代人对祖国命运和人类未来的思考。

我们的时代是不寻常的。二十世纪科学技术革命正在迅速而又深刻地改变着人类的社会生活和生存方式。人们迫切地感到，必须严肃认真地对待一个富有挑战性的、千变万化的未来。正是在这种历史关头，中华民族开始了自己悠久历史中又一次真正的复兴。

（中略）

《走向未来》丛书力图从世界观高度把握当代科学的最新成就和特点，通过精选、咀嚼、消化了的各门学科的知识，使读者特别是青年读者能从整个人类文明曲折的发展和更迭中，理解中华民族的伟大贡献和历史地位，科学地认识世界发展的趋势，激发对祖国、对民族的热爱和责任感。

它特别注重科学的思想方法和新兴的边缘学科的介绍和应用；把当前我国自然科学、社会科学，以及文学艺术方面创造性的成果，严肃地介绍给社会，推动自然科学与社会科学的结合。

《丛书》是个新的园地，它将自始至终贯彻严肃认真的学风和生动活泼的文风。

《走向未来》丛书，从一开始就受到老一辈共产党人关怀，受到学术界前辈的热情支持。

（后略）

这段话在我看来就是在宣告新的学问潮流即将到来。改革开放这一巨大引擎最终推动了学术界和思想界的自我革新，我深刻感受到了这一点。从中国当时出版的图书阵容来看内容极为多样，既有描写西洋近代思想、后现代主义思想、苏联及匈牙利的体制内改革思想的著作，又有中国诗人的著作。就如上面卷首写的那样，中国的学科领域变得多种多样，文理融合的跨学科内容极为丰富。通过改革开放，各种思想潮流一瞬间涌入中国，中国要做的不是单纯的引入，而是需要摸索怎样才能通过这些思潮改造中国落后的部分，使其为中国服务。令我印象特别深刻的是萧公秦著的《儒家文化的困境——近代士大夫与西方挑战》，这本书描写了清末的中国如何从与西洋对峙到最终不得不接受的过程，这本书在我看来极为有趣，我甚至尝试了翻译全书。

20 世纪 80 年代后半期，中国出版界迎来了"文化热"的新时代，除了《走向未来》丛书的作者们，中国著名学者如复旦大学陈思和教授、华东师范大学王晓明教授、北京大学陈平原教授、中国社会科学院李泽厚教授等也有大量著作问世。可惜这种热度没有充分地传递到日本，中国在这一时期的出版物少有翻译成日语出版的。我能想到的只有金观涛的《在历史的表象背后——对中国封建社会超稳定结构的探索》的日文版『中国社会の超安定システム——「大一統」のメカニズム』（金观涛著，若林正丈、村田雄二郎译）和李泽厚的《说文化心理》的日文版『中国の文化心理構造』（李沢厚著，坂元ひろ子、佐藤豊、砂山幸雄译）。

原因何在？在我看来这是文、史、哲的学科编制导致的。例如，不管是《诸神的起源》也好，还是《走向未来》丛书也好，无论是哪部作品，作为编辑我会很兴奋地把它们介绍给专攻中国哲学的日本研究人员看，可是他们只会漠然地回复"神话不是我的专业""日本所研究的中国哲学不包括现代的部分"等。就是这些号称中国文化的专家们反而成了阻碍日本读者了解中国实际情况的拦路者。学科变成了不可移动的"居所"和仅为研究人员获取收入的职场。可是，学科是随着时代状况而变化的，学科是由研究人员创造的，并不是一成不变的，中国兴起的学术和文化新运动正好说明了这一点。

## 二、有关"中日·知识共同体"

之后，我的工作换到了岩波书店，被分配到了《思想》编辑部。后来又调到了单行本的编辑部，参与策划了《岩波讲座　近代日本和殖民地》（全 8 卷）和《现代亚洲的肖像》（全 15 卷），再后来又调换到了《世界》编辑部。

1998 年 3 月，我因《世界》编辑部的工作出差到北京时，受到了著名汉学家、中国思想史学家沟口雄三教授（我在《思想》编辑部时他在东京大学工作，退休后在大东文化大学任职）的招待。我与沟口雄三的缘分起于我在《思想》编辑部时参与策划的《特集　儒教与亚洲社会》，他是策划与投稿人之一。当时沟口雄三正好在北京工作，在北京外国语大学设立的日本研究中心担任主任。

沟口雄三与中国社会科学院文学研究所研究员孙歌一起向我介绍他们当时开展的"中日·知识共同体"的活动。孙歌的日语特别好，她似乎对丸山真男和竹内好特别感兴趣，与日本研究者和一般的中国学者有所不同，她的发言背后蕴含着深刻的省察。"中日·知识共同体"到底是什么样的"共同体"？听到最后我也没有明白，不过他们想在中日间发起一场新的思想运动的想法，我领会了。

据沟口雄三在《"知识共同"的可能性》（《读书》1998 年 2 月号）中所述，"知识共同体"这一奇特的名称来源于中日两国间的文化交流的落差。日本自古以来就对中国古典文化抱有浓厚的兴趣，而中国对日本古典文化几乎毫不关心，认为日本的传统文化只不过是中国传统文化的一个分支。这种中日间的"知识"断绝状态不是因为缺少知识交流导致，而是由于中日双方没有意识到双方的共同性，因此即使有交流也没有达到共有的层次。这样一来，即使再怎么呼吁友好，即使两国间的学术交流再怎么频繁，也不能解决这一问题。

要打破中日间的这种知识落差，就必须让中国的知识分子意识到日本也有珍贵的思想资源。因此，我们必须把孙歌这样的有志通过丸山真男和竹内好等将日本乃至亚洲的思想资源发掘出来的、稀有的中国知识分子指名为此次活动的一员。孙歌认为，要解决中国内部的诸多问题或者东亚内部伴随历史认识导致的紧张关系，就不能仅仅依赖欧美学术所述的中日知识架构，而需要从东亚知识分子本身自由讨论出来的新的知识牵绊中找出中日联系的纽带。正在寻求这种可以聚集、交换各种不同声音的"场所"时，沟口雄三的问题意识恰好加入，于是形成了"中日·知识共同体"。随着活动的推进，虽然活动冠以"中日"之名，但是参加的知识分子已经不局限于中日两国，韩国等地的知识分子也参与进来了。

我就像是被沟口雄三还有孙歌"硬拉"进去一样，自参加 1998年 12 月的北京外国语大学日本研究中心召开的研讨会后，就与"中日·知识共同体"产生了不解之缘。"中日·知识共同体"成立于 1997 年 7 月中日学者的研讨会，受到了日本外务省管理的特殊法人（2003 年开始成为独立行政法人）——国际交流基金亚洲中心的赞助。基金资助的时间持续到 2000 年的 3 月末，活动的场所在北京和东京之间轮换，一直到 2002 年，连续开展了 6 年。我自 1998 年开始持续参加了 5 年的活动。

参与活动的成员并不固定，但是也有一些人每次必到，例如：中国方面有孙歌、黄平（中国社会科学院）、朱苏力（北京大学）、梁治平（中国艺术研究院）、罗红光（中国社会科学院社会学研究所）、贺照田（中国社会科学院文学研究所）、戴锦华（北京大学）、陈燕谷（中国社会科学院文学研究所）、韩少功（《天涯》主编）、刘健芝（香港岭南大学）、罗永生（香港树仁大学）、赵刚（台湾东海大学）、刘雪峰、刘苏里等；日本方面有沟口雄三、柄谷行人（评论家）、小森阳一（东京大学）、板垣雄三（东京经济大学）、滨下武志（东京大学）、和田春树（东京大学名誉教授）、代田智明（东京大学）、田中宽（大东文化大学）、武藤一羊（peoples·plan 研究所）、伊东贵之（武藏大学）、茂木敏夫（东京女子大学）、小岛毅（岩波书店《思想》前总编辑）、冈本厚（岩波书店《世界》总编辑）等。

研讨会人员配备齐全，包括报告员、口译、评论人、主持等，以圆桌会议的方式展开，不限制发言时间，也不限制与会人员的国籍和学科背景，重要的是中日间或者亚洲各地区间的学者和知识分子能够充分、直率、自由地畅所欲言。研讨会并不围绕特定的主题展开，也并不以得到某种结论为目的，虽然设立了一些共通的论题，但是并不要求与会人员聚焦于某个方向，也不以各方畅谈、提高友好氛围为目的。

我不太习惯参加这种自由发言式的研讨会，即使我事先准备好了发言内容，到了现场却总是不能很好地发挥，没能对研讨会的成果产生贡献。

研讨会途中，讨论的议题很容易就会变为战争、革命及国家主义等问题，这是因为中日两国的知识分子都对这些问题特别关心。随着两国知识分子交流机会的增多，双方所寻求的能够一起讨论同一个问题的共有的知识场所也在逐渐成形。讨论过程中，中国方面还曾提出过令人十分意外的话题，例如在某一个环节中有人提出了"三农问题"，而针对这一问题日本方面没有人对此做出回应，因为中日两国国情有所不同。

举办活动的目的并不是为了获得某种学术情报或知识，而是为了构建一种双方都能认同的知识架构。"中日·知识共同体"活动的特别之处在于沟口雄三和孙歌的最初想法——将媒体关联的人员积极引入，作为成员。这样一来，活动中中日双方知识分子的意见交换和达成的相互理解的成果就能通过中日双方的杂志媒介传播到两国。媒体的扩散功能可以使这一项运动更加开放、更加长久，从而"知识共同体"也能传播更广更久。

我就是基于这一点被引入作为成员的，除此之外，日本还有岩波书店《思想》前总编、《世界》现任总编辑，以及《现代思想》（青土社）、《群像》（讲谈社）的编辑；中国方面则有《读书》（三联书店）和《天涯》的总编辑等。

中国方面特别积极报道活动相关情况的是《读书》杂志，该杂志陆续刊登了多篇有关日本学者和知识分子的事迹，而这在当时史无前例。我也向该杂志投稿了两篇，分别是《中日互相认识的形成》（2013年4月号）和《岩波书店百年》（2015年7月号）。

在"中日·知识共同体"发起之前还有一处中日文化学术交流

的活动舞台，那就是《学人》。《学人》自 1991 年至 2000 年共出版了 15 辑，主编为北京大学陈平原教授、北京大学王守常教授等，据日本明治大学尾崎文昭教授所述，《学人》发行之际，日本的北条服务社社长高筒光义、三鹰市议员高桥信幸、东京女子大学伊藤虎丸教授、东京大学尾崎文昭教授等于 1990 年设立了"国际友谊学术基金会"，用于资助图书出版及召开国际研讨会，总金额约 90 万元人民币。日本的学者和企业家们在幕后以出资金和协助编辑的方式支持中国的编辑和作者们，他们的初衷应该是支持纯粹的民间知识交流。此后将"中日·知识共同体"的主持人沟口雄三介绍给孙歌认识的就是尾崎文昭。

日本方面积极跟进活动的是杂志《世界》，冈本厚当时担任总编辑（现在是岩波书店的社长），我作为下面的编辑之一策划编辑了有关知识共同体成员的几篇文章。孙歌曾多次投稿给《世界》，包括她与小森阳一的对谈《近代天皇制——禁忌构图》（1999 年 11 月号），以及 2001 年在岩波书店中孙歌与北京大学戴锦华教授、康奈尔大学酒井直树教授、东京大学高桥哲哉教授等举办座谈会的成果《如何克服战争的伤害和记忆的壁垒》（2000 年 11 月号）等。除此之外，孙歌还发表了《中日战争——感情与记忆的构图》（2000 年 4 月号）和《近代史中的伦理责任》（2001 年 6 月号）等。

"中日·知识共同体"不是以国际性的学术交流为目的的学会组织，他们所举行的活动也不是为了形成某种新的学说。不过，随着活动的推进，中日两国的知识分子确实逐渐将对方的知识纳入视线范围。这些活动再通过杂志、书籍等出版媒介的传播，中日双方孜孜不倦的探索和研究成果都为双方所吸纳，这些思想资产就成为知

识共同体的基础，并且，一群支持知识共同体这一基础的知识分子
也由此诞生了。他们为同一个烦难思索、为同一个目标奋斗，成为
并肩作战的伙伴。

之后我所策划的《亚洲新世纪》全8卷（2002—2003年，岩波
书店）就相当程度上得益于我参加"中日·知识共同体"的体验。
这套书由青木保、姜尚中、小杉泰、坂元弘子、莫邦富、山室信一、
吉见俊哉、四方田犬彦编写，特色在于提倡培养以通过不同文化之
间的对话所产生的讨论型共识为基础来进行思考的习惯。

让我不得不大书特书的是"中日·知识共同体"的发起者、计
划者、实施者沟口雄三，他的贡献突出。作为会议发言人之一，沟
口雄三不仅是其中最年长者，他的发言还发人深思，给与会人员带
来很多启发。不过在我看来，在会议现场，沟口雄三还未充分发挥
他的本领，他更多的本领体现在会议结束后的座谈会和与中国学生
之间的沙龙形式的交谈中。他质朴的语言展现了一位日本学者严谨
的学风和有良知的知识分子的优良作风，令学生深受感动。他的
发言多是有关中国思想史的内容。例如，当他讲到从多次熟读的
二十四史中所感悟的中国社会和中国人的行为伦理时，学生们便意
识到作为思想资源的本国文化的珍贵价值，并因此感到雀跃，这点
燃了他们对学问的热情。令我感到遗憾的是，沟口雄三的作品集
未在日本出版，中国却出版了其独自编纂的作品8卷（2011—2014
年）。沟口雄三于2010年去世。我从岩波书店发行的月刊杂志《文
学》中挑选出了一些未收录进单行本的作品，并以它们为主组编了
两本沟口雄三的遗作，书名分别为《中国思想的精髓1：异同之间》
《中国思想的精髓2：东往西来》（2011年，岩波书店）。由于沟口雄

三已经离世，所以这两本书的注释和解说都拜托伊东贵之操作。伊东贵之是沟口雄三在东京大学时期的学生，也是"中日·知识共同体"的成员之一。

## 三、中日版权贸易的不平衡

明治维新以后，日本的出版业也实现了近代化。出版物的特征体现在哲学、思想、文艺等类型的书籍以西方翻译而来的作品居多，而在日本人创作的作品中介绍西方学问的也非常多，这一倾向至今仍然存在。岩波书店情况也差不多，单行本中一到两成为译自西方的著作，岩波文库则几乎一半以上为自西方引进的书籍。与此相对，欧美的出版社则对日本的内容几乎毫无兴趣。虽然川端康成、三岛由纪夫、谷崎润一郎、村上春树等作家的小说和丸山真男的代表作被译为英文，但是与日本从西方引进的著作相比寥寥可数。从日本与西方诸国的版权贸易来看，日本引进的作品数远远超过输出的作品数。

从西方引进的版权多出自英语、法语、德语、意大利语、西班牙语等语种的图书，除此之外语种的作品日本很少购买。中国作品的话，日本人喜欢阅读《论语》《孙子》《老子》等思想著作和《三国演义》《水浒传》《唐诗选》等古典文学作品，很少有人阅读中国近代以后的书籍。就拿收录古今东西的古典作品的岩波文库来说，来自中国近现代的未断货的小说作品也就只有鲁迅、巴金等人的了。而思想著作方面也只有孙中山。至于老舍、茅盾、钱锺书、毛泽东、章炳麟等人的作品则断货已久。中国以外的也就只有印度的

中国主题图书出版联盟成立签约仪式。2018 年 4 月 25 日
前左起：黑日拓也（东京大学出版会专务理事）、马汝军（新星出版社社长）、马场公彦
后左起：张福海（中国外文局局长）、横井裕（日本驻华大使）

泰戈尔、甘地、尼赫鲁等的作品尚在流传。纵观日本出版界，除此以外的亚洲地区的近代作品偶有被翻译引进的，也就是某些传扬可以进入畅销榜榜首的小说了。日本迄今为止与亚洲地区其他国家的知识产权贸易极少。

　　就这样，日本与亚洲区域内其他国家的出版交流几乎处于停滞状态，直到 2000 年才出现转机。那也正好是我参加"中日·知识共同体"的时期。随着亚洲各国的经济发展，日本的图书开始在亚洲流行起来。一直以来，日本自明治维新开始后的经济发展、战后复兴时期的经济增长都令亚洲各国十分关心。而自 2000 年后，除了经济、经营、贸易等方面，亚洲各国对于日本的学术书、儿童书、文艺作品、漫画、实用书等各种类型的书籍都兴趣高涨。亚洲各国于是从日本购买图书版权，不管是签约次数还是买卖金额都急剧增长，特别突出的是韩国、中国等东亚汉字文化圈的国家。当时东亚各国中购买版权最多的是韩国，就算是现在，韩国也从日本引进许多图书，翻译成韩语。就其比例来看，韩国出版物的一成左右是引自日本的。韩国教保文库[1]的调查显示，2018 年，在小说作品方面，日本作家的作品的销售额还超出了韩国本土作家的作品销售额。

此外，中国台湾地区也从日本大量引进繁体字版权翻译出版，在 2017 年约 1 万种引进书目里，从日本引进的图书占据了近一半，比排名第 2 位的美国引进数量多了 2 倍以上。（《文化通信》2019 年 3 月 4 日）

特别值得一提的是，从 2015 年起，日本与中国大陆的版权交易额超过了韩国。中国知识产权交易量激增的背景是中国出版业的扩张。当年，中国新闻出版产业营业收入突破 2.1 万亿元。

中国市场上轻小说较为流行，其中东野圭吾、宫部美雪等人的作品获得了无数好评，经常位居书店畅销榜前十。还有一个值得注意的点是，中国的童书市场也在急剧扩张，从日本引进的图书也大受欢迎。根据北京蒲蒲兰文化发展有限公司的调查显示，2017 年中国童书约占图书市场份额的四分之一，2016 年度的童书销售总额与 2015 年相比上升了 28.5%。在城市家庭中，小孩的教育支出约占家庭总支出的 35%，家庭平均年支出超 12 000 元。

目睹中国轻小说和童书市场的扩张，日本的一些出版社开始积极谋划开拓中国市场。例如，在轻小说方面有 KADOKAWA 和讲

---

1. 教保文库：韩国的一家大型连锁书店。

谈社，在童书方面有蒲蒲兰社、PHP 等。根据日本贸易振兴机构
（JETRO）的报告，讲谈社于 2005 年由日本独资成立了讲谈社（北
京）文化有限公司，所发行的黑柳彻子的《窗边的小豆豆》成为常
销书，销售册数破千万。KADOKAWA 于 2010 年成立了广州天闻角
川动漫有限公司，与中国的出版社进行了频繁的轻小说和漫画版权
贸易。蒲蒲兰社于 2004 年成立了北京蒲蒲兰文化发展有限公司，在
北京开设了绘本馆，除了销售绘本的版权之外，还开发出版专门面
向中国市场的绘本。我曾于 2018 年拜访了北京蒲蒲兰的办公室，与
负责人交谈，参观了工作现场。他们雇用了中国员工，不管从部门
构成还是劳动环境来看都与当地环境十分融洽，职场氛围分外活泼。

　　可是，在中国积极购买日本知识产权的背景下，中国向日本输
出的作品依然寥寥无几。日本的出版社依旧对引进亚洲地区的内容
产品持消极态度，读者对这方面内容的关注度也很低。从整个亚洲
地区来看，只有日本向亚洲其他国家输出知识产权的规模在不断扩
大，引进状况依然不佳，知识产权贸易极度不均衡，在知识交流层
面呈现只出不进的状态。

　　那么，在学术书的知识产权贸易层面的情况如何呢？在人文社
科领域，中日两国间的国际学术交流愈加频繁，学者之间的相互访
问研究制度更加完善，学术会议和共同研究项目等活动频繁进行。
可是，这一热烈气氛并未延伸到出版行业。情况依然是中国积极引
进日本的学术内容，而日本对中国的学术出版物不屑一顾，知识产
权贸易极度不均衡。

　　我认为，要想在学术书交流不均衡这一现象上找到突破口，就
必须如轻小说和童书等的做法一样，日本的出版社要积极开拓海外

市场，中日出版界人士必须直接交流。因此，我应中国外文局和新星出版社之邀，经过半年多的交涉，于 2018 年 4 月 25 日在北京成立了"中国主题图书出版联盟"。

这个联盟是中日间多数出版社共同构建，以组合联盟（consortium）圆桌会议的形式进行探讨。主要活动是围绕如何实现中日双方的版权贸易、共同策划出版等。刚成立时加盟的团体有新星出版社、岩波书店和日本大学出版部协会。日本大学出版部协会是由日本 30 所大学出版法人组成。我们希望通过联盟，提高中日间版权交易的质量和数量，增强两国的民间交流，加深相互间的理解信赖。4 月 25 日的开幕式上，时任中国外文局局长张福海、日本驻华大使横井裕出席见证了签约仪式，多家中日媒体进行了采访报道。联盟聘请了中日双方的有识之士为顾问。日方有京都大学山室信一教授、东京大学三谷博教授、鹤见大学金文京教授、东京大学小岛毅教授、东京大学中岛隆博教授，中方有孙歌教授、《人民中国》杂志社王众一总编辑、北京大学马小兵教授、北京大学初晓波教授。

以下是我当时的演讲稿（中文翻译为李昊）。

今天，在各界有识之士的见证之下，日中中国主题图书出版联盟的成立仪式在此召开，我作为联盟的副会长，以及联盟加盟社之一岩波书店的总编辑，对此感到无限荣光。日中中国主题图书出版联盟是日中两国间前所未有的合作项目。在中国新星出版社的总体构想之下，自去年秋双方开始不断沟通后，历经半年多的讨论以及协商，终于迎来了联盟正式成立的大喜之日。

本联盟由日中多家出版社以合伙的方式组成，并在圆桌会议式协议的基础之上共同制定联盟活动内容。联盟成立的目的在于通过双方的人员交流、版权贸易、联合策划等协作，提升日中两国出版交流的水准，以民间交流为契机加深两国间的相互理解和相互信任。在起步阶段，日本方面的加盟成员为日本大学出版部协会以及岩波书店。日本大学出版部协会最初由以东京大学出版社、庆应大学出版社、法政大学出版社、名古屋大学出版社、京都大学学术出版社为首组成，至今已经发展成为拥有30家大学成员社的一般社团法人组织，主要以出版高水准的学术著作为中心，不仅在日本出版界久负盛名，在中国也颇受好评。

日中两国在历史上保持了长期的传统友好关系，日本更是倍受中国文化、中国文明的长期恩惠。从近代开始，尤其是甲午战争后，大量清朝留学生赴日求学，众多日本人士也来到中国，他们书写了日中直接交流的历史。特别是经由中国留学生与学者所翻译的大量日本书籍被介绍到中国，为中国的近代化做出了贡献。此后的一百二十年，一衣带水的日中两国间便打开了一条以东京为起点的、应该可以称之为图书丝绸之路的"图书通道（Bookroad）"，通过这条通道，两国间的出版物实现了大量的交流互动。

在这期间，日中两国间曾有过一段不幸的历史，由于日本的侵略战争给中国带来了极大的灾难。岩波书店的创始人岩波茂雄先生就对这场战争抱着深深的忧虑。在侵华战争爆发的第二年（1938年），岩波书店的岩波新书创刊。创立新书的初衷就在于，岩波茂雄先生心痛地认为这场战争的根源是当时日本民众对中国缺乏正确的认识，因此他要与时俱进地向日本民众提供作为现代人基本需求的好书。"新书"这种出版形式与岩波书店于1927年创立的"文库书"一样，都是具有日本近代出版文化特征的独特载体，至今仍畅销于日本各种书店，这一年适逢岩波文库创刊90周年，今年也适逢岩波新书创刊80周年。

第二次世界大战结束，日本也成了一片废墟焦土，民生凋敝。岩波茂雄先生则尖锐地指出日本的战败是对曾经的恩人中国人干出忘恩负义的事的"天谴"。岩波书店虽然向日本民众介绍了先进的学术成果，但却无法将这些成果与国民的生活相衔接进而普及，这是值得反省的。因此，1945 年 12 月，岩波书店创刊了《世界》这一月刊杂志。首任《世界》杂志的主编是日本最畅销图书《你想活出怎样的人生》的作者吉野源三郎先生。今年也适逢《你想活出怎样的人生》出版 80 周年。

1946 年，岩波茂雄先生去世之后，继承了父亲遗志的岩波雄二郎先生，自 1947 年开始向中国的五所图书馆捐赠岩波书店出版的全品种图书。这项捐赠工作一直持续至今，每个月岩波书店都会向北大图书馆、中山大学图书馆、武大图书馆、东北师大图书馆以及国图这五家图书馆捐赠当月岩波书店出版的全品种图书。

我本人到访过这五家图书馆，并与这些图书馆的馆长和馆员都建立了深厚的感情。这些图书馆中开架陈列的捐赠图书都已经斑驳，在我看来这是众多学生和学者爱用这些图书的证明。此外，我也很高兴地看到，这些大学中通晓日本文化与学术的大量教授以及研究者们引领着今日中国的对日研究事业。

日中两国关系在不断变得更加紧密，且稳固地扩大深化。两国间通过图书所进行的知识交流，将依靠国际出版对日中出版界的事业发展和扩大起到极大的促进作用。我也期待这种交流会对两国学术文化的发展以及相互了解的加深做出更大贡献。联盟的成立以及具体活动，一定会使日中出版交流水平得到提高，我也会为了孕育这种双向且平等互利的新型知识交流而尽自己最大的努力。

在书籍背后是广大的作者、读者、书店、图书馆等。我期待通过双方的出版交流，能够加深日中两国对长期积累的知识遗产进一步认知，促进学术界以及新闻界的相互交流活跃化，并以此强化两国的科学知识基础。

今年是《日中和平友好条约》签订40周年。40年前，以此条约的缔结为重要契机，中国实现了向改革开放迈进的巨大航向转变，并取得了今天的瞩目成就。日中和平共存誓约的重新订立，让两国放下了争议，互不霸凌，促成了20世纪80年代的关系黄金期。

此后两国关系也曾因为一些问题的出现而有过阴雨期，或许这种阴雨期今天也仍在持续。但实际上，两国间在贸易、留学、旅游、文化等方面的民间交流一直在不断多元化、扩大化。中国主题图书出版联盟的成立虽然只是为了加深和扩大民间知识交流而迈出的一小步——如大家所见，起始阶段成员为两家出版社和一个出版团体，犹如刚刚抽枝发芽的小树苗一般。但我相信，这株树苗在日中双方出版人的守护下，终将成长为可以让两国的文化人士和读者在树下休憩的参天巨木。在此还恳请日中两国所有爱书之士大力支持援助。

2018 年 4 月 25 日

岩波书店总编辑　马场公彦

在 2018 年度构建了这样的联盟组织，确定了规约，为了尽快落实活动的成果，中日相互间又签署了很多版权交易协议，编辑出版也已展开。接下来，如何构筑中日共同策划出版体系将是一个重要课题。

# 后 记

　　1989 年 1 月 8 日昭和天皇驾崩的第二天，我从工作了将近 6 年的东方书店离职，入职岩波书店。而 2019 年 9 月底我将从岩波书店退休。可以说我在岩波书店工作的这 30 年几乎就是整个平成时代，而在平成终止、令和伊始的 2019 年，我即将步入人生的又一新阶段。

　　本书既是我作为一个编辑在平成年间的工作报告，也是我在出版业界的自传。编辑在日本常常被称为"黑子"，即隐藏在作者和出版物背后的人，编辑的职业素养要求编辑不能抛头露面。但是编辑也有自己的使命和作用，一本书的出版离不开编辑的努力。如果说书是公共知识财产的话，那么可以说将知识财产生产的过程留下来作为编辑的体验录就是有意义的作为。

　　本书的书名《播种人》就源于我作为编辑对职业的认识。"编辑＝播种人"这一概念不是我发明的，它来源于岩波书店的创始人岩波茂雄的说法。岩波茂雄非常喜欢让·弗朗索瓦·米勒的名画《播种者》，并截取那幅画的一部分作为岩波书店的社标，自称"播文化种子的人"。将岩波书店创始人的理念和社标用于自称或许免不了招致僭越的责难，但是不管所播撒的是什么种子，所播撒的田地有多宽广，只要编辑这份工作的本质是在播种，那么编辑是播种人的这一说法就不会改变。

在岩波书店工作的这 30 年可以分为若干阶段。刚入职的两年我在《思想》杂志编辑部工作，业务不够熟练、工作不能独立完成，这相当于我的修业时代。在那之后的二十几年间我从事过书籍的策划、编辑、出版和《世界》杂志的编辑工作，从未停歇过图书出版。在即将退休的这 6 年间，我又投身于社内创新工程，即以电子书出版为中心的知识产权事业部的成立与运营。

我不是畅销书编辑，无论是在岩波书店，还是在出版业内，我都没有经手过一本令人瞩目的畅销书。虽然我在不停地播种，可是种子成长缓慢，收获量也不够丰富。如果根据所负责的图书销量、首印数量和发售速度来评判编辑实力，我连出场的资格都没有。

我在学术界这一领域内播撒的种子，从出版业界来看，或许不够醒目，不过在我看来这才是出版的前沿重地。不，前沿重地应该是新闻媒体和社交网络，学术界只是将这些地方充斥的大量的新闻和信息进行收集、整理和顺序调整来实现知识体系化的场所——很多人会这样认为。确实，这也是学术界的一个侧面。但是，与此同时，学术专家也是公共知识分子，他们肩负着准确把握时代动向、精准捕捉时代精神，以精练的语言描述时代潮流的使命。即他们应该是先知先觉者。如果没有这些精准的捕捉，那么我的工作也谈不上"播种"，而会变成"拾穗"。学术要立于时代的前沿，那么学者必须具备质疑现有的学术体系和学术制度的勇气，某些时候还需要具备改革和创新的决心。通过将学术成果经由出版这一不同于学术的领域公布，在学术界刮起新风，更换学术平台，我作为编辑的矜持就在于此。正因为我的职业不用靠学术谋生，所以我才被赋予行动的使命。质疑权威，与权威保持距离，必要的时候与权威对峙，这些对于我来说是义不容辞的。

日本出版界的萧条令人不忍直视。随着 20 世纪 90 年代泡沫经济的崩溃，出版营收持续下滑，长期低落的势头无法阻止。书越来越难卖，书店逐渐从街头消失。人们获取信息和知识的手段已经从报纸、杂志、书籍转变成了手机。读者进一步远离书本，读书这一习惯正在逐渐丧失。在日本，基本只有高龄男性读者还保留着阅读习惯。

纸书不会消失，不过那也仅限于"活字中毒者"之类的爱好者。读者也好，作者也好，编辑也好。专心致力于打造畅销产品的规模庞大的出版社能吸引大批很有名气的作者和漫画家，所以他们维持经营不在话下。而除此之外的中小规模的出版社是否能够生存下去呢？或许他们会瞄准特定的考试、趣味和专门领域，减少印量来压缩经费，靠出版多个品种，捕捉特定的读者而辛苦地生存下去吧。书店也是一样，除了大型连锁书店之外，其他中小规模的独立书店将会面临被淘汰的风险。为了迎合日趋多样化的生活方式和人们多种类型的嗜好，可能以后风格各异、讲求个性的个体书店会增多吧。不过这类书店所陈列的应该不只有图书，店铺应该会摆放各型生活用品，并提供饮食或娱乐设施，书店将成为一个充满情调的场所。

出版业还有希望。自 2020 年开始，初等教育会采用电子末端支付的数字教科书。而高等教育在人文和社会科学等领域，对于统计科学的文本数据分析的使用正在逐渐普及。可以预料以现在的儿童为中心的年轻一代的读者层将会逐步扩大。要做到这一点，出版社所拥有的内容必须数字化。而且为了适应读者的各种需求和由通信公司所提供的各种服务，出版社需要积极谋求数据的多媒体化和销售方式来顺应客户的需求。

步入人生的第二阶段，我又将如何抉择？我希望今后的工作与以往赖以生存的出版业拉开点距离，但也不是说与出版毫不相关，而是从别的角度来继续参与出版。我对东亚文化圈很感兴趣，日本出版业中只限于国内市场的供需关系已经持续了一个世纪以上，生产活动只围绕日本展开。我对中国的出版动向很关心，想要拉近与中国出版市场的距离。

中国出版业的规模在扩大，书店氛围很活跃，到处都是年轻人。无论是在签售会还是作者的演讲活动，都会有很多年轻读者参与，场面十分热闹。我也想飞进中国出版业界的怀抱，体验它独特的发展路径。特别是最近 6 年来我负责了版权贸易这一板块，因此与中国出版社交流的机会变多，以北京为中心的到中国的出差机会也增加了许多。中国的读者对日本图书的内容很感兴趣，中国的出版社希望与日本的出版社进行业务合作。日本的出版业虽然现在仍处于停滞状态，但是它经历过百年的发展，已经进化出独特的近代出版文化，不仅可以供中国参考，而且对东亚文化的发展也会有启发。当今的中日关系的发展难以用良好、健全来形容，特别是在政治领域。如果在出版业达成中日合作，进而加强文化交流、知识交流的话，是否可以形容为以柔制刚呢？我对中国经过悠久的历史培育出来的对整个东亚具有影响力的独特的精神文化将走向何方很是期待。

本书的出版路径较为独特，全书用日语写就，然后翻译成中文在中国率先出版。我执笔的契机是上海交通大学出版社的赵斌玮先生委托我写些关于日本出版史方面的图书。那是 2018 年底时的事情，当时我参加了上海交通大学出版社在上海举办的翻译出版自岩波书店图书的见面活动。在此之前我从未将自己的编辑经历写成出版史方面的书籍，也从未有过这种想法。正好在我即将退休之际，也想对自己一直以来的工作进行一个总结，所以很高兴地答应了。

但是到了执笔的时候我对于如何写又颇为苦恼，既不能是客观的日本出版史也不能是出版概论，也不是单纯的个人编辑回忆录，那么这本书该如何构思呢？最终我决定将我的个人编辑体验与学术界、出版业和编辑这一职业结合起来，以多视角的方式创作本书。可是当我回忆 30 年来所经手的图书时，又发现如果这样写的话论点会非常分散，最终会变成摘录风格的作品。因此，我在本书中选取的图书范例主要是长篇的系列书。

我不知道这本书能否获得成功。如果有人说我的这本书是对自己从事的编辑工作的自吹自擂的话，那我也只有自我反省。我在创作这本书时是毫无保留的，没能做好的地方我也毫不隐瞒，可以说真的做到了"告白"。不过需要告知广大读者的是，由于图书的具体的销售数据等信息不能外泄，所以本书中未能披露。另外，本书中所涉及作品的作者所属单位和职位等均为该书出版时的信息，或许与目前的状况有所不符。

根据中国图书标准规范，本书中引用及参考的文献在各章末注明。其中，参考的图书及期刊过多，不逐一标明页码。

感谢本书的策划编辑的赵斌玮先生，感谢在短时间内将本书由日语翻译成中文的赵斌玮先生、幸丹丹女士以及上海交通大学出版社的编辑团队。本书的日文原文绝对称不上简单易懂，他们能在这么短的时间内将其翻译成流利、通俗易懂的中文殊为不易。就此搁笔。

马场公彦

2019 年 7 月

于东京池袋 立教大学图书馆

# 译后记

近 20 年来，日本出版行业持续衰退，销售业绩逐年下滑，市场规模大幅缩减。在这形势严峻的日本出版业，日本的学术出版是如何寻求一条生路并改革发展的呢？从事编辑工作的我，一心想能让更多中国的图书走进日本，但日本的出版业又会倾向哪些中国的作品？带着诸多的疑问，找了很多日本的图书参考，都没有一个很好的答案，于是，我想到了岩波书店的编辑部部长马场公彦先生。

岩波书店自 1913 年创立以来，始终坚守出版阵地至今，有着历史悠久的老牌出版社，其地位相当于中国的商务印刷馆。马场先生作为其编辑部部长，又是个"中国通"，如果能约到他写本关于日本的出版发展史是最合适不过了，没想到他欣然接受了。

我和马场先生最早认识，是 2013 年年初，由复旦大学的王升远教授介绍认识，当时，我们一心想策划一套中国顶尖学术著作输出到日本，推进中日学术出版交流。于是，我们马上找到了正在东北师范大学开会的马场公彦先生，他不仅是个出版人，更是个学者，我们促膝长谈，互相交流学习，他的很多建议为我们做版权输出打开了思路。后来，每次去东京出差，我们都会去岩波书店学习交流，马场先生也会经常把他的一些想法和我们说，希望我们不是把书出版后推荐给日本，而是在选题策划初期，就开始要有版权输出意识。

编辑是个很幸福的职业。虽然在十年前，我在日本从事的是金融行业，工作是把中国银联带进日本，看似和出版业没有任何关系。但这个工作让我感受到了把中国元素带进日本的快感，让日本人民切实看到中国的发展也成为我工作最大的动力。后来转行出版，文化输出就成为我最想努力的方向。2015年，我策划了孙歌教授的《思想史中的日本与中国》，并获得了第八届东亚出版著作奖，日文版成功输出到了东京大学出版会。写到这里，要感谢东京大学出版会的企划部部长后藤健介先生，他和马场先生在中日出版交流上给了我很大的帮助。

这本书的策划并非偶然，它是我作为出版工作者最想做的书。取名"播种人"，一是因为出版就像播种文化，二是因为岩波书店的社标就是由米勒的《播种者》而来。马场先生是日本平成时代著名的出版人，整整30年的编辑实录，是他对自己编辑生涯的回顾和总结。在他的回忆文字中，我们可以深切感受到日本出版业的风貌，而通过马场先生对于自己所参与的大大小小项目的经历，也可以感受到编辑身上的责任感和使命感，让人动容。全书分为三部分，第一部分是日本出版业概况，包括日本的数字化出版发展、日本的漫画、文库本、新书、全书这些特别的出版类型。第二部分是马场公彦在其职业生涯中策划的一些主要的项目，既涵盖了东亚学术一块的学术书出版，也包括灾害类预防科普这类独具日本特色的大众图书，从中我们可以感受到编辑的能动性之大。第三部分是关于中日出版交流，是对于中日出版交流很好的借鉴。

马场先生所撰述的编辑体验、出版理念和对产业发展的感悟，值得中国出版人借鉴。最后，还要感谢翻译过程中帮助过我的复旦大学徐静波教授。更要感谢，我们的翻译及编辑团队，在非常短的时间里，加班加点，反复打磨，最后把最好的译作呈现给大家。

赵斌玮

2019 年 8 月